# Integrated

*High Advanced 1*

# Integrated Korean

## *High Advanced 1*

Sungdai Cho   Hyo Sang Lee   Hye-Sook Wang

**KLEAR Textbooks in Korean Language**

This textbook series has been developed by the Korean Language Education and Research Center (KLEAR) with the support of the Korea Foundation.


**Library of Congress Cataloging-in-Publication Data**

Integrated Korean : high advanced 1 / Sungdai Cho... [et al.].
   p.  cm. — (KLEAR textbooks in Korean language)
  ISBN-13: 978-0-8248-2569-0 (pbk. : alk. paper)
  ISBN-10: 0-8248-2569-1 (pbk. : alk. paper)
   1. Korean language—Textbooks for foreign speakers—English.   I. Cho, Sungdai.
II. Series.

PL913.I5812   2005
495.7'82421—dc21                                00-033782


Camera-ready copy has been provided by the authors.

University of Hawai'i Press books are printed on acid-free paper
and meet the guidelines for permanence and durability of the Council
on Library Resources.


Photograph and Figure Credits

http://imagebingo.naver.com/album/—p. 1
*Sports Today* 25 Feb. 2004 (http://news.naver.com/news/)—p. 17
http://news.naver.com/news/—p. 34
http://imagesearch.naver.com/—p. 50
*Sports Today* 19 Sep. 2002 (http://news.naver.com/news/)—p. 65
http://imagesearch.naver.com/—p. 65
http://www.sindoricoh.co.kr/—p. 81
http://www.chosun.com/national/news/200411/200411250556.html—p. 93
http://www.teachiworld.com/—p. 108
http://www.presskorea.or.kr/newsmake1.asp—p. 125
http://www.kcaf.or.kr/art500/parkhangryul/y00/g007.htm—p. 141

# CONTENTS

# Preface

Unlike cognate languages of English, such as Spanish, French, and German, Korean is one of the most difficult languages for English speakers to learn because of its profoundly distinct cultural features, entirely different sound patterns and vocabulary, unique writing system, predicate-final sentence structure, extensive agglutination of suffixes, intricate hierarchical system of honorifics, and so on. To optimize and maximize English speakers' learning of this truly foreign language, therefore, textbooks must be based on the soundest pedagogical principles and approaches on the one hand, and must deal adequately with the huge linguistic, sociolinguistic, and cultural differences between Korea and the English-speaking world, on the other. The *Integrated Korean* series was designed and developed to meet diverse student needs with these requirements in mind.

*Integrated Korean* consists of five levels: Beginning (textbooks 1 and 2 and workbooks 1 and 2), Intermediate (textbooks 1 and 2 and workbooks 1 and 2), Advanced Intermediate (textbooks 1 and 2), Advanced (textbooks 1 and 2), and High Advanced (textbooks 1 and 2). Each level can be covered in two semesters or three quarters, assuming five class hours per week for the Beginning and Intermediate levels and three class hours per week for the Advanced Intermediate, Advanced, and High Advanced levels.

The lessons in *Integrated Korean* are sequenced in terms of the proficiency students are expected to achieve. For each lesson, special efforts have been made to integrate all five language skills (listening, speaking, reading, writing, and culture); to provide authentic situations and materials as much as possible; to offer explanations of grammatical patterns, vocabulary items, idiomatic expressions, and cultural aspects; to give students relevant exercises for each grammar point; and to include extensive student-centered communicative and task/function activities.

The Beginning and Intermediate levels should allow students to master the basics of the language and to communicate in speech and writing in most essential daily situations. Following a schematic overview of the language and the writing system, each lesson begins with a page of lesson objectives, followed by model conversations, related narration, new words and expressions, culture, grammar points, and tasks/functions, in that order. For students' easy reference, extensive appendices, including predicate conjugation, useful semantic classes, a grammar index, and glossaries (Korean-English and English-Korean) are provided. Students' factual knowledge and the basic language skills learned in the textbooks are further reinforced through extensive drills and skill-building activities in workbooks and on CDs.

In the Advanced Intermediate, Advanced, and High Advanced levels, a wide variety of interesting, informative, authentic, and culturally significant reading materials is introduced to help students achieve high levels of proficiency not only in interpersonal but also in interpretive and presentational communication. Each lesson consists of pre-reading activities, one or two main reading texts, model dialogues (in Advanced Intermediate only), new words, useful expressions, exercises, comprehension questions, related readings, and discussion and composition. English translations of the reading texts are provided for students' independent study.

On behalf of the Korean Language Education and Research Center (KLEAR), I extend my heartfelt thanks to the following individuals who, as principal authors of different volumes of *Integrated Korean,* have worked devotedly and tirelessly over a long period until the final versions appeared:

> Sungdai Cho, State University of New York at Binghamton
> Young-mee Cho, Rutgers University
> Jiha Hwang, University of Hawai'i at Manoa
> Eun-Joo Lee, Ewha Womans University
> Hyo Sang Lee, Indiana University
> Young-Geun Lee, University of Hawai'i at Manoa
> Duk-Soo Park, University of Sydney
> Carol Schulz, Columbia University
> Ho-min Sohn, University of Hawai'i at Manoa
> Sung-Ock Sohn, University of California, Los Angeles
> Hye-sook Wang, Brown University
> Jae Hoon Yeon, University of London

The Korean language specialists named below graciously cooperated on the project by providing sample dialogues, reading materials, or sample lessons, and by reviewing draft versions:

> Andrew Byon, State University of New York at Albany
> Sunny Jung, University of California, Santa Barbara
> Gwee-Sook Kim, Princeton University
> Hae-Young Kim, Duke University
> Youngkyu Kim, University of Hawai'i at Manoa
> Sek Yen Kim-Cho, State University of New York at Buffalo

Young-Key Kim-Renaud, George Washington University
Haejin Koh, Korea University
Dong Jae Lee, University of Hawai'i at Manoa
Jeyseon Lee, University of California, San Diego
Miseon Lee, Northwestern University
Sunae Lee, University of California, Santa Barbara
Sangsuk Oh, Harvard University
Kyu J. Pak-Covell, Defense Language Institute
Yong-Yae Park, Seoul National University
Joe J. Ree, Florida State University
Yoo Sang Rhee, Defense Language Institute
Heisoon Yang, Ewha Womans University
Sangseok Yoon, University of Minnesota
Seok-Hoon You, Korea University
Soo-ah Yuen, University of Hawai'i, Kapiolani Community College

I am also grateful to the many research assistants to the authors. Special thanks go to Gabriel Sylvian, who provided English translations. Sangseok Yoon and Jae-Eun(Jane) Im deserve special recognition for their dedicated service as managing assistants, especially for the completion of the High Advanced volumes. A word of appreciation also goes to Aenglan Kim for helping Hyo Sang Lee.

The *Integrated Korean* series and all its sister volumes (*Korean Composition, Korean Readers for Chinese Characters, Selected Readings in Korean, Modern Korean Literature Reader, Modern Short Stories, Language in Culture and Society,* and *A Dictionary of Korean Grammar and Usage*) are the outcome of ten years of intensive collaborative work by many Korean-language experts under KLEAR's Korean Language Textbook Development Project. This monumental project was initiated and financially supported by the Korea Foundation. KLEAR owes a great deal to the past and present presidents of the Korea Foundation and their staffs. I would also like to express my sincere thanks to the University of Hawai'i Press (notably Patricia Crosby, Ann Ludeman, and Nancy Woodington) for editing and publishing the KLEAR textbooks.

Ho-min Sohn, KLEAR President
January 2005

# 제1과 백화점과 바겐 세일

## (Lesson 1: Department Stores and Bargain Sales)

## Objective

백화점에서 바겐 세일을 합니다. 바겐 세일 때문에 생기는
문제점들은 무엇이며 그 해결책은 무엇일까요?

# Pre-reading questions

1. 쇼핑은 주로 어디서 합니까?

2. 여러분이 자주 가는 백화점이 있습니까? 왜 그 백화점에 자주
   갑니까? 백화점에서는 주로 어떤 물건들을 삽니까?

3. 백화점에서 언제 주로 세일을 할까요?

4. 백화점에서 세일을 하면 어떤 일들이 일어납니까?

# Gaining familiarity

1. 세일의 종류

   | | | |
   |---|---|---|
   | 봄맞이 바겐 세일 | 추석 대세일 | 신년 맞이 세일 |
   | 크리스마스 세일 | 바캉스 세일 | 정기 세일 |
   | 기획 상품 세일 | 특별 상품 세일 | 반액 대세일 |
   | 몽땅 세일 | 염가 대세일 | 재고/창고 정리 세일 |

2. 쇼핑

   | | | |
   |---|---|---|
   | 쇼핑(을) 하다 | 쇼핑(을) 나오다 | 쇼핑(을) 가다 |
   | 쇼핑을 다니다 | 쇼핑객 | 쇼핑 차량 |
   | 쇼핑 센터 | 쇼핑몰 | |

3. 백화점 용어

   | | | |
   |---|---|---|
   | 정가 | 정찰제 | 할부제 |
   | 할인 판매 | 특별판 | 공장도 가(격) |
   | 세일 가(격) | 도매 가(격) | 소매 가(격) |
   | 소비자 권장 가(격) | 상품 구입 | 인기 품목 |
   | 끼워 팔기 | 상품권 | 선물권 |
   | 영업 시간 | 세일 기간 | 고객 안내 |
   | 매장 | 품절 | 반품 |
   | 환불 | 교환 | |

4. 바겐 세일에서 생기는 문제

   | | | |
   |---|---|---|
   | 주차 문제 | 교통 혼잡 | 가격 경쟁 |
   | 인파 | 장사진 | 과소비 |

# [백화점] 바겐 세일[1]했다 하면[U1] 주변은[2] "주차장"[3]

## 을지로-잠실 등 평소[4] 10분 거리가 한 시간

새해 첫 바겐 세일에 들어간[U2] 서울시 주요[5] 백화점 주변 도로가[6] 주차장을 방불케 하는[7, U3] 교통 대란을[8] 빚고[9, U4] 있다. 그러나 서울시와 경찰은 교통 정리를[10] 도와 줄 뿐[U5] 별다른 대책을[11, U6] 내놓지 못하고 있어 백화점 세일이 끝나는 오는 24일까지는 '세일 교통 대란'이 계속 이어질 것으로 보인다.[U7]

---

사진 설명: 백화점의 겨울 바겐 세일 기간 중인 11일, 평일인데도[12] 쇼핑 차량들이[13] 몰리면서[14] 서울 을지로 롯데 백화점 부근[U8] 도로가 극심한[15] 정체[16] 현상을[17] 빚고 있다. (이종찬 기자)

---

롯데 백화점이 있는 중구 소공동과 송파구 잠실, 현대 백화점이 있는 강남구 압구정동과 삼성동 등 주변 도로는 지난 9일과 10일 평소 교통이 원활한[18, U9] 주말인데도 쇼핑객들이 타고 온 차량으로 주변 도로가 극심한 정체를 빚었다. 잠실 롯데 백화점은 주차하려는 차들이 길게 늘어서는[19] 바람에 주차장 입구는 물론 인근[20] 도로까지[U10] 차량들이 거북이 걸음을 해야[U11] 했다. 교통 경찰이 백화점 주차장 주변의 교통을 정리하면서[21] 차량 통행을[22] 막아 일부 시민들은 "교통 경찰이 백화점 주차 요원이냐"며[23] 항의하기도[24] 했다.

이 같은 현상은 백화점이 몰려 있는[25, U12] 을지로, 명동, 잠실, 영등포역 주변의 공통적[26] 현상으로, 이 일대[27] 도로는 백화점 주차장으로 들어가려는 차들이 서로 엉키면서[28] 거대한[29] 주차장으로 변했다.

양은경(30·송파구 잠실동) 씨는 "백화점 세일 때문에 평소 10분 걸리던 도로가 1시간 이상 걸렸다"며[U13] "차량 정체로 인한[U14] 시간 손해,[30, U15] 기름[31] 낭비는[32] 물론 매연[33] 공해도[34] 엄청나다"고[35] 말했다.

서울시는 96년에 백화점 '바겐 세일 교통 대책'으로 백화점 부설[36, U16] 주차장을 유료화하는[37] '유료화 직권[38] 명령제'와,[39] 공익[40]상[41, U17] 필요로 할[U18] 경우 주차장을 폐쇄할[42] 수 있는 '폐쇄 직권 명령제' 도입을[43]

추진했었다.[44] 그러나 주차장 유료화 등은 사유 재산권을[45] 제한한다는[46] 반론[47] 때문에 도입을 백지화했었다.[48] 특히 백화점 대부분이[49] 1만 원 정도의 상품만[50] 구입하면[51] 무료[52] 주차권을[53] 주고 있으며 일부 백화점은 세일 기간 중 아예[54] 주차료를 받지 않고 있어 차량 이용을[55] 부추기고[56] 있다.

녹색 교통 운동[57] 민만기 사무처장은[58] "백화점은 수십만 명에게 피해를[59] 주면서[U19] 연간[60] 1억~4억 원 정도의 교통 유발[61] 부담금을[62] 내는 게 고작"이라며[63] "정부는 교통 유발 부담금을 올리고 세일 기간 중에는 주차장을 폐쇄하는 등 적극적인[64] 대책을 마련해야 한다"고[65] 말했다.

차학봉 기자 <Digital Chosun> 99년 1월 11일
http://www.chosun.com/w21data/html/news/199901/199901110277.html

# New Vocabulary

| | | |
|---|---|---|
| 1. 바겐 세일 | bargain sale | |
| 2. 주변 | surroundings, periphery | |
| 3. 주차장 | parking lot | |
| 4. 평소 | at ordinary times, usually, habitually | |
| 5. 주요 | major, main | |
| 6. 도로 | roads, streets [주변 도로 streets around the area] | |
| 7. 방불케 하다 | to remind of; to indicate faintly | |
| 8. 대란 | catastrophic disturbance [교통 대란 traffic disaster] | |
| 9. 빚다 | to give rise to; to shape dough for | |
| 10. 교통 정리 | traffic control | |
| 11. 대책 | countermeasure | |
| 12. 평일 | weekday | |
| 13. 차량 | automobiles [쇼핑 차량 cars that came out for shopping] | |
| 14. 몰리다 | to cluster, crowd together | |
| 15. 극심하다 | to be extremely intense/fierce | |
| 16. 정체 | stagnation; congestion | |
| 17. 현상 | phenomenon [정체 현상 stagnation phenomenon] | |

| | | |
|---|---|---|
| 18. | 원활하다 | to flow smoothly |
| 19. | 늘어서다 | to line up |
| 20. | 인근 | neighborhood, vicinity |
| 21. | 정리하다 | to control, arrange |
| 22. | 통행 | traffic, passage |
| 23. | 주차 요원 | parking enforcement staff |
| 24. | 항의(하다) | protest (to protest) |
| 25. | 몰려 있다 | to be concentrated |
| 26. | 공통적 | common, shared |
| 27. | 일대 | neighborhood area |
| 28. | 엉키다 | to get tangled |
| 29. | 거대하다 | to be huge, gigantic |
| 30. | 손해 | loss |
| 31. | 기름 | oil, fuel |
| 32. | 낭비 | waste |
| 33. | 매연 | exhaust gas |
| 34. | 공해 | pollution |
| 35. | 엄청나다 | to be preposterous; to be exorbitant |
| 36. | 부설 | attachment [부설 기관 auxiliary organ] |
| 37. | 유료화(하다) | turning into a fee-based system (to make fee-based) |
| 38. | 직권 | direct line of authority |
| 39. | 명령제 | ordinance system |
| 40. | 공익 | public good [interest] |
| 41. | ~상 | with respect to, ~wise, from the point of view of [공익상 for the sake of the public interest] |
| 42. | 폐쇄(하다) | closure, lockout (to close out, shut down) |
| 43. | 도입 | introduction, adoption |
| 44. | 추진하다 | to promote, drive, push forward |
| 45. | 사유 재산권 | rights of private property |
| 46. | 제한하다 | to limit, confine |
| 47. | 반론 | opposing arguments |
| 48. | 백지화하다 | to scratch out |
| 49. | 대부분 | most (of), the majority (of) |
| 50. | 상품 | goods, products |
| 51. | 구입하다 | to purchase |
| 52. | 무료 | free of charge; gratis |
| 53. | 주차권 | parking coupon [무료 주차권 free parking coupon] |

| | | |
|---|---|---|
| 54. | 아예 | from the beginning; by any means |
| 55. | 차량 이용 | use of cars |
| 56. | 부추기다 | to encourage, instigate |
| 57. | 녹색 교통 운동 | Green Traffic campaign |
| 58. | 사무처장 | head official |
| 59. | 피해 | damage, harm |
| 60. | 연간 | annually |
| 61. | 유발 | instigation, provocation |
| 62. | 부담금 | allotment, share |
| 63. | 고작 | at most |
| 64. | 적극적이다 | to be active, positively engaged |
| 65. | 마련하다 | to prepare, come up with |

# Useful Expressions

### 1. ~었/았다 하면　Say . . . ; Every time . . .

- 서울 시내는 바겐 세일을 했다 하면 주변은 주차장으로 변한다.
- 박찬호는 던졌다 하면 스트라이크이다.

### 2. ~에 들어가다　to begin (an event) [*lit.*, to enter]

- 세일에 들어가다:
  봄을 맞아 시내 유명 백화점들은 일제히 봄맞이 대 세일에 들어갔다.
- 시험 기간에 들어가다:
  다음 주부터 중간 시험 기간에 들어갑니다.
- 면접에 들어가다:
  대학 입학 시험은 이제 필기 시험이 끝나고 면접에 들어갔다.
- 녹음에 들어가다:
  첫 앨범을 내는 김 모 가수는 이제 연습을 끝내고 녹음에 들어갔다.
- 촬영에 들어가다:
  3년을 준비해 온 홍 감독의 야심작이 드디어 내일부터 촬영에
  들어간다.
- 농성에 들어가다:
  노동자들은 조업을 거부하고 농성에 들어갔다.

### 3. ~을/를 방불케 하다  to remind of . . . ; to indicate faintly . . .

- 주차장을 방불케 하다:
  고향을 찾는 차량들로 전국의 고속 도로는 주차장을 방불케 한다.
- 실전을 방불케 하다:
  선수들의 진지한 플레이는 연습 경기임에도 불구하고 실전을 방불케 한다.

### 4. ~을/를 빚다  to give rise to . . . ; cause . . . ; shape dough for. . .

- 도자기를 빚다:
  데미 무어가 '고스트'에서 도자기를 빚는 모습이 인상적이었다.
- 교통 대란을 빚다:
  고향을 방문하는 차들로 전국의 고속 도로는 교통 대란을 빚고 있다.
- 혼란/혼잡을 빚다:
  백화점 세일에 몰려온 차량들로 주위 도로는 큰 혼잡을 빚었다.
- 정체를 빚다:
  요즘 지하철 공사 때문에 주변 도로가 정체를 빚고 있다.

### 5. ~(으)ㄹ 뿐  . . . is the only thing that happens

- 경찰은 교통 정리를 도와 줄 뿐 별다른 대책을 내놓지 못 하고 있다.
- 그 사람은 그냥 웃기만 할 뿐 아무 말도 하지 않았다.

### 6. 대책  counter-measure, solution

- 대책을 마련하다 'to come up with a counter-measure'
  정부는 월드 컵 기간 중에 생길 인파에 대비하여 대책을 마련해야
  한다.
- 대책을 강구하다 'to devise a counter-measure'
  서울시는 시내 주차 문제에 대하여 새로운 대책을 강구하고 있다.
- 대책을 내놓다 'to propose a counter-measure/solution'
  서울시는 백화점 주변의 교통 혼잡에 대하여 별 대책을 내놓지 못 하고
  있다.
- 대책이 없다 'to have no solution/counter-measure'
  주차 문제는 차를 안 가지고 나오는 것 외에는 별다른 대책이 없다.
- 대책 마련이 시급하다 'to be urgent to come up with a counter-measure'
  서울 시내 주차 문제는 대책 마련이 시급하다.
- 대책 마련에 부심하다 'to be worried/anxious to come up with a solution'
  갑자기 늘어난 범죄에 대해 서울시는 대책 마련에 부심하고 있다.

7. ~(으)ㄹ 것으로 보이다  It appears that it will . . .

- 바겐 세일로 인한 교통 대란은 이번 주말까지 계속 이어질 것으로 보인다.
- 올해는 경제가 안정되면서 물가가 내려갈 것으로 보인다.

8. . . . 부근  in the vicinity of . . .

- 놀이터 부근에는 아이스크림 장사들이 많이 온다.
- 고급 술집은 청담동 부근에 몰려 있다.

9. ~이/가 원활하다  . . . flow smoothly

- 교통이 원활하다:
  아직 퇴근 시간이 안 돼서 그런지 교통이 아직까지는 원활한 편입니다.
- 자금 유통이 원활하다:
  요즘 자금 유통이 원활하지 못 해서 사업에 어려움이 많다.

10. A는 물론 B까지/A는 물론 B도    B as well as A

- 주차하려는 차들이 길게 늘어서는 바람에 주차장 입구는 물론 인근
  도로까지 차량들이 거북이 걸음을 해야 했다.
- 디즈니 영화는 아이들은 물론 어른들도 좋아한다.

11. 거북이 걸음을 하다  to move at a turtle's pace

- 갑자기 몰려든 차량들로 차들은 거북이 걸음을 하고 있다.
- 계속 되는 비로 지하철 공사는 거북이 걸음을 하고 있다.

12. ~이/가 몰리다/몰려 있다  to cluster around/to be concentrated

- 차량들이 몰리다:
  서울 시내는 백화점 세일 때마다 차량들이 몰려서 큰 혼잡을 이룬다.
- 사람들이 몰리다:
  무슨 소리가 나자 사람들이 그 곳으로 몰렸다.
- 몰려 있다:
  유명 백화점들은 명동, 을지로, 압구정동에 몰려 있다.

13. ~다며/다면서  (simultaneously) saying . . .

- 사람들은 평소 10분 걸리던 도로가 1시간 이상 걸렸다며 불평하고 있다.
- 민우는 피곤하다며 밥도 안 먹고 자기 방으로 들어가 버렸다.

## 14. ~(으)로 인한/인하여  due to . . .

- 백화점 세일 때문에 생기는 차량 정체로 인한 시간 손해, 기름 낭비는
  물론 매연 공해도 엄청나다.
- 요즘 경제 침체로 인하여 실업자들이 많이 생겨났다.

## 15. 손해  loss

- 손해(를) 보다 'to experience loss or damage'
  장사꾼들은 아무리 싸게 팔아도 손해보는 일은 없다.
- 손해를 입다 'to suffer damage or loss'
  이번 주가 폭락으로 주식 소유자들은 막대한 손해를 입었다.
- 손해를 끼치다/입히다/주다 'to damage/to harm someone'
  이번 주가 폭락은 소규모 주식 소유자들에게 막대한 손해를 끼쳤다.

## 16. 부설  attachment, annex

- 부설 주차장 'attached parking lot'
- 부설 운동장 'attached stadium'
- 부설 학교 'attached school'
- 부설 유치원 'attached preschool'

## 17. ~상  because of the nature of . . .

- 공익상:
  서울시는 주차 문제 해결을 위해 공익상 필요할 경우 주차장을 폐쇄할
  수 있는 폐쇄 직권 명령제를 도입했었다.
- 직업상:
  직업상 사람들과 만나는 일이 많다.
- 위치상:
  내 위치상 그런 얘기를 함부로 할 수는 없다.
- 성격상:
  나는 성격상 남한테 사과하는 일은 죽어도 못 한다.
- 내용상:
  그 논문은 내용상 문제가 너무 많다.

## 18. ~을/를 필요로 하다  to need . . .

- 나를 필요로 하는 사람이 있다면 언제든지 달려 갈 수 있다.

  cf. ~이/가 필요하다  to be needed
- 백화점 세일 기간 동안 많은 주차 요원이 필요하다.

## 19. ~에게/한테 피해(를) 주다　to do damage to . . .

- 백화점 세일로 인한 교통 체증은 수십만 명에게 피해를 주고 있다.
- 내게 아무리 좋은 일이라도 남한테 피해를 주는 일을 해서는 안 된다.

## 주차 관련 용어　parking-related expressions:

- 주차장　　　　　　　'parking lot'
- 주차권[무료 주차권]　'parking permit'
- 주차 위반　　　　　　'parking violation'
- 주차 단속　　　　　　'parking enforcement'
- 주차하다　　　　　　'to park'
- 주차료/주차비　　　　'parking fee'
- 주차 금지　　　　　　'no parking'
- 주차 요원　　　　　　'parking staff'

## 교통 관련 용어　traffic-related expressions:

- 교통 대란　　　　　　'traffic chaos'
- 교통 운동　　　　　　'traffic campaign'
- 교통 정리　　　　　　'traffic control/regulation'
- 교통 안내　　　　　　'traffic guide'
- 교통 경찰　　　　　　'traffic officer'

## Actions; policy-related expressions:

- 백지화하다　　　　　'to nullify, cancel (a plan, law, policy)'
- 폐쇄하다　　　　　　'to shut down (an establishment)'
- 도입하다　　　　　　'to import or introduce (a system, machine, etc.)'
- 추진하다　　　　　　'to promote, drive, push forward (a plan, policy)'
- 제한하다　　　　　　'to limit, confine (a use of materials, a dimension)'
- 부추기다　　　　　　'to encourage, incite someone to do something'
- 녹색 교통 운동　　　'Green Traffic campaign'
- 사무처장　　　　　　'head official'
- 유발 부담금　　　　　'one's share in instigating . . .'
- 직권 명령제　　　　　'system of granting direct authority to issue a command, ordinance, or regulation'

# Exercises

## 1. 관련 있는 단어들끼리 연결하여 문장을 만들어 보세요.

(1)
| | |
|---|---|
| 대책 · | · 빚다 |
| 주차장 · | · 제한하다 |
| 상품 · | · 원활하다 |
| 교통 대란 · | · 구입하다 |
| 재산권 · | · 폐쇄하다 |
| 교통 · | · 마련하다 |

(2)
| | |
|---|---|
| 극심한 · | · 주차장 |
| 적극적인 · | · 정체 현상 |
| 거대한 · | · 교통 |
| 원활한 · | · 대책 마련 |

(3)
| | |
|---|---|
| 차들 · | · 엄청나다 |
| 백화점 · | · 이어지다 |
| 교통 대란 · | · 엉키다 |
| 매연 공해 · | · 몰려 있다 |

## 2. 보기에서 적당한 단어를 골라 빈칸을 채우세요.

> 보기: 주차료, 무료 주차권, 대책, 차량 이용, 정체,
>      교통 정리, 거북이 걸음, 교통 대란

(1) 백화점들이 한꺼번에 세일을 하는 바람에 서울시 주요 백화점 주변
    도로가 주차장을 방불케 하는 _____을 빚고 있다.

(2) 서울시와 경찰은 주변 도로의 _____를 도와 줄 뿐 별다른
    _____을 내놓지 못 하고 있다.

(3) 강남 주요 도로는 쇼핑객들이 타고 온 차량으로 극심한

　　　　_____를 빚었다.

(4) 롯데 백화점은 주차하려는 차들 때문에 주차장 입구는 물론 인근

　　도로까지 차들이 _____을 해야 했다.

(5) 대부분 백화점들은 쇼핑하러 온 고객들에게 _____을

　　주고 있다.

(6) 어떤 백화점들은 세일 기간 중에 아예 _____를 받지 않고

　　있어 _____을 부추기고 있다.

## 3. 보기에서 적당한 단어를 골라 빈칸을 채우세요.

```
보기: 고작, 연간, 평소, 아예, 대부분, 특히
```

(1) 삼성동 주변 도로는 _____ 교통이 원활한 편이지만

　　백화점들이 세일을 하는 주말, _____ 토요일은 몰려든

　　차량으로 정체를 빚기도 한다.

(2) 백화점들은 고객들의 편의를 위해 무료 주차권을 주거나

　　_____ 주차료를 받지 않는 곳도 있다.

(3) 백화점들은 수십만 명에게 피해를 주면서 교통 체증에 대한 책임으로

　　_____ 1억~4억 원의 교통 유발 부담금을 내는 게 전부다.

(4) 주말을 맞은 백화점 주변 도로는 잠실을 제외하고는 _____

　　몰려온 차량들로 교통 대란을 빚고 있다.

(5) 백화점 주변의 차량 정체로 인한 피해는 _____ 300어 원에

　　달한다.

## 4. 주어진 단어와 비슷한 단어를 고르세요.

(1) 방불케 하다:

　　ㄱ. 생각나게 하다　　　　　ㄴ. 불이 나는 듯하다

　　ㄷ. 따뜻하게 덥히다　　　　ㄹ. 방에 불을 때다

(2) (교통 대란을) 빚다:

　　ㄱ. 만들다　　　　　　　　ㄴ. 해결하다

　　ㄷ. 일으키다　　　　　　　ㄹ. 완성하다

(3) (상품을) 구입하다:

　　ㄱ. 판매하다　　　　　　　ㄴ. 주문하다

　　ㄷ. 돌려주다　　　　　　　ㄹ. 사다

(4) 교통이 원활하다:

　　ㄱ. 복잡하다　　　　　　　ㄴ. 잘 움직인다

　　ㄷ. 막힌다　　　　　　　　ㄹ. 활발하다

(5) (세일에) 들어가다:

　　ㄱ. (세일에) 돌입하다　　　ㄴ. (세일을) 시작하다

　　ㄷ. (세일에) 미치다　　　　ㄹ. (세일을) 끝내다

## 5. 보기와 같이 주어진 말이 들어가는 단어를 3개 이상 만들어 보세요.

> 보기: [쇼핑] 쇼핑객, 쇼핑 차량, 쇼핑백

(1) [교통] _____

(2) [현상] _____

(3) [주차] _____

(4) [차량] _____

## 6. 보기와 같이 주어진 단어를 이용하여 다양한 표현을 3개 이상 만드세요.

> 보기: [세일] 세일을 하다, 세일에 들어가다, 세일이 끝나다

(1) [빚다] _____

(2) [대책] _____

(3) [~에 들어가다] _____

(4) [손해] _____

**7. 주어진 말에서 연상되는 단어나 표현을 3개 이상 적어 보세요.**

(1) [세일]　_____

(2) [백화점]　_____

(3) [교통]　_____

(4) [쇼핑]　_____


**8. 아래 설명과 맞는 표현을 본문에서 찾아 쓰세요.**

(1) 아주 커다랗다:　　　　　　　_____

(2) 아주 많다:　　　　　　　　　_____

(3) 부드럽게 잘 빠진다:　　　　_____

(4) 한 곳에 많이 모여 있다:　　_____

(5) 요금을 받는 제도로 바꾸다:　_____

(6) 줄을 지어 길게 서 있다:　　_____

(7) 더 하도록 여건을 만들다:　_____

(8) 일이 되도록 행동을 취하다:　_____

(9) 문을 닫다:　　　　　　　　　_____

(10) 없었던 것으로 하다:　　　　_____


# Comprehension

## I. Overall comprehension

1. 본문의 기사는 무엇에 관한 기사입니까?

2. 백화점에서 세일을 하면 어떤 일들이 벌어집니까?

3. 백화점 세일 때문에 생기는 문제들에 대하여 경찰은 어떤 대책이 있습니까?

4. 백화점 세일로 인해서 생기는 피해는 어떤 것들이 있습니까?

## II. Finding details

1. 백화점 세일로 인한 주변 도로의 교통 정체 모습을 어떻게 표현했습니까?

2. 서울에서 백화점이 몰려 있는 곳은 어디입니까?

3. 백화점 주변은 주말에 보통 교통이 어떻습니까?

4. 경찰들은 왜 시민들로부터 항의를 받습니까?

5. 백화점 주변의 교통 문제를 해결하기 위해서 서울시가 추진한 대책들은 무엇입니까? 각 대책들을 설명해 보세요.

6. 백화점 주변의 교통 문제를 해결하기 위해서 녹색 교통 운동 단체에서는 정부가 어떤 대책을 마련해야 한다고 생각합니까?

# Discussion & Composition

1. 주요 백화점들은 어떤 것들이 있습니까?

2. 필요한 물건을 싸게 사는 쇼핑 방법에 대해서 알아봅시다. 여러분의 쇼핑 습관에 대해서도 이야기해 봅시다.

3. 바겐 세일 광고 문안을 만들어 봅시다.

4. 백화점 세일에서 생기는 문제점들과 그 해결책에 대해서 이야기해 보고 글로 써 보세요.

5. 백화점 세일의 허와 실에 대해서 이야기해 봅시다.

# Related Reading

1. 소비가 분명한 회복 조짐을 보이고 있습니다.

2. 저는 지금 고객들로 붐비는 유명 백화점 앞에 나와 있는데요. 거의 IMF 이전 모습이군요.

3. 필요한 물건만을 구매하는 알뜰 주부의 모습이 참 보기 좋습니다.

4. 아니! 저런, 저런.

5. 벌써 IMF를 잊었나요? 충동구매, 과소비의 모습도 자주 눈에 띕니다.

6. 여1: 어때, 괜찮지? 200 쳤는데.
   남1: 모양만 좋으면 뭐해. 싼게 비지떡인거 몰라?

7. 남2: 이야, 이거 정말 3만원 짜리야?
   여2: 그렇다니까. 다해서 20만원도 안 들었어. 이제 올 한해 옷값 지출은 없어도 되겠지.

박시백의 그림세상 <인터넷 한겨레> 1999년 4월 9일,
http://www.hani.co.kr/cartoon/grim/data/p990409.htm

# 제2과 존대말과 존칭

## (Lesson 2: Honorific Language and Honorific Titles)

### Objective

어른들이 보기에 요즘 젊은 사람들은 존대법이나 존칭을 잘못
사용하는 경우가 많습니다. 한국어의 복잡한 존대법과 경어 체계를
탓하는 사람도 있고, 젊은 세대의 존칭에 대한 인식과 그에 대한
교육의 부족을 탓하는 사람도 있습니다. 한국어의 존대법에 대해서
알아봅시다.

# Pre-reading questions

1. 한국어에서는 언제 존대말을 씁니까?
2. 한국어에서는 어떻게 존대를 표시합니까? 아는 대로 이야기해 보세요.
3. 존대말을 써야 할지 안 써야 할지 몰랐던 경우가 있었습니까?

# Gaining familiarity

1. 용어 terminology

| | | | |
|---|---|---|---|
| 존대말 | 경어 (체계) | 존칭 (체계) | 반말 |
| 호칭 | 겸양 표현 | 존대법/존비법 | 공손법/공대법 |
| 대우법 | | | |

2. 다음 말들의 존대 표현들을 아십니까?

| | | | |
|---|---|---|---|
| 이름 | 나이 | 집 | 말 |
| 생일 | 밥 | 명/사람 | 있다 |
| 먹다 | 자다 | 아프다 | 말하다 |
| 죽다 | ~이/가 | ~은/는 | ~한테/에게 |

3. 다음 말들의 겸양 표현들(humble expressions)을 아십니까?

| | | | |
|---|---|---|---|
| 나 | 내 . . . | 우리 | 보다 |
| 주다 | 말하다 | 묻다 | |

4. 다음은 같은 뜻을 가진 단어들입니다. 이 단어들의 용법(usage)의 차이를 설명하세요.

이름/성명/성함/존함/함자
나이/연령/연세/춘추

# [삶과¹ 생각] 내가 너의 이름을 불러 주었을 때

직업상² 얼굴 없는 대화를 나눌ᵁ¹ 기회가 많다. 전화로 원고³ 청탁이나⁴ 강연⁵ 요청을⁶ 받을 경우 목소리만 듣고도 상대방의 연령이⁷ 점점 젊어지고 있는 것처럼 느끼는 것은 아마 내 나이 탓도⁸·ᵁ² 있지만, 존대말을 헷갈리게⁹ 쓰는 때문도ᵁ³ 있는 것 같다. 우리말의 복잡다단한¹⁰ 존칭¹¹ 체계가¹² 좀 단순화해야¹³ 하지 않을까ᵁ⁴ 생각하게 되는 것도 그런 대화를 통해 요즘 젊은이들이 존칭 때문에 얼마나 혼란을¹⁴ 겪고¹⁵·ᵁ⁵ 있는지 생생하게¹⁶ 느껴져서이다.

20~30대의 기자가 나를 부를 때 성명에다¹⁷ '선생님' 정도를¹⁸·ᵁ⁶ 붙이는 게 가장 무난하다고¹⁹ 생각하지만 굳이²⁰ 교수님이라고 부르기도 하고, 단지²¹ 「씨」 자만 붙이기도 한다. 교수님이라고 부를 때 나는 한 번도 대학에 강의²² 나간 적이 없다고 해도 막무가내로²³ 교수님이라고 할 때는 아부를²⁴ 좋아하는 사람 같아 호감이²⁵ 안 간다.ᵁ⁷ 전에는 「씨」 자만 달랑²⁶ 붙이는 걸 좀 무례하다고²⁷ 생각했는데 교수님보다는 오히려 편하다. 고유 명사에다²⁸ 「씨」 만 붙이면 존대말로 충분하다고²⁹ 생각한다.

"고맙습니다."라고 하지 않고 "고마워요."하는 것도 전에는 귀에 거슬렸는데³⁰·ᵁ⁸ 「요」 자만 붙여도 존대말로 쳐줘야지ᵁ⁹ 않을까 눙쳐서³¹ 생각하기로 했다. 그러나 "박완서 씨 고마워요."하는 정도밖에 존대말을 못 쓰는 젊은이도 내가 그쪽 성명을 물어 보면 김철수라고 말하지 않고 "「김」 자 「철」 자 「수」 자입니다."라고 말한다. 그러다가는ᵁ¹⁰ 제 자식 이름도 "우리 아기는 「나」 자 「리」 자입니다."라고 말하게 될지도 모르겠다.ᵁ¹¹

남 앞에서 웃어른³² 이름을 함부로³³ 부르는 것을 무엄하다³⁴ 하여 꼭 성함을³⁵ 밝혀야 할 경우 한 자 한 자 「자」 자를 붙여 부르게 한 게 점잖은³⁶ 댁의 자녀 교육이었다고는 하나ᵁ¹² 요즈음 세상에는 안 그래도 크게 책잡힐³⁷ 것 없다고 생각한다. 더군다나³⁸ 자신의 이름은, 꼭 한자로 무슨 자인가를 밝혀야 할 경우가 아니라면 그런 식으로 말할 필요가 전혀 없는데도 끙끙대며³⁹ 그렇게 말하는 젊은이를 보면 안쓰럽다.⁴⁰

아무리 좋은 것도 지나치게⁴¹ 복잡하면 기본⁴² 정신보다는⁴³ 쓸데없는⁴⁴ 것부터 익히게⁴⁵ 되는 것 같다. 손자가 할아버지한테 "이 신발 엄마께서 사 주신 거야."라고 말한다면 고쳐 줘야 할 틀린 어법인데⁴⁶ 요새는 TV에 나와 재롱부리는⁴⁷ 똑똑한⁴⁸ 어린이까지 "엄마께서 아빠께서"라고 말하니까 「께서」 대신 「가」를 쓰는 어린이는 가정 교육이[49] 덜된[50] 어린이처럼 보이기까지 한다.

　존대말의 기본은 자기를 낮추고[51] 상대방을 높이는[52] 데 있기 때문에 대등한[53] 관계에서는 별로 문제될 게[54] 없을 텐데 가장 대등한 관계인 부부간의 호칭이[55] 오히려 가장 사람을 헷갈리게 하는 건 무슨 일인지 모르겠다.[U13] 서로 어떻게 불러야 할지 몰라[U14] 고민하는[56] 신혼 부부에게 "「여보」 「당신」이란 좋은 말이 있는데 무슨 걱정이냐?"고 했더니 꺄악 소리를 지르며 닭살이[57] 돋을[58, U16] 것 같다나.[U15] 「여보」 「당신」이 좀 드라이하긴 해도 닭살이 돋게 징그러울[59] 건 또 뭔지[U17] 잘 이해가 안 된다. 나야말로[U18] 닭살이 돋는 것은 요즘 새댁들이[60] 남편을 「오빠」라고 부르는 걸 들을 때이다. 스타에게 열광하던[61] 오빠 부대일 적의 환상을[62] 내 남자에게 전이시키고[63] 싶은 소녀 취미는 연애 기간에 대충[64] 졸업해야지 않을까?[U19] 결혼은 그 어느 누구와 바꿔치기[65]할 수도 없고, 착각해서도[66] 안 되는 유일한[67] 남자와 여자와의 만남인 동시에 양가의[68] 가족이란 그물[69] 안에 편입하는[70] 일이기도 하다. 이성인[71] 남편을 가장 가까운 근친을[72] 부르는 호칭으로 부른다는 건 망측스럽기도[73] 하거니와[U20] 기존의[74] 조화로운[75] 관계망을[76] 혼란시키는 일이기도 하다. 설사 여자에게 오빠가 없다고 해도 장차[77] 아들도 낳고 딸도 낳게 될 게 아닌가. 여보 당신이 싫으면 서로 이름을 부르자. 이름은 자신을 존재케한[78] 부모로부터 받은 사랑과 꿈이 담긴 선물이고 자신이 남과 다른 고유한[79] 존재라는[80] 걸 인식하게[81] 한 최초의[82] 울림이고[83] 자신이 지닌[84] 것 중 가장 오래 된 것이고 무엇보다도[U21] 부르라고 지어 준 것이다.

박완서, <한국일보> 1999년 11월 09일
http://www.hk.co.kr/11_11/199911/h1B5d1.htm

# New Vocabulary

1. 삶　　　　　　life, living
2. 직업상　　　　because of the profession
3. 원고　　　　　manuscript
4. 청탁　　　　　request [원고 청탁 request for manuscripts]
5. 강연　　　　　public lecture

|   |   |   |
|---|---|---|
| 6. | 요청 | request |
| 7. | 연령 | age (formal) |
| 8. | 탓 | fault, blame, effect, reason |
| 9. | 헷갈리다 | to be confusing |
| 10. | 복잡다단하다 | to be complex; to be eventful |
| 11. | 존칭 | honorific address |
| 12. | 체계 | system [존칭 체계 honorific system] |
| 13. | 단순화하다 | to simplify |
| 14. | 혼란(스럽다) | chaos, confusion (to be confusing) |
| 15. | 겪다 | to suffer [혼란을 겪다 suffer chaos] |
| 16. | 생생하다 | to be vivid |
| 17. | 성명 | name (formal) |
| 18. | 정도 | degree, level, extent |
| 19. | 무난하다 | to be trouble-free |
| 20. | 굳이 | obstinately, firmly |
| 21. | 단지 | just, only, except |
| 22. | 강의 | classroom lecture |
| 23. | 막무가내로 | inexorably, obstinately, stubbornly |
| 24. | 아부 | flattery, adulation |
| 25. | 호감 | good impression |
| 26. | 달랑 | solely, merely |
| 27. | 무례하다 | to be ill-mannered |
| 28. | 고유 명사 | proper noun |
| 29. | 충분하다 | to be sufficient |
| 30. | 거슬리다 | to be offensive, be an eyesore |
| 31. | 눙치다 | to soothe, pacify |
| 32. | 웃어른 | (one's) elders |
| 33. | 함부로 | thoughtlessly; at random |
| 34. | 무엄하다 | to be imprudent |
| 35. | 성함 | name (honorific) |
| 36. | 점잖다 | to be gentle |
| 37. | 책잡히다 | to be found fault with; to be blamed |
| 38. | 더군다나 | moreover |
| 39. | 끙끙대다 | to moan; to labor |
| 40. | 안쓰럽다 | to feel pitying |
| 41. | 지나치다 | to be excessive |
| 42. | 기본 | basis, foundation |

| 43. 정신 | mind, spirit, soul, will, intention, mentality, motive [기본 정신 original intention/motive] |
|---|---|
| 44. 쓸데없다 | to be useless |
| 45. 익히다 | to make oneself accustomed to |
| 46. 어법 | way of speaking |
| 47. 재롱부리다 | to act cute |
| 48. 똑똑하다 | to be clever |
| 49. 가정 교육 | home education; discipline |
| 50. 덜되다 | to be insufficient |
| 51. 낮추다 | to humble/lower oneself |
| 52. 높이다 | to honor, raise |
| 53. 대등하다 | to be equal |
| 54. 문제되다 | to become problematic |
| 55. 호칭 | address term |
| 56. 고민(하다) | agony, anguish (to agonize) |
| 57. 닭살 | goose bumps |
| 58. 돋다 | to come up, form [닭살이 돋다 to get goose bumps] |
| 59. 징그럽다 | to be creepy, detestable |
| 60. 새댁 | (newlywed) bride |
| 61. 열광하다 | to be wildly excited; to be fanatical |
| 62. 환상 | fantasy |
| 63. 전이시키다 | to transfer |
| 64. 대충 | approximately, roughly |
| 65. 바꿔치기 | fraudulent replacement |
| 66. 착각하다 | to mistake, misunderstand; to have an illusion |
| 67. 유일하다 | to be the only one, unique |
| 68. 양가 | both sides of the family |
| 69. 그물 | fishing net |
| 70. 편입하다 | to transfer |
| 71. 이성 | opposite sex |
| 72. 근친 | close sibling |
| 73. 망측스럽다 | to be unpleasant, vulgar |
| 74. 기존의 | established, existing |
| 75. 조화롭다 | to be harmonious |
| 76. 관계망 | relational network |
| 77. 장차 | in the future |
| 78. 존재케 하다 | to bring into existence |

79. 고유하다        to be proper
80. 존재        existence, being
81. 인식
   (하다/시키다/되다)   cognition, recognition, understanding (to recognize, understand/have someone recognize/to be perceived, recognized)
82. 최초의        very first
83. 울림        resonance
84. 지니다        to keep, possess

# Useful Expressions

1. ~을/를 나누다   share

  • 대화를 나누다:
    나는 직업상 얼굴 없는 대화를 나눌 기회가 많다.
  • 슬픔과 기쁨을 나누다:
    부부는 슬픔과 기쁨을 함께 나누어야 한다.
  • 술잔을 나누다:
    일과를 끝내고 동료들과 술잔을 나누는 것도 큰 즐거움이다.

2. ~탓(에/으로) (due to/for) the fault/reasons of . . . [used negatively]

  • 나이 탓:
    요즘 나이 탓인지 사람 이름을 잘 기억 못 하는 경우가 많다.
  • 성격 탓:
    그 친구는 성격 탓에 아직도 장가를 못 가고 있다.
  • 남의 탓/다른 사람 탓:
    자기의 잘못을 다른 사람 탓으로 돌리지 마세요.

3. ~(으)ㄴ/는 것은 . . . 때문이다/~어서이다/아서이다   The reason . . . is that . . .

  • 내가 이런 얘기를 하는 것은 네가 걱정되어서이다.
  • 그 사람이 자꾸 피하는 것은 날 만나기 싫기 때문일 것이다.

4. ~어야/아야 하지 않을까   shouldn't . . . ? (= should . . .)

  • 우리말의 존칭 체계가 좀 단순화해야 하지 않을까 생각하게 된다.

- 이번 여름에는 존대말을 배우러 한국에 가 봐야 하지 않을까 생각합니다.

## 5. ~을/를 겪다  to suffer, undergo, experience, go through

- 혼란을 겪다:
  요즘 젊은이들이 존칭 때문에 많은 혼란을 겪는 것 같다.
- 곤란을/어려움을 겪다:
  한국말은 얘기할 때 존대말을 모르면 많은 곤란을 겪는다.
- 전쟁을 겪다:
  우리 부모님 세대는 전쟁을 많이 겪었다.

## 6. 정도  as much as; as good as; about

- 기자가 나를 부를 때 성명에다 선생님 정도를 붙이는 게 가장 무난하다고 생각한다.
- Bill Gates 재산은 얼마나 될까? 한 1000억불 정도 될까?

## 7. ~에게 호감이 가다/안 가다  to feel attracted/not attracted to (a person)

- 아부를 좋아하는 사람한테는 호감이 안 간다.
- 그 사람은 성격이 좋은 것 같아 호감이 간다.

## 8. ~에 거슬리다  to be offensive, to go against the grain

- 귀에 거슬리다:
  교수 아닌 사람한테 교수님, 교수님 하는 것은 귀에 거슬린다.
- 눈에 거슬리다:
  거리에서 젊은이들이 떼로 몰려다니는 것은 눈에 거슬린다.

## 9. ~(으)로 쳐주다  to count/consider/regard . . . as

- 대입 검정고시에 합격하면 고등학교를 졸업한 것으로 쳐준다.
- 이번 월드컵의 성공은 히딩크의 공로로 쳐주어야 한다.

## 10. 그러다가는  if doing so continues; if this continues

- 젊은이들은 모두 도시로 올라온다. 그러다가는 농촌에는 노인들만 남겠다.

- 스티브 정은 집에서도 영어만 쓴다. 그러다가는 한국말을 다 잊어버릴 것 같다.

## 11. ~(으)ㄹ지(도) 모르다   may (even), it may (also) be possible that

- 인류는 언젠가는 지구를 버리고 달나라에 가서 살아야 할지도 모른다.
- 내일쯤엔 날씨가 시원해질지도 모르겠다.

## 12. ~다고는/라고는 하나/하지만   Even though we can say

- 드디어 우리도 집을 마련했다. 집이라고는 하지만 겨우 15평짜리 방 두개짜리 아파트이다.
- 이번 선거는 여당이 이겼다고는 하지만 진 거나 마찬가지다.

## 13. ~는 건/것은 무슨 일인지 모르겠다   I don't understand why

- 돈을 준다는 데도 안 받으려는 건 무슨 일인지 모르겠다.
- 돈이 많은데도 또 돈을 꾸어 달라는 건 무슨 일인지 모르겠다.

## 14. [question word] . . . ~어야/아야 할 지 모르다   don't know [question word] to . . .

- 요즘 젊은 부부들은 서로 어떻게 불러야 할지 몰라 당황해 하는 것 같다.
- 요즘 저녁에 뭘 해 먹어야 할지 모르겠다.

## 15. ~다나/대나?   say . . . or something [I don't quite get it]?

- 좀 일찍 들어오라고 했더니 오늘은 회식이 있어서 늦는다나?
- 요즘 날씨가 왜 이 모양인지 . . . 내일도 또 비가 온다나?

## 16. 닭살이 돋다   to get goose bumps

- 요즘 젊은 부부들은 '여보, 당신'하면 닭살이 돋는다나?
- 나는 그 사람이 나를 쳐다볼 때마다 닭살이 돋는다.

## 17. ~(으)ㄹ 건 또 뭔지 . . .   I don't know why [on top of what we already know]

- 그냥 전화만 하면 됐지 쪼르르르 달려올 건 또 뭔지 . . .
- 그러지 않아도 화가 나는데 약을 올릴 건 또 뭔지 . . .

18. ~(이)야말로  It is none other than . . . that . . . [claiming a true
    champion of the given situation]

  • 한글이야말로 한국 사람들이 세계에 자랑할 만한 민족의 유산이다.
  • 다들 화가 난다는데 나야말로 화가 나서 미칠 지경이다.

19. ~지 않을까?  Will . . . not? = I think . . . will

  • 이젠 우리도 세계 무대에서 이름을 떨쳐야 되지 않을까?
  • 한국어 중에서 존대말 쓰는 게 제일 어렵지 않을까?

20. ~기도 하거니와 (~기도 하다)  not only . . . but also [on top of
    that]

  • 한국어는 원래 어렵기도 하거니와 제대로 된 교재가 없는 것도 배우기
    힘든 큰 원인 중의 하나이다.
  • 다른 사람을 이해하는 것은 그 사람을 위하는 일이기도 하거니와 나
    자신을 행복하게 하는 일이기도 하다.

21. 무엇보다도  above all, more than anything

  • 외국어를 배울 때에는 무엇보다도 단어를 많이 알아야 한다.
  • 한국어는 무엇보다도 존대말이 제일 어려운 것 같다.


# Exercises

1. 관련 있는 단어들끼리 연결하여 문장을 만들어 보세요.

   (1) 호감        ·        · 덜 되다      _____

       닭살        ·        · 되다        _____

       가정 교육   ·        · 가다        _____

       문제        ·        · 돋다        _____

   (2) 생생하게    ·        · 부르다      _____

       함부로      ·        · 쓰다        _____

       헷갈리게    ·        · 생각하다    _____

       눙쳐서      ·        · 느끼다      _____

(3) 대화          ·          · 겪다          _____

강연 요청  ·          · 쓰다          _____

혼란          ·          · 받다          _____

성함          ·          · 나누다       _____

존대말        ·          · 지르다       _____

소리          ·          · 밝히다       _____

## 2. 보기에서 적당한 단어를 골라 빈칸을 채우세요.

> 보기 : 능쳐서, 생생하게, 지나치게, 헷갈리게, 함부로

(1) 전화를 하다 보면 요즘 젊은이들이 존칭 때문에 얼마나 혼란을 겪고 있는지 _____ 느낄 수 있다.

(2) 아무리 좋은 것도 _____ 복잡하면 기본 정신보다는 쓸 데 없는 것부터 익히게 되는 것 같다.

(3) 가장 대등한 관계인 부부간의 호칭이 오히려 사람을 _____ 한다.

(4) 요즘은 '고맙습니다'하지 않고 '요'자만 붙여서 '고마워요'해도 존대말로 쳐줘야지 않을까 _____ 생각하기로 했다.

(5) 남 앞에서 윗어른의 이름을 _____ 부르는 것은 위험하다.

## 3. 주어진 단어와 비슷한 단어를 고르세요.

(1) 청탁:
   ㄱ. 청혼        ㄴ. 혼탁        ㄷ. 부탁        ㄹ. 청결

(2) 헷갈리다:
   ㄱ. 헛짚다      ㄴ. 혼란스럽다   ㄷ. 헛소리하다   ㄹ. 갈리다

(3) 무난하다:
   ㄱ. 곤란하다    ㄴ. 무리하다    ㄷ. 무례하다    ㄹ. 적당하다

(4) 망측스럽다:
   ㄱ. 정겹다      ㄴ. 엉뚱하다    ㄷ. 싱그럽다    ㄹ. 낯 뜨겁다

(5)  무엄하다:
    ㄱ. 무지하다    ㄴ. 자상하다    ㄷ. 무례하다    ㄹ. 점잖다

**4. 보기와 같이 주어진 말이 들어가는 단어를 3개 이상 만들어 보세요.**

> 보기: [ . . .~말] 존대말, 반말, 높임말, 거짓말

(1) [ . . .~탓]  _____
(2) [ . . .~체계]  _____
(3) [ . . .~상]  _____
(4) [ . . .~기간]  _____

**5. 보기와 같이 주어진 단어를 이용하여 다양한 표현을 3개 이상 만드세요.**

> 보기: [겪다] 혼란을 겪다, 어려움을 겪다, 전쟁을 겪다

(1) [호감]  _____
(2) [부리다]  _____
(3) [나누다]  _____
(4) [요청]  _____

**6. 주어진 말에서 연상되는 단어나 표현을 3개 이상 적어 보세요.**

> 보기: [청탁하다] 원고, 취직, 강연, 주례

(1) [존대말]  _____
(2) [징그럽다]  _____
(3) [부부]  _____
(4) [가족]  _____

**7.  아래 설명과 맞는 표현을 본문에서 찾아 쓰세요.**

(1) 무엇이 맞는지 잘 모르다:      _____

(2) 간단하지 않고 어렵다:        _____

(3) 눈에 보이는 것 같이:         _____

(4) 생각 없이:                  _____

(5) 불쌍하고 안돼 보이다:        _____

(6) 천하지 않고 품위 있다:       _____

(7) 위치나 등급이 같다:          _____

(8) 예의와 버릇이 없다:          _____

(9) 잘 어울리다:                _____

(10) 다른 곳에는 없이 독특하다:   _____

**8.  주어진 단어나 표현을 이용하여 문장을 만드세요.**

(1) ~을/를 나누다

_____

(2) ~(으)ㄴ/는 것은 . . . ~어서이다/아서이다.

_____

(3) ~(으)ㄴ데도/는데도 . . . ~(으)ㄴ/는 것은 무슨 일인지 모르겠다.

_____

(4) ~(이)야 말로

_____

(5) ~기도 하거니와 . . . ~기도 하다.

_____

(6) ~지 않을까?

_____

(7) ~다고는/라고는 하나/하지만 . . .

_____

(8) ~는 것은 무슨 일인지 모르겠다.

___

(9) ~(으)ㄹ 건 또 뭔지 . . .

___

(10) 그러다가는

___

# Comprehension

## I. Overall comprehension

1. 글쓴이의 직업은 무엇입니까?

2. 이 글에서 글쓴이가 다루고 있는 존칭이 잘못 사용되는 예는 무엇입니까?

3. 이름을 말할 때 한 자 한 자 '자'를 붙여서 말해야 하는 경우는 언제입니까?

4. 자신의 이름을 말할 때 한 자 한 자 '자'자를 붙여 말하는 것에 대해서 글쓴이는 어떤 생각을 가지고 있습니까?

5. 부부간의 호칭에 대해서 글쓴이는 어떤 제안을 하고 있습니까?

## II. Finding details

1. 사람들은 글쓴이를 어떻게 부릅니까?

2. 글쓴이는 어떤 호칭을 제일 편안해 합니까? 제일 싫어하는 호칭은 무엇입니까?

3. 글쓴이는 어떤 사람을 안 좋아합니까?

4. 글쓴이를 닭살이 돋게 만드는 것은 무엇입니까?

5. 글쓴이는 젊은 여자들이 남편을 오빠라고 부르는 것을 왜 싫어합니까?

6. 글쓴이가 부부간에 이름을 부르자고 하는 이유는 무엇입니까?


# Discussion & Composition

1. 존대말을 잘못 사용하거나 어떻게 사용해야 할지 몰라서 곤란을 겪은 경험은 없습니까?

2. 영어에도 존대말이 있습니까? 영어에서의 존대말과 한국어에서의 존대말은 어떻게 다릅니까? 한국말에서 존대 체계가 복잡한 이유는 무엇인지 생각해 보고 글로 쓴 다음 이야기해 보세요.

3. 한국말에서는 다음의 상황에서 어떻게 불러야 하는지 이야기해 보세요.

   (1) 친구들한테 자기의 배우자(아내/남편)를 지칭할 때

   (2) 윗어른한테 자기의 배우자(아내/남편)를 지칭할 때

   (3) 손윗/아랫 동서를 부를 때 (호칭)

   (4) 남편이나 아내의 형제를 부를 때 (호칭)

4. 한국 사람들이 배우자를 부를 때 어떤 호칭을 쓰는지 알아봅시다. 여러분의 문화에서는 배우자를 부를 때 어떤 호칭을 씁니까?

# Related Reading

## 존대말하면 건강해진다
### 하는 쪽-듣는 쪽 모두 이로워; 장수 노인들은 존대말
### 일상화; 부부사이도 경어 쓰는 습관을

1백 세 이상 되신 장수 노인들과 대화를 해 보면 반말을 하지 않는다는 공통점을 발견할 수 있다. 일상적으로 존대말을 사용하시는 것이다. 말과 건강은 어떤 관계일까? 처음 만난 사람이 반말을 하면 남녀노소 관계없이 무시당하는 느낌을 갖게 되고 화가 난다.

건강한 사람은 몸이 따뜻하고 머리가 차가운 상태다. 그런데 사람이 기분이 나쁘면 따뜻한 기운이 머리로 올라가서 열이 나고 인상을 쓰게 된다. 반면 머리의 차가운 기운은 몸으로 내려와 각종 질병을 만들게 되는 것이다. 즉 무심히 하는 반말 한마디가 상대방의 건강을 다치게 한다. 또한 반말은 반말을 하는 사람의 건강도 다치게 한다. 반말하는 마음은 조급함, 객기 등의 건강치 못한 마음을 생기게 하는 것이다. 그래서 무심히 하는 반말은 자신과 상대방의 건강을 다 같이 해친다. 존대말은 그 반대의 효과를 얻는다. 장수 노인들이 건강을 지키는 필수 조건의 하나가 존대말인 셈이다. 즉 존대말은 모든 이들의 건강을 이롭게 하는 것이다.

그리고 존대말이 다양한 것은 상대방의 지위-관계 등에 따라 존대말을 달리 해서 다양하게 쓰라는 뜻이 담겨 있다. 그러나, 우리의 일상 생활은 반말이 많다. 전체적으로 사회가 건강을 잃고 병들어 가고 있는 것이다. 자신보다 지위가 낮고 나이가 어리다고 말을 함부로 하는 것은 건강치 못한 마음을 만든다. 그렇다고 무작정 존대말을 쓰는 것도 어색하다. 그래서 우리말에는 아랫사람을 대할 때 쓰는 반 존대말이 있다.

반말인 "김 대리 이리 와."와 반 존대말인 "김 대리 이리 오세요."의 차이점을 살펴보자. 반말은 무시하는 마음과 권위를 만들어 마음의 벽을 쌓는다. 반 존대말은 인격적인 대우와 사랑이 있어 서로 마음이 통하게 되며 대화가 이루어진다. 그래서 지위가 높고 나이가 많을수록 존대말을 하면 사람들의 존경을 받게 된다. 아랫사람에게 반 존대말을 하는 대신 반말로 대하는 사람이 없지는 않다. 이들은 돈이 많거나, 명예가 있다는 등등의 이유로 거만함과 객기로 꽉 찬 사람들이다. 이들에게는 적이 생기고, 병이 생기고, 사고와 불행이 따르게 된다.

어린아이들이 흔히 "아빠, 밥 먹어"라고 반말을 한다. 이 때 아버지가 건강하고 사업이 번창할 때는 "그래, 밥 먹자"라고 응대한다. 그러나, 아버지가 건강을 잃고 실직해 있을 때 이 말을 들으면 무시당하는 느낌을 받게 되며 점점

무기력해져 건강을 해치게 된다. 아이들의 나쁜 말버릇은 어머니의 잘못이다. "애야, 아버지 진지 드시라고 해라"고 해야 하는데 "애야, 아빠 밥 먹으라고 해"라고 말하니 아이도 반말로 전달하는 것이다. 이런 현상은 어머니가 아버지를 무시하기 때문에 생긴다. 그것은 또한 아버지의 잘못이기도 하다. 평소 아버지가 어머니에게 말을 함부로 해 왔기 때문이다. 이런 가정은 서로를 무시하지만 타인에게는 친절하다. 그러나, 집안에 들어오면 가슴이 답답하고 짜증스럽고 신경질적이 된다. 그래서 식구들이 자꾸 밖으로 겉돌게 되는 것이다.

산중의 필자는 찾아오는 사람들에게 연애를 했건, 중매를 통했건 결혼을 하면 서로 존대말을 사용하라고 권한다. 존대말을 하면 건강한 마음이 생겨 가정을 지켜 주고 화를 잘 안 내게 된다. 설사 화가 나더라도 존대말에서 반말을 하게 되지 바로 욕설과 쌍소리로 내려가지는 않는다. 그러나, 반말을 하던 사람은 바로 욕설과 쌍소리를 하게 된다. 어린이도 이런 범주에서 크게 벗어나지 않는다. 반말을 사용하는 어린이는 장난이 심하고 산만하며 집중력이 없다. 그러나, 존대말을 사용하는 어린이는 차분하고 어른스럽고 사려가 깊다.

이렇듯 말은 건강-인생과 직결되어 있다. 그렇게 연세가 많이 드신 장수 노인들이 아주 나이 어린 사람들에게도 존대말을 쓰는 이유가 바로 여기에 있는 것이다.

김종수(기림산방 원장)의 100세 장수 비결 9, 디지털 조선일보
http://www.chosun.com/w21data/html/news/199503/199503121701.html

# 제3과 고부 일기

## (Lesson 3: Diaries about a Mother-in-Law and a Daughter-in-Law)

### Objective

시어머니와 며느리의 관계는 어떤 관계인가? 어떤 며느리의
일기를 통해 한국의 가족 관계의 일면을 살펴봅시다.

# Pre-reading questions

1. 한국에서 전통적인 고부 관계(시어머니와 며느리와의 관계)에 대해서 아십니까?

2. 여러분은 할머니, 할아버지와 함께 살아 본 적이 있습니까? 어머니는 할머니와 사이가 좋(았)습니까?

3. 여러분이 알고 있는 시어머니와 며느리에 대한 이야기가 있습니까?

# Gaining familiarity

1. 친가와 외가

   친가: (친)할아버지/(친)할머니, 삼촌/숙모 (큰아버지/큰어머니,
        작은아버지/작은어머니), 고모/고모부, 고종 사촌
   외가: 외할아버지/외할머니, 외삼촌/외숙모, 이모/이모부, 이종 사촌

2. 본가와 처가

   본가: 아버지/어머니, 형/형수, 남동생/제수, 누나/매부(매형, 자형),
        여동생/매제
   처가: 장인/장모, 처남/처남 댁, 처형/동서, 처제/동서, 처조카

3. 시집과 친정

   시집: 시아버지/시어머니, 시아주버님/형님, 시동생/동서, 시누이
   친정: 아버지/어머니, 오빠/올케 언니, 남동생/올케, 언니/형부,
        여동생/제부

4. 갈등의 관계

   시어머니-며느리, 시누이-올케

5. 시어머니와 며느리의 관계를 나타내는 표현들

   긴장, 흉, 칭찬, 시집살이, 시어머니 노릇, 며느리 노릇

# 고부¹ 일기 (1): 자존심²

며느리들이³ 모이면 시어머니⁴ 흉을⁵ 보고ᵁ¹ 시어머니들이 모이면 며느리 흉을 보게 마련이다.ᵁ²

"우리 며느리는 제 남편 이불 빨래도 잘 안 해 줘. 생전⁶ 장롱⁷ 정리하는⁸ 것도 못 보겠고."

이건 인격이⁹ 고매하고¹⁰ 신앙심이¹¹ 돈독한¹² 사람도 마찬가지다. 그렇지만 우리 어머니만은 거기서 저만큼 비켜나¹³ 있다.

"신기하지!¹⁴ 권사님은 남 앞에서 절대로¹⁵ 며느리 흉을 안 봐." 이건 어머니를 잘 알고 있는 사람들의 공통된¹⁶ 의견이다.

어머니는 말을 많이 하는 편도 아니지만 몇 마디 해도 묘하게¹⁷ 하신다.

"우리 며느리는 다른 건 몰라도ᵁ³ 제 남편한테는 엄청히¹⁸ 상냥하게¹⁹ 햐."

여기서 '다른 건 몰라도'에 주목하는²⁰ 사람은 없다. 그러나 '다른 건 몰라도'에는 내 흉이²¹ 교묘히 숨겨져 있다.²² 말하자면²³ 어머니는 며느리의 흉을 교묘하게 은폐하는²⁴ 기술을²⁵ 가지고 있다.

또 어머니는 이런 식의 말을 잘 하신다.

"내가 방에서 아이구²⁶ 아이구 소리를 내면 며느리가 달려 와서 팔다리를 주물러²⁷ 주거든."

이 말 역시²⁸ 터무니없는²⁹ 과장에³⁰ 불과한데도³¹, ᵁ⁴ 어머니 주위에 모인 시어머니들은 그런 줄도 모르고ᵁ⁵ "어쩌면!" 하고 부러워한다.

어머니는 말 한마디를 슬쩍³² 던져서 뭇³³사람으로부터 선망의³⁴ 시선을³⁵ 모은다. 이것도 하나의 기술이다. 사실 어머니는 나한테 말할 게 너무 많아서 딱³⁶ 덮어두고³⁷ 사는지도 모른다.ᵁ⁶

"으이구, 내가 말을 안 하고 사니까 그렇지,ᵁ⁷ 할 말이 없는 줄 아니?"

요건 어머니가 집에서 흔히 쓰는 말이다. 그러나 밖에 나가면 며느리 쪽은 절대 건드리지³⁸ 않는다. 이건 나를 위해서라기보다는 당신의 자존심을 위해 그러시는 것이다.

김민희, 1990년 10월

# 고부 일기 (2): 옛날의¹ 금잔디²

시누이의³ 초청으로⁴ 어머니가 한달 예정으로⁵·U8 미국 여행을
떠나셨다. 어머니가 이렇게 긴 날을 떠나기는 처음이다.U9 공항에서
돌아오는 차 안에서 푸릇푸릇해진⁶ 먼 산을 바라보는데 갑자기
시어머니는 멀리 떠났으며⁷ 나는 자유라는⁸ 사실이 온 몸으로 기쁨처럼
번졌다.⁹

"멋대로¹⁰·U10 살아 봐야지."

나는 꼭 만나고 싶은 사람들을 순서대로¹¹ 수첩에¹² 적었다. 그리고는
이튿날부터 바쁘게 움직이기 시작했다.

아침밥을 뜨는¹³ 둥 마는 둥U11 하고 안성 가는 버스를 탔다.
한국일보를 통하여 알게 된 최을경 할머니를 한번 꼭 뵙고 싶었기에U12
그 곳을 1번 순위로¹⁴ 정하고서 떠나는 것이다. 시내를 벗어나¹⁵ 들판을¹⁶
달리기 시작하자 너무 흥분이¹⁷ 되어 입술 사이로 자꾸 웃음이
삐져나왔다.¹⁸

오래 보고 싶었던 사람을 만나는 즐거움을 무엇에다 비기랴.¹⁹
막혔던 봇물이²⁰ 터진²¹ 듯 나는 매일 사람을 만나러 발탄²² 강아지처럼
돌아다녔다. 사람뿐 아니라 영화, 연극, 음악회, 전시회²³ 등등.
걸신들린²⁴·U13 사람이 밥을 퍼먹듯²⁵ 꼭 그랬다.

사람들이 우리 집에 전화를 걸면 매일 받지를 않는다고 했다. 그럴
수밖에. 나는 매일 돌아다니기 바빴으니까.

그러다 보니 저녁밥 지을²⁶ 시간에 늦는 수도 있어서 하루는 김밥을
사 왔다. 남편은 딱 한 개만 집어먹더니 얼굴을 찌푸린²⁷ 채U14 접시를
밀어 놓으며,²⁸ "시어머니 없다고 이래도 되는 거여?"하고는 문을 쾅²⁹
닫고 나가 버렸다.

안 그래도 미안한데 그러니까 은근히³⁰ 약이 올랐다.³¹·U15 이런 때 좀
봐주면³²·U16 안 되나. 자기 하나 눈감아주면³³ 될 텐데.

남편의 그 말에 약간의 제동이 걸리긴³⁴·U17 했지만 나는 여전히³⁵ 내
계획표대로³⁶ 돌아다녔다.

한 보름쯤 지났을까?U18 더 이상³⁷ 갈 데가 없어졌다. 갈증이³⁸ 해소된³⁹
사람처럼 보고 싶은 사람도 가고 싶은 곳도 없어졌다. 참 이상했다. 한
달이고 두 달이고 끝이 없을 것 같았는데. 나는 어느덧 제 자리로⁴⁰
돌아온 듯 조용한 날을 보내기 시작했다.

　　저녁이 되어 해만 지고 나면 왠지 어머니 생각이 났다. 이렇게 쉽게 어머니가 보고 싶어질 줄은 정말 몰랐다.[U19] 저녁 여덟 시 반이면 어머니 방에서는 어김없이[41] 연속극[42] 대사가[43] 흘러 나왔다.[44] 그 소리가 들리지 않으니까 내가 텅 빈 집에 있다는 외로움이[45] 밀려온다.[46]

　　어머니 방에 불을 켜고 소파에 어두커니[47] 앉아 본다. 그리고는 어머니가 그랬듯이 '옛날의 금잔디' 드라마를 본다.

김민희, 1992년 4월

# New Vocabulary

## 고부 일기 (1): 자존심

| | | |
|---|---|---|
| 1. 고부 | mother-in-law and daughter-in-law |
| 2. 자존심 | ego, self-respect, pride |
| 3. 며느리 | daughter-in-law |
| 4. 시어머니 | mother-in-law |
| 5. 흉 | fault, flaw [흉을 보다 to speak ill of] |
| 6. 생전 | in one's lifetime |
| 7. 장롱 | wardrobe, dresser |
| 8. 정리하다 | to put in order, arrange |
| 9. 인격 | personality, character, integrity |
| 10. 고매하다 | to be noble |
| 11. 신앙심 | (religious) faith, belief |
| 12. 돈독하다 | to be sincere |
| 13. 비켜나다 | to step aside |
| 14. 신기하다 | to be a wonder; to be noble; to be mysterious |
| 15. 절대로 | absolutely [not] |
| 16. 공통된 | commonly shared |
| 17. 묘하게 | strangely, exquisitely |
| 18. 엄칭히(엄청히) | immensely |
| 19. 상냥하다 | to be sweet, kind |
| 20. 주목하다 | to pay attention |
| 21. 흠 | fault, defect, flaw |
| 22. 숨겨져 있다 | to be hidden |
| 23. 말하자면 | that is to say |

| | | |
|---|---|---|
| 24. 은폐하다 | to hide, cover up |
| 25. 기술 | skill |
| 26. 아이구 | oh, my! |
| 27. 주무르다 | to massage |
| 28. 역시 | also |
| 29. 터무니없다 | to be without any foundation |
| 30. 과장 | exaggeration |
| 31. 불과하다 | to be nothing but |
| 32. 슬쩍 | on the sly |
| 33. 뭇 | all sorts of |
| 34. 선망 | envy |
| 35. 시선 | one's gaze |
| 36. 딱 | decisively, firmly |
| 37. 덮어두다 | to lay aside |
| 38. 건드리다 | to touch on |

## 고부 일기 (2): 옛날의 금잔디

| | | |
|---|---|---|
| 1. 옛날 | a long time ago, old days |
| 2. 금잔디 | golden turf, (Korean) lawn grass |
| 3. 시누이 | sister of one's husband, sister-in-law |
| 4. 초청 | invitation |
| 5. 예정 | plan, schedule [ . . .예정으로 scheduled for . . . ] |
| 6. 푸릇푸릇해지다 | to become green-spotted |
| 7. 떠나다 | to leave, depart |
| 8. 자유 | freedom, liberty |
| 9. 번지다 | to spread through |
| 10. 멋대로 | at will/pleasure |
| 11. 순서 | order [순서대로 in order] |
| 12. 수첩 | reminder book; planner |
| 13. 뜨다 | to scoop up [음식을 뜨다 scoop up for] |
| 14. 순위 | ranking |
| 15. 벗어나다 | to get out of |
| 16. 들판 | plain, field |
| 17. 흥분(하다/되다) | excitement (to get all excited/be excited) |
| 18. 삐져나오다 | to stick out |
| 19. 비기다 | to compare, liken |

| | | |
|---|---|---|
| 20. | 봇물 | dammed-up water |
| 21. | 터지다 | to break open |
| 22. | 발타다 | (of a young animal) to try its legs for the first time |
| 23. | 전시회 | exhibition |
| 24. | 걸신들리다 | to become possessed by a hungry demon |
| 25. | 퍼먹다 | to shovel down, eat greedily |
| 26. | 짓다 | to make |
| 27. | 찌푸리다 | to frown, cloud over |
| 28. | 밀어 놓다 | to push a thing off |
| 29. | 쾅 | with a bang/slam |
| 30. | 은근히 | inwardly, covertly, in a veiled manner |
| 31. | 약이 오르다 | to be exasperated |
| 32. | 봐주다 | to do a favor |
| 33. | 눈감아주다 | to let pass |
| 34. | 제동이 걸리다 | to slow down |
| 35. | 여전히 | still, without change |
| 36. | 계획표 | schedule, timetable, program |
| 37. | 더 이상 | anymore |
| 38. | 갈증 | thirst |
| 39. | 해소되다 | to be cleared up |
| 40. | 제자리 | its original/former place |
| 41. | 어김없이 | without fail |
| 42. | 연속극 | TV drama |
| 43. | 대사 | line (of a play) |
| 44. | 흘러나오다 | to soak out |
| 45. | 외로움 | loneliness |
| 46. | 밀려오다 | to rush/flow in |
| 47. | 어두커니 | blankly, absentmindedly |

# Useful Expressions

**1. 흉을 보다 (= 험담을 하다, 흠을 잡다; cf. 욕하다) to speak ill of**

- 시어머니들이 모이면 흔히 며느리 흉을 본다.
- 다른 집 아이 흉을 보면 자기 아이가 그렇게 된다.

## 2. ~(으)면 ~게 마련이다  When . . . , it inevitably leads to . . .

- 며느리들이 모이면 시어머니 흉을 보게 마련이다.
- 똑같은 일을 반복해서 하다 보면 하기가 싫어지게 마련이다.

## 3. 다른 건 몰라도 ~은/는  I don't know about other things, but as far as . . . is concerned

- 우리 며느리는 다른 건 몰라도 제 남편한테는 엄청 상냥하게 한다.
- 다른 건 몰라도 인터넷은 한국이 미국에 못지않다.

## 4. ~에 불과하다  nothing but [*lit.*, does not surpass]

- 지난 해까지만 해도 한국어 수강자들이 20명에 불과했다.
- 한 병의 음료수에 불과하지만 마음 씀씀이가 고마워 내 마음이 찡해졌다.

## 5. ~(으)ㄴ/는 줄도 모르고  without even knowing (implies a failure on the part of the person in question who does not know the event)

- 어머니 주위에 모인 시어머니들은 그런 줄도 모르고 "어쩌면!" 하고 부러워한다.
- 오늘도 시간 가는 줄도 모르고 인터넷을 하다가 수업에 늦었다.

## 6. ~(았/었)는지도/(으)ㄹ지도 모른다  maybe, may [*lit.*, I don't know if . . . even . . . ]

- 사실 어머니는 나한테 말할 게 너무 많아서 딱 덮어두고 사는지도 모른다.
- 어쩌면 할아버지가 아직 이북에 살아 계실지도 모른다.

## 7. ~(으)니까 그렇지  Things are as they are because . . .

- 내가 말을 안 하고 사니까 그렇지, 할 말이 없는 줄 아니?
- 여자가 성격이 무던하니까 그렇지, 그렇지 않으면 벌써 헤어 졌지.

## 8. ~(으)ㄹ 예정으로  with a plan/schedule to . . .

- 시누이 초청으로 어머니가 한 달 (머물/여행할) 예정으로 미국 여행을 떠나셨다.
- 다음 회의는 프라하에서 할 예정으로 계획되어 있다.

9. ~기는 처음이다  It is the first time that . . .

- 어머니가 이렇게 긴 날을 떠나기는 처음이다.
- 어떤 사람을 만나 이렇게 가슴이 뛰고 흥분되기는 처음이다.

10. ~대로  as (it is in) . . .

- 멋대로:
  세상을 멋대로 살다가는 언젠가는 큰 코 다친다.
- 순서대로:
  나는 꼭 만나고 싶은 사람들을 순서대로 수첩에 적었다.
- 예정대로:
  어머니는 예정대로 한 달 후에 돌아오셨다.
- 계획(표)대로:
  남편의 말에 약간 제동이 걸리긴 했지만 나는 내 계획표대로
  돌아다녔다.

11. ~는 둥 마는 둥  do something so hastily that it's not quite
   done

- 만나고 싶은 사람들을 빨리 만나고 싶은 마음에 아침밥을 뜨는 둥 마는
  둥 하고 버스를 탔다.
- 나는 남의 얘기를 듣는 둥 마는 둥 하는 사람이 제일 싫다.

12. ~기에 (=~기 때문에)  because

- 최을경 할머니를 꼭 한번 뵙고 싶었기에 그 곳을 1번 순위로 정했다.
- 나는 너를 사랑하기에 떠나보낸다.

13. (~에) 걸신들리다  to become possessed by a hungry demon

- 하도 배가 고파서 시어머니가 해 주신 냉면을 걸신들린 듯이
  먹었어요.
- 돈에 걸신들린 사람처럼 돈만 보면 정신을 못 차린다.

14. ~(으)ㄴ 채  having a state of affairs maintained; no change

- 내가 사 온 김밥이 맛이 없는지 남편은 얼굴을 찌푸린 채 접시를 밀어
  놓았다.
- 요즘 나는 할 일은 미루어 놓은 채 정신은 온통 인터넷에 쏠려 있다.

15. **약이 오르다/약을 올리다** to be exasperated, to aggravate one's emotion
   - 남편이 시어머니 편을 드니까 은근히 약이 올랐다.
   - 친구는 남편 자랑을 하면서 살살 약을 올렸다.

16. **봐주다, 눈감아주다** to deliberately let a matter pass uncharged, connive at
   - 이런 때 좀 봐주면 안 되나? 자기 하나 눈감아주면 될 텐데.
   - 아저씨, 한 번만 좀 봐주세요. 이번만 눈감아주면 다음엔 안 그럴게요.

17. **제동이 걸리다/제동을 걸다** to be slowed down/to slow down [*lit.*, a control lever is turned on]
   - 예상치 않은 부상으로 박찬호의 연승 가도에 제동이 걸렸다.
   - 시누이는 사사건건 내 말에 제동을 걸었다.

18. **~었을까/았을까?** Did/Was . . .? But anyway . . .
   - 한 보름쯤 지났을까? 더 이상 갈 데가 없어졌다.
   - 한 한 시간쯤 잤을까? 갑자기 울리는 전화 소리에 후닥닥 놀라 일어났다.

19. **~(으)ㄹ 줄은 정말 몰랐다** I really did not think/expect that . . .
   - 이렇게 쉽게 어머니가 보고 싶을 줄은 정말 몰랐다.
   - 네가 나한테 이럴 줄은 정말 몰랐다.

# Exercises

1. 관련 있는 단어들끼리 연결하여 문장을 만들어 보십시오.

   (1) 흉          · 터지다          _____

   봇물          · 오르다          _____

   웃음          · 찌푸리다          _____

   약          · 보다          _____

   얼굴          · 걸리다          _____

   아침밥          · 빠져나오다          _____

   제동          · 뜨다          _____

(2)  교묘히        ·        · 던지다        _____

     슬쩍          ·        · 덮어두다      _____

     딱           ·        · 닫다          _____

     쾅           ·        · 숨겨져 있다    _____

(3)  공통된        ·        · 집           _____

     터무니없는·              · 의견         _____

     텅 빈         ·        · 강아지        _____

     발탄         ·        · 과장          _____

## 2.  보기에서 적당한 단어를 골라 빈칸을 채우십시오.

> 보기: 온 몸으로, 절대로, 우두커니, 은근히,
>       저만큼, 슬쩍, 어김없이, 교묘하게, 왠지

(1) 시어머니들이 모이면 며느리 흉을 보게 마련인데 우리 어머니만은

    거기서 _____ 비켜나 있다.

(2) 권사님은 남 앞에서 _____ 며느리 흉을 안 봐.

(3) 어머니는 며느리의 흉을 _____ 은폐하는 기술을 가지고 있다.

(4) 어머니는 말 한마디를 _____ 던져서 뭇 사람들의 시선을

    모은다.

(5) 어머니가 떠나시자 나는 자유라는 사실이 _____ 기쁨처럼

    번졌다.

(6) 좀 봐주어도 되는데 남편이 화를 내니까 _____ 약이 올랐다.

(7) 저녁이 되어 해만 지면 _____ 어머니 생각이 났다.

(8) 저녁 여덟 시 반이면 어머니 방에서는 _____ 연속극 대사가

    흘러 나왔다.

(9) 어머니 방에 불을 켜고 소파에 _____ 앉아 본다.

3. 주어진 단어와 가장 비슷한 말을 보기에서 고르십시오.

(1) 흉보다:
  ㄱ. 욕하다    ㄴ. 험담하다    ㄷ. 흉터가 생기다    ㄹ. 칭찬하다

(2) 절대로:
  ㄱ. 항상    ㄴ. 가끔씩    ㄷ. 법대로    ㄹ. 결코

(3) 은폐하다:
  ㄱ. 은밀하다    ㄴ. 숨기다    ㄷ. 흥분하다    ㄹ. 폐쇄하다

(4) 눈감아주다:
  ㄱ. 상상하다    ㄴ. 명상에 잠기다    ㄷ. 관망하다    ㄹ. 봐주다

4. 보기와 같이 가장 적당한 표현으로 문장을 완성하십시오.

보기:  신기하지! 권사님은 남 앞에서 절대로 며느리 흉을 안 봐.

(1) 어머니의 말 중에는 내 흉이 교묘히 _____.

(2) 어머니는 말 한마디를 슬쩍 던져서 뭇 사람들로부터 선망의 시선을 _____.

(3) 어머니가 떠나시자 나는 자유라는 사실이 온 몸으로 기쁨처럼 _____.

(4) 나는 이제 자유라는 사실에 너무 흥분이 되어 입술 사이로 자꾸 웃음이 _____.

(5) 나는 매일 사람을 만나러 발탄 강아지처럼 _____.

(6) 내가 텅 빈 집에 혼자 있다는 외로움이 _____.

5. 주어진 표현을 이용하여 문장을 만들어 보십시오.

보기: [흐르지 않는 물은 상하듯이] 고여만 있는 생활은 음식처럼 시어지기 쉽다.

(1) [막혔던 봇물이 터진 듯]

(2) [어머니가 그랬듯이]

_____

(3) [걸신들린 사람이 밥 퍼먹듯]

_____

(4) [발탄 강아지처럼]

_____

(5) [어느덧 제자리로 돌아온 듯]

_____


6. **아래 설명과 맞는 표현을 본문에서 찾아 쓰십시오.**

   (1) 나쁘게 이야기하다:                          _____

   (2) 사람됨이 훌륭하다:                          _____

   (3) 매우 깊고 두텁다:                           _____

   (4) 아무 근거가 없다:                           _____

   (5) 부러워하여 그렇게 되기를 바라는 것:          _____

   (6) 스스로 자기를 높이려는 마음:                 _____

   (7) 자극을 받아 강한 감정이 일어나다:            _____

   (8) 어린 동물이 처음으로 걸으려고 다리를 움직이다: _____

   (9) 목이 말라 물을 마시고 싶은 느낌:             _____

   (10) 말끔히 없어지다:                           _____

   (11) 사실보다 지나치게 크거나 좋게 부풀리는 것:   _____


7. **주어진 단어나 표현을 이용하여 문장을 만드십시오.**

   (1) ~(으)면 . . . ~게 마련이다.

   _____

   (2) 다른 건 몰라도

   _____

(3) ~에 불과하다.

_____

(4) ~는 줄도 모르고

_____

(5) ~기는 처음이다.

_____

(6) ~는 둥 마는 둥

_____

(7) ~(으)ㄴ 채

_____

(8) ~었을까/았을까?

_____

(9) ~(으)ㄹ 줄은 정말 몰랐다.

_____

# Comprehension

## I. Overall comprehension

1. 이 글은 누가 누구에 대하여 쓴 글입니까?

2. 이 글에 나타나 있는 글쓴이의 심정은 어떻습니까?

3. 글쓴이가 어머니라고 부르는 분의 자존심은 어떤 것입니까?

4. 어머니가 여행을 떠난 후의 글쓴이의 심정의 변화를 이야기해 보세요.

## II. Finding details

1. 고부 관계를 잘 나타내 주는 시어머니들과 며느리들의 행동에는 어떤 것이 있습니까?

2. 글쓴이의 시어머니와 다른 시어머니들이 다른 점은 무엇입니까?

3. 글쓴이의 시어머니는 말을 하는 데에 어떤 기술을 가지고 있습니까?

4. 글쓴이의 시어머니가 여행을 떠났을 때 글쓴이는 어떤 기분이었습니까? 왜
   그런 기분을 느꼈을까요?

5. 시어머니가 여행을 떠나신 후의 글쓴이의 홍분되고 급한 마음을 우리는
   어떻게 알 수 있습니까?

6. 시어머니가 여행을 떠나신 후의 글쓴이의 행동을 비유하는 세 가지 표현을
   찾아 적어 보십시오.
   (ㄱ) _____     (ㄴ) _____     (ㄷ) _____

7. 글쓴이의 남편은 왜 화를 냈습니까?

8. 글쓴이의 홍분은 얼마나 오래 갔습니까? 그리고 그 홍분이 가라앉고 난
   후에 어떤 변화가 있었습니까?

9. 글쓴이가 어머니를 보고 싶어 하는 심정을 드러내는 행동은 무엇입니까?

# Discussion & Composition

1. 시어머니와 며느리와의 미묘한 관계를 어떻게 생각합니까? 글로 써
   보세요.

2. 시어머니와 며느리의 관계가 시아버지와 며느리, 장모와 사위, 장인과
   사위의 관계와 다른 점은 무엇입니까?

3. 여러분의 문화에서는 어떻습니까?

4. 자식이 부모를 모시고 사는 것에 대해서 어떻게 생각합니까?

5. 좋은 고부 관계, 나쁜 고부 관계의 에피소드를 알고 있으면 이야기해
   보십시오.

6. 고부간의 갈등은 어떻게 해소할 수 있을까요?

7. 여러분이 각각 시어머니, 며느리, 아들의 입장이 되어 자신의 심정을
   이야기해 보십시오.

# Related Reading

## [삶의 기쁨] 전북 군산시 경암동 오선자 씨

서른 번째 맞이하는 생일이었다. 남편은 회사 일로 출타 중이었고
아이들은 엄마의 생일을 축하해 주기에는 너무 어렸다. 생일을 자축하기 위해
미역국을 끓이는 일이 청승맞기도 하고 번잡스럽게 느껴졌다.

차라리 오랜만에 아침을 느긋하게 맞이하며 피곤함을 달래 보기로 하고
쌀쌀한 아침 공기를 피해 이불 속으로 파고들었다.

따르릉-. 처음엔 무시해 버렸지만 멈추지 않고 계속 울리는 바람에 하는
수 없이 잔뜩 짜증 섞인 목소리로 수화기를 들었다. 수화기 속 목소리는 올해
일흔이신 시어머니였다.

"아가, 오늘 니 생일이제. 생일 축하한다. 가 보고 싶은데 오늘 주일이어서
가지를 못할 것 같구나."
전화를 끊은 후 시어머니의 기도 소리를 들으며 눈을 감았다.

결혼 후 시집에서 살다가 지난해 분가했는데 막내 며느리의 생일을
기억하고 축하해 주시리라고는 생각도 못했기에 너무나 감격스러웠다.
더군다나 그 한마디 하시기 위해 시어머니는 편찮으신 몸을 이끌고 집에서
상당히 멀리 떨어진 공중 전화 박스까지 걸어 나오셨던 것이다.

왜 집에서 전화하지 않으시고 이렇게 쌀쌀한 아침에 밖에까지
나오셨느냐고 여쭤 보았다. 군산까지 시내 통화료만으로 통화할 수 있다고
말씀드렸더니 시어머니는 언젠가 사용해 본 결과 20원의 요금을 더 내야
했다며 그 아침 밖에까지 나오신 이유를 말씀해 주셨다.

편리함에 익숙해진 나에게 십 원짜리 동전 두 개는 그저 지갑의 무게만
더해 주는, 가끔은 귀찮기까지 한 존재였는데 . . . 시어머니의 알뜰함에
반성하는 계기가 됐음은 물론 가장 먼저 며느리의 생일을 축하해 주기 위해
성치 않은 몸으로 이른 아침 내디딘 '20원의 발걸음'은 그 무엇과도 바꿀 수
없는 귀한 선물이었다.

오선자, Joins.com, 1999년 11월 11일 http://news.naver.com/read?id=1999111100000274012

# 제4과 스포츠와 상업주의

## (Lesson 4: Sports and Commercialism)

## Objective

한국의 대표적인 프로 스포츠 중의 하나인 프로 야구가 생긴
역사와 그 의미를 알아봅시다. 프로 스포츠의 등장이 한국
사람들의 경제 관념에 어떤 영향을 끼쳤을까요?

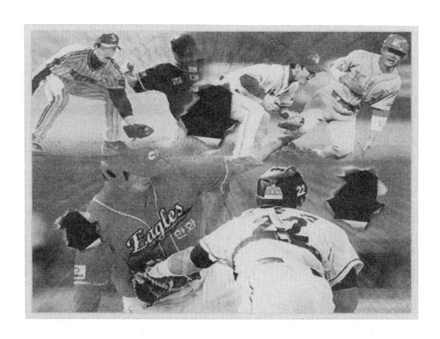

# Pre-reading questions

1. 여러분의 나라에서 가장 인기 있는 운동은 무엇입니까? 프로 스포츠로는 어떤 것이 있습니까?

2. 여러분은 한국의 스포츠에 대해서 얼마나 알고 있습니까?

3. 아마추어와 프로 스포츠는 어떻게 다릅니까? 스포츠의 프로화는 무엇을 의미합니까?

4. 여러분이 좋아하는 프로 야구팀이 있습니까? 한국 프로 야구에 대해서 아는 것이 있으면 얘기해 보세요.

# Gaining familiarity

1. 운동의 종류

   농구, 배구, 야구, 축구, 탁구, 테니스, 골프, 볼링, 육상, 수영, 사이클, 펜싱, 레슬링, 권투, 태권도, 유도, 검도, 펜싱, 승마, 배드민턴, 하키, 체조, 럭비, 미식 축구, 스케이팅, 스키, 소프트 볼

2. 경기 관계 용어

   예선, 준준결승전, 준결승전, 결승전, 선수, 관중, 승자, 패자, 심판 (주심, 부심, 선심), 우승, 준우승, 4강/8강/16강, 전반, 후반, 연장(전), 쿼터, 경기 규칙, 반칙

3. 야구 관계 용어 (baseball-related words)

   투수, 포수, 타자, 내야수(1루수, 2루수, 3루수, 유격수), 외야수, 공격, 수비, 타율, 방어율, 도루, 홈런, 안타(안타, 2루타, 3루타), 병살타, 희생타, 땅볼, 뜬 공, 번트

4. Key words

   스포츠, 프로, 프로 야구, 프로화, 상업주의, 몸값, 출범

# 한국 프로 야구 탄생
## —스포츠에도 상업주의[1] 바람 불어

모든 구기는[2] 선 안에서 한다. 선을 넘으면 아웃이 선언된다.[3] 그러나 유독[4] 야구만은 선을 넘어 밖으로 나가야 한다. 그래서 아예 경기장[5] 밖으로 공을 날려[6] 버리는 홈런이 야구의 꽃이다.[U1] 그러기에 야구를 한계선을[7] 넘어 끝없이 밖으로 나간 미국 역사를 반영한[8] 스포츠라고 말하는 이도 있다. 엊그제만 해도[U2] 자치기[9] 밖에 몰랐던 한국에도 드디어 프로 야구가 생겼다. 스포츠가 상품이 되는 미국식 상업주의의 바람이 우리 가슴속에서도 불게 되었다. 좋든 궂든[10, U3] 스크린, 섹스, 스포츠 3S 시대를 만끽하게[11, U4] 된 것이다. (이어령 이화여대 석좌 교수)[12]

1982년 3월 27일 오후 서울 잠실 야구장. 여고 고적대의[13] 퍼레이드와 가수들의 축하 쇼에 이어[U5] 오후 2시 30분, 한국 프로 야구 시대의 개막을[14] 알리는[U6] MBC 청룡과 삼성 라이온스의 첫 경기가 시작됐다. 초반엔 삼성의 일방적[15] 독주.[16] 1회와 2회에 각각 2점, 3점을 뽑은[U7] 삼성은 6회까지 7-4로 앞섰다. 그러나 백인천 지명 대타자[17] 겸[18] 감독이 이끄는 MBC는 8회 말 3점을 따라붙어[19] 동점을[20] 만들었다. 팽팽한[21] 긴장감이[22] 흐르던[U8] 연장[23] 10회 말, MBC 이종도의 방망이가 불을 뿜었다.[24, U9] 쭈욱 뻗어나간 공은 왼쪽 담장을[25] 넘는 만루 홈런이었다.[26] 양 팀은 안타[27] 26개, 홈런 4방으로 치열한[28] 백병전을[29] 펼치며[30, U10] 프로 야구의 진미를[31] 한껏[32] 선사했다.[33, U11] 이 경기에서 영광의[34] 1호 기록 3관왕을[35] 차지한[36] 선수는 삼성의 이만수. 그는 첫 홈런, 첫 안타, 첫 타점을[37] 기록했다.

프로 야구 출범[38] 첫 경기에 대한 사회적[39] 반향은[40] 엄청났다. 삼성은 대구 제일모직과 경산 제일합섬의 여공[41] 700명을 버스 17대로 실어[42] 날랐다.[43] 여공들은 1주일 동안 하루 5시간씩 맹연습한[44] 카드섹션 응원을[45] 펼쳐 관중들의[46] 인기를 모았다. 일본 NHK TV는 이 경기를 위성 중계[47]했고, 1000여명의 일본 관중이 방한해[48] 경기를 지켜보았다. 5000원 짜리 내야석은[49] 1만원에, 2000원 짜리 외야석[50] 입장권이[51] 6000원에 암거래됐다.[52]

국내에서 야구의 프로화가 거론된[53] 것은 76년부터였다.[U12] 재미 교포 홍윤희 씨가 주축이 돼[54] '한국 프로 야구 준비 위원회'를[55] 발족했지만[56]

시기상조[57]론에[58] 밀려 불과[59] 1개월여 만에 무산됐다.[60] 그러나 86 아시안
게임과 88 올림픽 유치에[61] 성공한[U13] 당시[62] 5공화국 정권의[63] 지원에[64]
힘입어[U14] 프로 야구는 전격적으로[65] 출범했다. 물론 그 이전에 프로
복싱과 프로 레슬링 그리고 프로 축구팀(할렐루야) 등 프로 스포츠가
없었던 것은 아니지만 야구의 폭발력과는[66] 비교되지 못했다. 프로
야구는 22연승의[67] OB투수[68] 박철순, 4할 대의 타율을[69] 올린 백인천,
삼미에 16연승을 거둔 OB의 활약과[70] 애향심을[71] 자극하는[72] 지역
연고제에[73] 힘입어 출범 첫해 150만 관중을 돌파하며[74] 단숨에[75] 최고
인기 스포츠로 자리 잡았다.[76] 인형, 모자, 가방 등을 주면서, 당시로선
싸지 않던 5000원의 입회비를[77] 받았던 '리틀 OB 베어스'는 단숨에
9000여 회원 모집에[78] 성공하며 어린이들 사이에 프로 야구 열풍을[79]
주도했다.[80, U15] 직장, 학교, 군대 내무반[81] 어디서도 프로 야구는 공통의
화제가[82] 됐다. 프로 야구는 우리 사회에 '몸값'이란 용어를[83] 본격적으로[84]
유통시켰다.[85] 안타 하나와 홈런 한 방, 방어율[86] 숫자 하나가 바로 돈과
연결된다는 발상은[87] 당시만 해도 신기하고 생소한[88] 것이었다. 그리고
17년이 지난 지금, IMF 시대를 거쳐 평생 직장[89] 개념이[90] 무너지고[91]
구조 조정의[92] 회오리에[93] 휩싸이면서,[94, U16] 우리는 평범한[95]
샐러리맨이라도 누구나 자신의 몸값을 가늠하고[96] 남과 경쟁해야[97] 하는
시대에 살고 있다.

김한수 기자, 디지털 조선일보 99년 9월 12일

# New Vocabulary

| | | |
|---|---|---|
| 1. | 상업주의 | commercialism |
| 2. | 구기 | ballgame |
| 3. | 선언(하다/되다) | (to make/be made) a declaration |
| 4. | 유독 | only, uniquely, alone |
| 5. | 경기장 | stadium, field, arena, court |
| 6. | 날리다 | to blow away, make fly |
| 7. | 한계선 | boundary line |
| 8. | 반영하다 | to reflect |
| 9. | 자치기 | *chach'igi* (old Korean game played with a stick) |
| 10. | 궂다 | to be cross, angry, bad |

| | | |
|---|---|---|
| 11. 만끽하다 | to enjoy fully, have enough, be sated |
| 12. 석좌 교수 | chaired professor |
| 13. 고적대 | marching band |
| 14. 개막(하다/되다) | opening/beginning [of] a performance (to begin a performance) |
| 15. 일방적(으로) | one-sided(ly), unilateral(ly) |
| 16. 독주 | running alone, leaving the others far behind |
| 17. 지명 대타자 | designated hitter |
| 18. 겸 | and also, in addition |
| 19. 따라붙다 | to catch up with |
| 20. 동점 | tie score |
| 21. 팽팽하다 | to be tight, tense |
| 22. 긴장(감) | (feeling of) tension |
| 23. 연장 | extension, overtime [연장전 extended game] |
| 24. 뿜다 | to spout, spurt [불을 뿜다 to fire off] |
| 25. 담장 | fence |
| 26. 만루 홈런 | grand slam; home run with the bases loaded |
| 27. 안타 | base hit, single |
| 28. 치열하다 | to be severe, intense |
| 29. 백병전 | hand-to-hand fight |
| 30. 펼치다 | to display, unfold [응원을 펼치다 to cheer (games)] |
| 31. 진미 | true taste; genuine |
| 32. 한껏 | to one's satisfaction |
| 33. 선사하다 | to present, offer |
| 34. 영광 | glory |
| 35. 3관왕 | triple crown |
| 36. 차지하다 | to take possession |
| 37. 타점 | RBI (runs batted in) |
| 38. 출범(하다) | sailing, departure (to sail off, depart) |
| 39. 사회적 | social |
| 40. 반향 | repercussion |
| 41. 여공 | female factory worker |
| 42. 싣다 | to load |
| 43. 나르다 | to carry [실어 나르다 to load and carry off] |
| 44. 맹연습(하다) | (to conduct) rigorous/intensive practice |
| 45. 응원 | cheering, rooting |
| 46. 관중 | audience, spectators |

47. 위성 중계      satellite broadcasting
48. 방한하다      to visit Korea
49. 내야석      infield stands
50. 외야석      outfield bleachers
51. 입장권      (admission) ticket
52. 암거래되다      to be transacted in the black market
53. 거론되다/하다      to be brought up as a subject of discussion/to take up a subject for discussion
54. 주축이 되다      to play the central role; to be the central figure
55. 위원회      committee [준비 위원회 preparatory committee]
56. 발족하다      to inaugurate, start
57. 시기상조(다)      (to be) too early, premature
58. -론      theory of [시기상조론 theory that says it's too early to do something]
59. 불과      only, merely, but, no more than
60. 무산되다      to be dissipated; to vanish
61. 유치(하다)      hosting an event, enticement (to host [an event], attract, entice)
62. 당시      (at) that time, (in) those days
63. 정권      regime, political power, government
64. 지원(하다)      support, backing, aid (to support, aid)
65. 전격(적으로)      (in) a lightning attack/blitz, (by) surprise
66. 폭발력      explosive power
67. 연승      consecutive victories
68. 투수      pitcher
69. 타율      one's batting average
70. 활약(하다)      great activity (to play an active part)
71. 애향심      local patriotism, hometown pride
72. 자극하다      to stimulate, motivate
73. 지역 연고제      system of operating through regional connections
74. 돌파하다      to pass, exceed, break through
75. 단숨에      all in one breath
76. 자리 잡다      to occupy, take a position, place oneself
77. 입회비      admission fee
78. 모집(하다)      recruitment (to recruit, collect)
79. 열풍      enthusiasm (*lit.,* hot wind)
80. 주도하다      to lead, assume leadership

| | | |
|---|---|---|
| 81. | 내무반 | army quarters, barracks |
| 82. | 공통(의) 화제 | common topics of interest |
| 83. | 용어 | term, terminology |
| 84. | 본격적(으로) | genuine, full-scale (on a full scale) |
| 85. | 유통하다/시키다 | to circulate, make circulate |
| 86. | 방어율 | pitcher's earned-run average (ERA) |
| 87. | 발상 | conception (of an idea) |
| 88. | 생소하다 | to be unfamiliar |
| 89. | 평생 직장 | lifetime workplace or job |
| 90. | 개념 | concept |
| 91. | 무너지다 | to collapse, fall down |
| 92. | 구조 조정 | restructuring |
| 93. | 회오리 | whirlwind, twister |
| 94. | 휩싸이다 | to get wrapped up [in]; to be veiled [in] |
| 95. | 평범하다 | to be ordinary, commonplace |
| 96. | 가늠하다 | to judge, weigh, study |
| 97. | 경쟁(하다) | competition (to compete) |

# Useful Expressions

### 1. ~은/는 ~의 꽃이다  is the essence/highlight of . . .

- 경기장 밖으로 공을 날려 버리는 홈런은 야구의 꽃이다.
- 어린이는 나라의 꽃이니까 훌륭하게 자랄 수 있도록 모두 노력해야 한다.

### 2. ~만 해도  even up until . . .

- 엊그제만 해도 자치기밖에 몰랐던 한국에도 드디어 프로 야구가 생겼다.
- 작년만 해도 그 정도 일은 아무 관심거리도 아니었다.

### 3. ~든(지) ~든(지)  whether . . . or . . .

- 프로 야구의 탄생으로 좋든 궂든 스크린, 섹스, 스포츠 3S 시대를 만끽하게 되었다.
- 야구든 축구든 보면서 즐거우면 된다.

4. ~(의) 시대를 만끽하다  to fully enjoy the period of . . .

- 1980년대부터 한국 사람들도 자가용 시대를 만끽하게 되었다.
- 해외 여행 자유화 시대를 만끽하는 사람들이 많아졌다.

5. ~에 이어  following . . . , continued from . . .

- 퍼레이드와 가수들의 축하 쇼에 이어 프로 야구 첫 경기가 시작되었다.
- 투수에 이어 포수까지 그 팀을 떠나버려 감독이 절망에 빠졌다.

6. ~시대의 개막을 알리다  to announce the opening of the era of . . .

- 새로운 시대의 개막을 알리는 축하 파티가 시내에서 화려하게 열렸다.
- 컴퓨터 시대의 개막을 알리는 징조들은 1900년대 후반에 나타났다.

7. ~을/를 뽑다  to draw out, pull out

- 삼성 라이온즈는 한국 프로 야구 개막전에서 1회와 2회에 각각 2점, 3점을 뽑았다.
- 기계로 뽑은 국수보다는 손으로 만든 수타 국수가 훨씬 맛있다.

8. 팽팽한 긴장감이 흐르다  extreme tension fills the air

- 세 시간 동안의 회의 시간 내내 팽팽한 긴장감이 흘렀다.
- 팽팽한 긴장감이 흐르는 가운데 참석자들은 모두 회장을 쳐다보았다.

9. 불을 뿜다  to fire off

- 연장 10회 말 이종도의 방망이가 불을 뿜었다.
- 한동안 침묵하던 타선이 7회 들어 갑자기 불을 뿜기 시작했다.

10. 치열한 백병전을 펼치다  to engage in fierce hand-to-hand combat

- 두 팀이 치열한 백병전을 펼쳤지만 결국 한 팀은 승자, 한 팀은 패자가 되었다.
- 모든 경기에서 다 치열한 백병전을 펼치면 좀 피곤할 것 같다.

11. ~의 진미를 한껏 선사하다  to show genuine appreciation for . . .

- 치열한 접전으로 프로 야구 개막전은 야구의 진미를 한껏 선사했다.
- 그 프로그램은 코미디의 진미를 시청자들에게 선사했다.

12. ~(으)ㄴ 것은 . . . ~부터이다  It was since . . . that . . .

  • 국내에서 야구의 프로화가 거론된 것은 76년부터였다.
  • 사람들이 스포츠에 지대한 관심을 갖게 된 것은 1980년 이후부터였다.

13. ~유치에 성공하다  to succeed in bringing about

  • 5공화국 정부는 뛰어난 로비로 올림픽 경기 서울 유치에 성공했다.
  • 1980년대 이후 한국은 많은 국제 회의와 국제 경기 유치에 성공했다.

14. ~에 힘입다  to be indebted to

  • ~의 지원에 힘입어:
    정부와 관계 기관의 지원에 힘입어 그 프로젝트는 잘 끝났다.
  • ~의 호투에 힘입어:
    박찬호의 호투에 힘입어 다저스는 연패의 늪에서 벗어났다.

15. ~을/를 주도하다  to lead, assume leadership of

  • 열풍을 주도하다:
    재미있게도 요즘은 어린이 팬들이 프로 야구의 열풍을 주도한다.
  • 데모를 주도하다:
    이번에 반정부 데모를 주도한 학생들이 모두 붙잡혀 갔다.
  • 사회 운동을 주도하다:
    사회 운동을 주도하는 사람들은 사회 운동을 통하여 사회를 변화시킬 수
    있다고 믿는 사람들이다.

16. ~에 휩싸이다  to be wrapped in (a whirlwind of . . .)

  • 회오리에 휩싸이다:
    지난 몇 년 동안 한국은 경제난의 회오리에 휩싸여 있었다.
  • 소용돌이에 휩싸이다:
    슬픔의 소용돌이에 휩싸여 시간이 어떻게 흘렀는지 모르겠다.
  • 스캔들에 휩싸이다:
    계속되는 정치적 스캔들에 휩싸여 정계는 큰 어려움을 겪고 있다.

# Exercises

## 1. 관련 있는 단어들끼리 연결하여 문장을 만들어 보세요.

준비 위원회 · · 유통시키다 _____

열띤 응원 · · 무산되다 _____

그런 용어 · · 펼치다 _____

계획 · · 발족시키다 _____

다양한 의견 · · 거론되다 _____

## 2. 보기에서 적당한 단어를 골라 빈칸을 채우세요.

> 보기: 경기장, 동점, 연장전, 위성 중계, 입장권, 암거래, 입회비, 관중

(1) 일본도 한국 프로 야구에 관심을 가져 개막 경기를 _____ 했다.

(2) _____ 바깥에서는 표를 사지 못한 팬들로 시끄러웠다.

(3) 9회 말까지 승부가 나지 않아 결국 _____까지 가야 했다.

(4) 1장에 10,000원인 _____이/가 경기 전날에는 3배로 올랐다.

(5) _____을/를 내고 회원이 되면 여러 가지 혜택을 받을 수 있다.

(6) 인기를 지속하기 위해서는 _____들을 즐겁게 해 줄 수 있는 좋은 경기를 해야 한다.

(7) 표를 구하기 어려울수록 _____이/가 많아진다.

(8) 두 팀의 실력이 너무 팽팽해 계속 _____(으)로 경기가 진행되었다.

## 3. 보기에서 가장 적당한 단어를 골라 빈칸을 채우세요.

> 보기: 유독, 아예, 불과, 전격적으로, 단숨에, 본격적으로

(1) 리틀 OB 베어스는 _____ 9000여 회원 모집에 성공하여 어린이들 사이에 프로 야구 열풍을 주도했다.

(2) 프로 야구는 우리 사회에 '몸값'이란 용어를 _____ 유통시켰다.

(3) 프로 야구화가 처음 거론된 1976년에는 시기상조론에 밀려
_____ 1개월 만에 계획이 무산되었다.

(4) 다른 스포츠와는 달리 _____ 야구에서만은 선을 넘어
밖으로 나가야 한다.

(5) 프로 야구가 _____ 출범하게 된 것은 당시 5공화국의
지원의 힘이 컸다.

(6) 안타를 치는 것도 좋지만 _____경기장 밖으로 공을 날려
버리는 홈런이 야구에선 더 좋다.

## 4. 밑줄 친 말과 비슷한 단어를 고르세요.

(1) 1976년에 '프로 야구 준비 위원회'를 발족했지만 시기상조론에 밀려
1개월여 만에 무산됐다.
ㄱ. 없어졌다     ㄴ. 연기됐다     ㄷ. 생겨났다     ㄹ. 부활했다

(2) 안타 하나와 홈런 한 방, 방어율의 숫자 하나가 바로 돈과 연결된다는
발상은 당시만 해도 생소한 것이었다.
ㄱ. 익숙한     ㄴ.잘 알려진     ㄷ. 낯선     ㄹ. 기발한

(3) 지금 우리는 평범한 샐러리맨이라도 누구나 자신의 몸값을 가늠하고
남과 경쟁해야 하는 시대에 살고 있다.
ㄱ. 비범한     ㄴ. 보통의     ㄷ. 별난     ㄹ. 무능력한

(4) 우리도 이제 스크린, 섹스, 스포츠의 3S 시대를 만끽하게 된 것이다.
ㄱ. 좋아하게     ㄴ. 누리게     ㄷ. 환영하게     ㄹ. 만발하게

(5) 프로 야구의 인기로 리틀 야구단의 회원은 단숨에 9000명을 돌파했다.
ㄱ. 넘었다     ㄴ. 반영했다     ㄷ. 동원했다     ㄹ. 채웠다

## 5. 아래의 설명과 맞는 표현을 본문에서 찾아 쓰세요.

(1) 고향을 사랑하는 마음 _____

(2) 어떤 단체에 들어가거나 회원이 되기 위해 내는 돈 _____

(3) 무슨 일을 하기에 너무 이르다는 주장 _____

(4) 많은 사람들이 동시에 관심을 가지고 이야기하는 것 _____

(5) 운동경기나 음악회 등에 들어가기 위해 필요한 표 _____

**6. 아래의 야구 관계 용어를 한국말로 간단히 설명하세요.**

    (1) 지명 대타자:   _____

    (2) 타율:   _____

    (3) 지역 연고제:   _____

    (4) 방어율:   _____

    (5) 타점:   _____

**7. 관계가 없는 것을 하나 고르고 나머지 단어들의 공통점을 본문에 있는 단어 중에서 찾아 쓰시오.**

| | | | | |
|---|---|---|---|---|
| (1) 타점 | 동점 | 타율 | 안타 | _____ |
| (2) 내야석 | 관중석 | 암거래 | 외야석 | _____ |
| (3) 승률 | 투구 | 방어율 | 폭발력 | _____ |
| (4) 복싱 | 야구 | 축구 | 농구 | _____ |
| (5) 담장 | 카드섹션 | 고적대 | 박수 | _____ |

# Comprehension

## I. Overall comprehension

1. 한국에서 프로 야구가 출범하게 된 배경을 설명하세요.

2. 한국에서 프로 야구가 성공하게 된 이유는 무엇입니까?

3. 프로 야구 출범이 가져온 사회적 반향을 상업주의적 관점에서 설명하세요.

## II. Finding details

아래 문장을 읽고 본문의 내용과 맞으면 O, 틀리면 X표를 하세요.

1. 한국에 프로 야구가 탄생한 것은 1976년이다. _____

2. 한국 프로 야구 출범 첫 경기는 연장전까지 가는 접전이었다. _____

3. 한국 프로 야구 출범 첫 경기에서 각 부문(첫 홈런, 첫 안타, 첫 타점)은 각각 다른 선수가 기록했다. _____

4. 일본은 한국 프로 야구 출범에 별다른 관심을 보이지 않았다. _____

5. 한국에서 프로 야구는 거론되자마자 곧 출범했다. _____

6. 한국 프로 야구의 출범에는 당시 제 5공화국의 지원의 힘이 컸다. _____

7. 한국에서는 프로 스포츠로서는 야구가 처음이었다. _____

8. 어린이 회원을 모집하여 어린이들 사이에 프로 야구 열풍을 주도한 팀은 삼성 라이온즈였다. _____

9. 프로 야구는 당시 우리에게 '몸값'이라는 용어를 우리 사회에 본격적으로 유통시켰다. _____

10. 프로 야구가 출범 첫해에 최고 인기 스포츠로 자리 잡은 이유는 OB의 활약과 지역 연고제의 힘이 컸다. _____

# Discussion & Composition

1. 현재 한국에서 프로화된 스포츠는 야구 외에 어떤 것이 있나요? 한국 프로 스포츠에 대해 여러분이 아는 대로 얘기해 봅시다. 한국의 프로 스포츠와 다른 나라의 프로 스포츠의 다른 점에 대해서도 얘기해 봅시다.

2. 스포츠의 상업주의의 문제점에 대해 토론해 봅시다. 특히, 유명 선수들의 거액 연봉 문제에 대해 어떻게 생각합니까?

3. 현대사회에서의 스포츠의 역할과 스포츠가 한국 사회 발전에 기여한 점을 글로 써 본 다음 토론해 봅시다.

# Related Reading

## 스포츠 프로의 성공과 돈

한국 축구의 '독수리' 최용수가 아시아 축구 선수로서는 사상 최고의 이적료인 5백만 달러(약 60억 원)를 받고 영국의 프로 축구에 진출한다. 개인 연봉은 70만 달러라지만 소속 구단에 지급하는 그의 '몸값'은 모셔 가는 쪽에서 보면 엄청나다. 그뿐인가? 아시안게임에서 진가를 발휘했던 국내 최고의 아마 투수 김병현은 계약금 2백25만 달러로 미국 메이저리그 구단에 스카우트됐다. LA 다저스의 박찬호는 계약 연봉이 1백20만 달러, 여자 프로 골프의 '신인 돌풍' 박세리는 데뷔 첫해에 상금만 1백만 달러 가까이 거머쥐었다.

프로 스포츠 세계가 급속히 글로벌화하면서 스포츠 영웅들의 국경이 흐려지고, 치열한 스카우트 경쟁 때문에 하루 아침에 수십 억 원의 돈방석에 앉는 글로벌 슈퍼스타들이 속출하고 있다. 아마 야구의 최강국 쿠바도 야구 선수들의 일본 진출을 허용한다고 한다. 프로 스포츠는 '돈만 밝히고, 다른 팀으로의 이적은 돈에 팔려 가는 것'으로 사악시하던 시대도 있었다.

안방 TV 앞에 국경이 무너지면서 스포츠팬들은 살고 있는 나라나 지역이 어디든 '세계 최고 수준의 게임'을 보기를 원한다. 아마 정신을 금과옥조로 삼는 올림픽이 프로들의 경연 무대로 변한 것도 이 때문이다. 최고 수준의 게임이라야 관객이 열광하고 스폰서가 다투어 붙고 흥행이 된다. '자기 분야에서 세계 최고'가 곧 프로 정신이고 명예와 돈은 부차적인 것이다.

중국 사람들은 자기네 총리 이름은 몰라도 '농구 황제' 마이클 조던은 안다고 한다. 그 인기와 글로벌 상혼(商魂)이 맞물리면서 연간 로열티만 몇 억 달러가 되는 '1인 산업'들도 생겨나고 있다.

글로벌 슈퍼스타 시대가 본격화하면서 자라나는 '글로벌 10대' 들의 가치관도 달라지고 있다. 장차 희망으로 대통령이나 기업가, 법관이 되기보다는 스포츠 슈퍼스타를 더 많이 꿈꾼다고 한다. 미국의 젊은 주부들 중에 아들을 미식 축구 쿼터백으로 키우려는 이들이 의외로 많다.

프로의 길은 곧 자신이 가장 잘 할 수 있는 분야에서 최고가 되는 것이다. 이것이 어찌 스포츠 세계만의 일이랴. 세계적 명문 하버드대학의 경쟁력 비결은 '각 분야에서 세계 최고들을 모셔 오는 데 있다'고 한다.

박찬호 때문에 한국 안방에 미국 프로 야구 경기 중계가 일상화되고, 월드컵 대회를 계기로 한국 프로 축구의 열기가 불붙었다. 제2, 제3의 박세리를 향한 골프 꿈나무들의 발돋움도 한창이다.

선수들의 기량과 함께 관중과 시청자들의 보는 수준도 '세계화'되고 있다.

이 요구 수준에 맞추지 못하면 국제적 성공은 고사하고 국내에서도 살아남지
못한다. 영광 못지않게 냉엄한 것이 프로의 세계다. 슈퍼스타는 하루아침에
태어나지 않는다. 본인의 노력도 중요하지만 싹을 일찍부터 발견하고,
뒷받침하는 지원과 사회적 인내가 중요하다. 스포츠 프로들의 '글로벌 성공'은
개인의 기량을 넘어 그 사회의 다양한 가치관과 잠재력 및 프로정신의
산물이란 점을 되새겨야 한다.

1999.2.23 사설, http://news.naver.com/read?id=1999022300000596012

# 제5과 전업 주부와 취업 주부

## (Lesson 5: Full-Time Housewives and Working Wives)

## Objective

현재 한국 사회에서의 주부들의 위상을 생각해 보고 사회 활동을 하는 주부와 가사에만 전념하는 주부들이 각각 어떤 문제를 겪고 있는지 알아봅시다.

# Pre-reading questions

1. 여성의 사회 활동에 대한 사회적 관념과 환경은 어떻게 변해 왔습니까?

2. 여성의 사회 활동 영역이 넓어짐에 따라 어떤 문제들이 생깁니까?

3. 여러분 가정의 경우는 어떻습니까?

# Gaining familiarity

1. 주부들의 공통 화제

   아이들 교육(예를 들면 과외나 학군), 아파트 분양, 가계부,
   남편 출세, 쇼핑 정보, 시집과의 관계, 살림살이

2. 집안일

   청소, 빨래, 요리, 반상회 참여, 쓰레기 분리 수거, 장보기, 다리미질

3. 여성의 사회 활동과 관계되는 말

   직장 생활, 자원 봉사, 재활 용품 전시회

4. Key words

   주부, 전업 주부, 취업 주부, 집안 살림, 직업 여성, 현모양처,
   갈등, 적의, 열등감, 엄마 노릇, 모성 역할

# 그대 이름은 여자:
## '전업,[1] 취업'[2] 벽 넘어 '사회 주부'로[3]

　　주부 박소현(35) 씨는 요즘 심한 우울증에[4] 시달리고[5, U1] 있다. 같은 아파트에 여고 동창이[6] 이사 오면서부터 나타난 증세다.[7] 두 달 전 어느 날 아침 세수도 안 한 얼굴로 쓰레기 봉투를 버리러 가던 박 씨는 놀랄 만큼 세련되게[8] 변한 여고 동창을 만났다. 바로 앞 동으로 이사 왔다고 인사를 건넨[9] 동창생은 묻지도 않았는데[U2] 화장품 회사에 다닌다는 사실을 강조한 뒤 진한 향수 냄새를 풍기며[10] 사라졌다.[11] 박 씨는 "그 뒤로 꼭 내가 쓰레기 버릴 때나 땀 뻘뻘 흘리며 장바구니[12] 들고 갈 때만 마주치는 것 같았다."면서 "고급[13] 중형차[14] 클랙슨까지[15] 울려대며 잘난 척하는[U3] 모습을 견디기 힘들었다."고 말했다. 여고 시절 우등생이었다는[16] 박 씨는 당시 자신보다 공부도 못했고 예쁘지도 않던 친구의 변화에 좌절감을[17] 느꼈다. 남편까지 "같은 동창인데 어쩜 그렇게 다르냐, 집에서 놀지만 말고 친구처럼 돈도 벌고 멋도 부려 보라"며[18] 구박하기[19] 일쑤였다.[20, U4]

　　출판사[21] 편집장인[22] 이정희(37) 씨는 요즘 전업 주부[23] 친구들을 만나지 않는다. 아이들 과외,[24] 아파트 분양,[25] 유명 패션 브랜드, 연예인[26] 동정[27] 따위만이 그들의 관심사여서[28] 공통 화제가 없기 때문이다. 얼마 전 모임에서 "딸에게 학습지 과외도 안 시킨다."는 이 씨의 말에 친구들은 "무슨 대단한 일을 한다고 아이들을 엉망으로[29] 키우느냐"며 일제히[30] 공격을 가했다.[31] 이 씨는 "학교 다닐 때 그렇게 똑똑하던 여자들이 왜 결혼을 하면 가족만 알고 자신이나 사회 문제엔 관심을[32] 가지지 않는지 모르겠다."고 말했다.

　　현재 살림만 하는[33] <전업 주부>와 직장 일을 하는 <취업 주부>의[34] 비율은[35] 50대 50으로 알려져 있다. 각종[36] 통계[37] 자료에[38] 따르면[U5] 이들의 가계 수입은[39] 차이가[40] 나지만 저축액이나[41] 행복도는[42] 별 차이가 없다. 문제는 같은 주부면서도 이들은 서로에게 끝없이 적의와[43] 열등감을[44] 느낀다는 사실이다.

　　제일기획의 여론 조사에[45] 따르면 전업 주부의 70%가 "집안에만 있어 남에게 뒤처지고[46] 초라함을[47] 느낀다."고 응답했다. 반면[48] 취업 주부의 88%는 <여성을 위한 모임>이 실시한[49] 조사에서[50] "자녀에게 엄마 노릇을 제대로 하지[U6] 못해 죄책감을 느낀다."고[51] 실토했다.[52]

전업 주부들은 자기 집 ˝쓰레기 분리 수거도[53] 제대로 하지 않고
반상회에도[54] 안 나오면서 매일 옷 차려 입고 밖으로 나가는 취업
주부들이 얄밉다.[55] 취업 주부들은 전업 주부들에게 "백화점 세일이나
사우나에 다니느니 자원[56] 봉사라도[57, U7] 하라"고 비난한다.[58]

이 같은 양상에[59] 대해 전문가들은[60] 직업 여성에게는 가정 일에
소홀하다거나[61] 남자 밥그릇을 뺏는다고 질책하고[62] 주부에게는 능력
없고 뒤쳐졌다며 갈등을[63] 부채질하는[64, U8] 남성들의 <분할 통치>[65]
때문이라고 진단한다.[66] 숙명여대 아세아 여성 문제 연구소 김영란
연구원은 "그동안 모성 역할을[67] 찬양해[68] 온 남성들의 술수로[69] 인해
여성들 간의 반목이[70] 심해졌다."면서[71, U9] "그 결과 여성끼리의 연대에도[72]
큰 장애가[73] 되어 왔다"고 지적했다.[74]

이후 주부들의 갈등과 고민은 더욱 커졌다. 현모양처로[75] 만족하던[76]
전업 주부들은 <돈 못 버는 것도 신 칠거지악[U10]> 이라는[77] 말에
가위눌려[78, U11] 어떻게 해서라도[U12] 일을 찾으려 하지만 여의치 않다.[79, U13]
간신히[80] 직장에 남았거나 자영업을[81] 하는 취업 주부들은 여전히 일과
가정이라는 이중고에[82] 시달리며 회사와 가족의 눈치를[83, U14] 살피고 있다.

이처럼 갈등을 겪던 주부들이 점차 변화하고 있다. 여성의 적은
여성이 아니며 자신의 문제는 스스로 해결해야 한다는 것을 깨달았기
때문이다. 먼저 전업 주부들이 변했다. 하루 종일 집안 살림에
시달리면서도 "집에서 논다"고 숨죽이며[84, U15] 대답하던 주부들이
<무직자>가[85] 아닌 <프로 직업인>으로[86] 자각하기[87] 시작한 것이다.
그들은 명함에[88] <주부 아무개>라고 적어 이름을 되찾고 사회로 눈을
넓히고[U16] 있다. <나와 가족>을 넘어 이웃과 세상 속으로 뛰어든[U17]
것이다. 서울 송파구 전업 주부를 중심으로 모인 <푸르게 사는 모임>은
생활 아이디어를 체계적으로[89] 정리해 재활용품[90] 전시회를 갖기도 하고
강연회를[91] 열기도 한다.

경향신문 기획 연재 1999.6.8

# New Vocabulary

1. 전업          full-time (work)
2. 취업          taking up an occupation

| 3. 주부 | housewife |
|---|---|
| 4. 우울증 | depression, melancholia |
| 5. 시달리다 | to suffer, be tried |
| 6. 동창 | alumni [여고 동창 alumna, classmate from the same female high school] |
| 7. 증세 | symptom |
| 8. 세련되다 | to be refined, elegant, polished, sophisticated |
| 9. 건네다 | to toss/hand over [인사를 건네다 to greet lightly] |
| 10. 풍기다 | to give off a scent, odor, smell, fragrance [향수 냄새를 풍기다 to fill the air with scent] |
| 11. 사라지다 | to disappear |
| 12. 장바구니 | grocery bag |
| 13. 고급(의) | high-class, high-grade |
| 14. 중형차 | mid-sized car |
| 15. 클랙슨 | car horn |
| 16. 우등생 | honor student |
| 17. 좌절(감) | (feeling of) frustration |
| 18. 멋을 부리다 | to spruce up, brush up |
| 19. 구박하다 | to mistreat, treat harshly |
| 20. 일쑤(이다) | (to be a) habitual practice |
| 21. 출판사 | publisher, press |
| 22. 편집장 | editor-in-chief |
| 23. 전업 주부 | full-time housewife |
| 24. 과외 | extracurricular work, off-campus tutoring |
| 25. 분양(하다) | lot, batch (to sell in lots) |
| 26. 연예인 | entertainer |
| 27. 동정 | conditions; movements; whereabouts |
| 28. 관심사 | matters of interest/concern |
| 29. 엉망(으로) | (in) a mess |
| 30. 일제히 | altogether, all at the same time |
| 31. 가하다 | to apply; to inflict [공격을 가하다 to (deliver an) attack] |
| 32. 관심 | concern, interest |
| 33. 살림(하다) | household, housekeeping (to keep house, run a household) |
| 34. 취업 주부 | wife with a career; working wife |
| 35. 비율 | ratio, percentage |

| 36. 각종 | all/various kinds |
|---|---|
| 37. 통계 | statistics |
| 38. 자료 | materials, data [통계 자료 statistical data] |
| 39. 가계 수입 | household income |
| 40. 차이 | difference [차이가 나다 there's a difference] |
| 41. 저축액 | amount of savings |
| 42. 행복도 | degree of happiness |
| 43. 적의 | animosity |
| 44. 열등감 | sense of inferiority |
| 45. 여론 조사 | opinion poll |
| 46. 뒤쳐지다 | to fall behind |
| 47. 초라하다 | to be shabby, run down [초라함 looking poor/wretched] |
| 48. 반면(에) | on the other hand |
| 49. 실시하다 | to execute, carry out |
| 50. 조사 | investigation |
| 51. 죄책감(을 느끼다) | (to have a) guilty conscience |
| 52. 실토하다 | to confess, blurt out the truth |
| 53. 쓰레기 분리 수거 | itemized collection of garbage, sorted trash |
| 54. 반상회 | residents' meeting |
| 55. 얄밉다 | to be hateful, detestable |
| 56. 자원 | volunteering |
| 57. 봉사 | service [자원 봉사 voluntary service] |
| 58. 비난(하다) | criticism (to criticize, blame) |
| 59. 양상 | phase, aspect |
| 60. 전문가 | expert |
| 61. 소홀하다 | to be inattentive, negligent, careless |
| 62. 질책하다 | to criticize, reprimand, scold |
| 63. 갈등 | conflict |
| 64. 부채질하다 | to stir up, instigate |
| 65. 분할 통치 | divide and rule |
| 66. 진단하다 | to diagnose |
| 67. 모성 역할 | motherhood (role) |
| 68. 찬양하다 | to praise |
| 69. 술수 | trick, scheme |
| 70. 반목 | antagonism, hostility |
| 71. 심하다 | to be severe, harsh |

| 72. 연대 | solidarity |
|---|---|
| 73. 장애 | obstacle, handicap |
| 74. 지적하다 | to point out |
| 75. 현모양처 | wise mother and good wife |
| 76. 만족하다 | to be satisfied |
| 77. 칠거지악 | seven evils/causes that justify a man's divorcing his wife |
| 78. 가위눌리다 | to have a nightmare |
| 79. 여의치 않다 | not to turn out as one wishes |
| 80. 간신히 | barely |
| 81. 자영업 | self-employment; self-managed business |
| 82. 이중고 | double burden |
| 83. 눈치 | tact, sense; mind/intention [눈치를 살피다 to study (inquire into) one's intentions] |
| 84. 숨죽이다 | to hold one's breath, keep silent |
| 85. 무직자 | a person without a job; an unemployed person |
| 86. 직업인 | a person with a job; the employed |
| 87. 자각하다 | to realize, be conscious of, be awake |
| 88. 명함 | name card, business card |
| 89. 체계적으로 | systematically |
| 90. 재활용품 | recycled goods |
| 91. 강연회 | public lecture |

# Useful Expressions

1. ~에 시달리다  to suffer/be troubled by

   • 취업 주부들은 가정 생활과 직장 생활의 이중고에 시달린다.
   • 애들을 셋이나 대학에 보내니까 경제적 부담에 너무 시달린다.

2. 묻지도 않았는데  did not even ask, but

   • 뜻밖에 만난 그 동창은 묻지도 않았는데 화장품 회사에 다닌다는 사실을 강조한 뒤 진한 향수 냄새를 풍기며 사라졌다.
   • 묻지도 않았는데 그 여자는 자신의 배경에 대해 자세히 얘기했다.

### 3. 잘난 척하다 (잘난 체하다)  to show off, brag

- 고급차 클랙슨까지 울려대며 잘난 척하는 동창의 모습을 보기가 힘들었다.
- 별로 잘난 것도 없으면서 잘난 척하는 사람들을 보면 좀 겸손해지라고 말하고 싶어진다.

### 4. ~기 일쑤다  to be common to do something unpleasant

- 걔는 비만 오면 지각하기 일쑤다.
- 남편들은 일하지 않는 아내들을 구박하기 일쑤다.

### 5. ~에 따르면  according to

- 각종 통계 자료에 따르면 저축액이나 행복도에서 전업 주부와 취업 주부는 별 차이가 없다.
- 최근의 한 여론 조사에 따르면 전업 주부의 70%가 초라함을 느낀다고 응답했다.

### 6. ~노릇을 하다  to play the role (duty) of

- 많은 취업 주부들은 자녀에게 엄마 노릇을 제대로 하지 못해 죄책감을 느낀다고 말한다.
- 부모 노릇하기도 어렵지만 자식 노릇 하기도 쉽지는 않다.

### 7. ~느니 ~(이)라도  rather than

- 백화점 세일이나 사우나에 다니느니 자원 봉사라도 하라고 취업 주부들은 전업 주부들을 비난한다.
- 집에서 노느니 아르바이트라도 하는 게 훨씬 낫겠다.

### 8. ~을/를 부채질하다  to stimulate, instigate, stir up

- 부정적인 생각은 어려운 일을 더욱 어렵게 부채질한다.
- 서로 간의 갈등을 더 부채질하는 일을 해서는 안 된다.

### 9. 반목이 심해지다  antagonism (hostility) worsens

- 그동안 모성 역할을 찬양해 온 남성들의 술수로 인해 여성들 간의 반목이 심해졌다.
- 계속되는 의견 충돌로 인해 회원들 간의 반목이 심해져서 걱정이다.

10. **칠거지악** **seven evils/causes that justify a man's divorcing his wife**

   - 무자식, 음행, 질투, 악질-나쁜 병, 구설-말썽 많은 것, 도둑질, 시부모에게 순종 않는 것

11. **~에 가위눌리다** **to have a nightmare**

   - 일자리를 찾아야겠다는 생각에 가위눌리는 주부들이 늘고 있다.
   - 시험 보기 전 날이나 큰 숙제를 앞에 둔 날은 보통 가위에 눌리는 경험을 한다.

12. **어떻게 해서라도** **by all means, at any cost**

   - 전업 주부들은 어떻게 해서라도 일을 찾으려 하지만 쉽지가 않다.
   - 어떻게 해서라도 이번엔 꼭 성공하려 했는데 또 실패하고 말았다.

13. **~이/가 여의치 않다** **can't afford to; doesn't turn out as one wishes**

   - 최근의 경제적 상황이 실업자 문제 해결을 여의치 않게 만들었다.
   - 일을 하려 해도 요즘은 직업을 구하기가 여의치 않다.

14. **눈치** **tact, sense; one's mind/intention**

   - 눈치를 살피다/보다: to study (inquire into) one's intentions
     취업 주부들은 여전히 일과 가정이라는 이중고에 시달리며 회사와 가족의 눈치를 살피고 있다.
   - 눈치를 채다: to become aware of one's intention, motive or design
     친구 몰래 생일 선물을 하려고 했는데 친구가 눈치를 채고 말았다.

15. **숨을 죽이다** **to hold one's breath**

   - 하루 종일 집안일에 시달리면서도 "집에서 논다"고 숨죽이며 대답하던 주부들이 변하기 시작했다.
   - 지금은 그저 숨죽이며 사건의 진전 상태만 보고 있다.

16. **눈을 넓히다** **broaden one's outlook [*lit.* to broaden one's eyes]**

   - 전업 주부들은 이제 명함에 <주부 아무개>라고 적어 이름을 되찾고 사회로 눈을 넓히고 있다.
   - 그 일을 통해서 다양한 경험도 하고 여러 분야로 눈을 넓히게 되었다.

**17. . . . . 속으로 뛰어들다  to plunge into**

- 세상 속으로:
  많은 주부들이 <나와 가족>을 넘어 세상 속으로 뛰어들고 있다.
- 위험 속으로:
  위험 속으로 뛰어드는 걸 보고도 말리지 않는다면 친구가 아니다.
- 인파 속으로:
  나와 헤어진 후 그 여자는 곧 인파 속으로 사라졌다.
- 불 속으로:
  그 일을 하겠다고 나선다는 건 기름을 지고 불 속으로 뛰어드는 것과
  마찬가지다.

# Exercises

**1. 관련 있는 단어들끼리 연결하여 문장을 만들어 보세요.**

| | | |
|---|---|---|
| 냄새 · | · 건네다 | _____ |
| 인사 · | · 부리다 | _____ |
| 반목 · | · 풍기다 | _____ |
| 공격 · | · 가하다 | _____ |
| 멋 · | · 심하다 | _____ |

**2. 보기에서 적당한 말을 골라 문장을 완성하세요.**

> 보기:  관심사, 비율, 적의, 양상, 증세, 연대, 고민, 명함

(1) 문제는, 같은 주부면서도 이들은 서로에게 끝없이 _____
을/를 느낀다는 사실이다.

(2) 한 주부는 같은 아파트에 여고 동창이 이사 오면서부터 우울증
_____을/를 보이고 있다.

(3) IMF 이후 주부들 _____은/는 더욱 커졌는데 일자리를
찾기도 힘들고 일자리를 지키기도 힘들어 졌기 때문이다.

(4) 주부들이 서로에 대해 반감을 느끼는 이런 _____에 대해
전문가들은 남성들의 책임이 크다고 말한다.

(5) 전업 주부들의 경우, 아이들 과외, 아파트 분양 따위만이 그들의
_____(이)라고 취업 주부들은 생각한다.

(6) 여성들 간의 반목의 결과는 여성들끼리의 _____에 큰
장애가 되어 왔다.

(7) 현재 살림만 하는 전업 주부와 직장 일을 하는 취업 주부의
_____은/는 50대 50으로 알려져 있다.

(8) 요즘 변화한 주부들은 그들의 _____에 <주부 아무개>
라고 적어 자신들의 잃어버린 이름을 되찾고 사회로 눈을 넓히고
있다.

## 3. 적당한 단어를 보기에서 골라 문장을 완성하세요.

> 보기: 구박하다, 실토하다, 소홀하다, 질책하다, 지적하다, 자각하다

(1) 이제 전업 주부들은 자신들을 <무직자>가 아닌 <프로 직업인>으로
_____기 시작한 것이다.

(2) 직업 여성들은 일도 하고 가정도 돌봐야 하니까 아무래도 가정
일에_____기가 쉽다.

(3) 집에서 놀지만 말고 친구처럼 돈도 벌고 멋도 부려 보라고 남편까지
_____기 일쑤였다.

(4) 대부분의 취업 주부들은 자녀에게 엄마 노릇을 제대로 못해 죄책감을
느낀다고 _____.

(5) 한 연구원은 "그동안 모성 역할을 찬양해 온 남성들로 인해 여성들
간의 반목이 심해졌다."고 _____.

(6) 남성들은 직업 여성들에게 가정 일을 돌보지 않고 남자 밥그릇까지
뺏는다고 _____.

## 4. 밑줄 친 말과 비슷한 단어를 고르세요.

(1) 같은 주부들끼리 서로에게 끝없이 <u>적의를</u> 느낀다는 건 슬픈 일이다.
　　ㄱ. 호의를　　　　ㄴ. 흥미를　　　　ㄷ. 존경을　　　　ㄹ. 반감을

(2) 전문가들은 직업 여성이 가정 일에 소홀하다고 <u>질책한다.</u>
　　ㄱ. 칭찬한다　　　ㄴ. 비난한다　　　ㄷ. 질문한다　　　ㄹ. 참는다

(3) <u>간신히</u> 직장에 남았거나 자영업을 하는 취업 주부들은 일과
　　가정이라는 이중고에 시달린다.
　　ㄱ. 여유 있게　　　ㄴ. 천천히　　　　ㄷ. 충분히　　　　ㄹ. 겨우

(4) 전업 주부도 취업 주부도 결코 <u>무직자가</u> 될 수 없다.
　　ㄱ. 실업자가　　　ㄴ. 취업자가　　　ㄷ. 직장인이　　　ㄹ. 일꾼이

(5) "집에서 논다"고 숨죽이며 대답하던 전업 주부들이 스스로를 <프로
　　직업인>으로 <u>자각하기</u> 시작한 것이다.
　　ㄱ. 억울해하기　　ㄴ. 이해하기　　　ㄷ. 깨닫기　　　　ㄹ. 드러내기


## 5. 주어진 단어의 반대말을 고르세요.

(1) 세련되다:
　　ㄱ. 형편없다　　　ㄴ. 멋있다　　　　ㄷ. 근사하다　　　ㄹ. 촌스럽다

(2) 우등생:
　　ㄱ. 열등생　　　　ㄴ. 지각생　　　　ㄷ. 결석생　　　　ㄹ. 모범생

(3) 공격하다:
　　ㄱ. 때리다　　　　ㄴ. 방어하다　　　ㄷ. 연습하다　　　ㄹ. 다가가다

(4) 전문가:
　　ㄱ. 문외한　　　　ㄴ. 지식인　　　　ㄷ. 언론인　　　　ㄹ. 주부

(5) 찬양하다:
　　ㄱ. 행복하다　　　ㄴ. 비방하다　　　ㄷ. 짜증내다　　　ㄹ. 불평하다


## 6. 보기와 같이 주어진 말이 들어가는 단어를 3개 이상 만들어 보세요.

```
보기:  [쇼핑] 쇼핑객, 쇼핑 차량, 쇼핑백
```

(1) [편집] _____

(2) [동창] _____

(3) [공통] _____

(4) [이중] _____

## 7. 관계가 없는 단어를 하나 고르고 나머지 단어들의 공통점을 쓰세요.

(1) 열등감   좌절감   죄책감   책임감   _____

(2) 연예인   취업     자영업   연구원   _____

(3) 학습지   반상회   우등생   과외     _____

(4) 자녀     남편     주부     동창     _____

## 8. 아래의 설명과 맞는 표현을 본문에서 찾아 쓰세요.

(1) 어진 어머니, 착한 아내를 뜻하며 한국의 전통적인 어머니 상으로

   알려져 있다: _____

(2) 아내를 내쫓을 수 있는 일곱 가지 조건: _____

(3) 학교에서의 수업 외에 따로 돈을 내고 하는 공부: _____

(4) 한 달에 한번씩 동네 사람들이 모여 공동체 생활의 여러 문제에 대해

   토론하고 정보를 교환하는 모임: _____

## 9. 아래 단어나 표현이 잘못 쓰인 문장을 고르세요.

(1) ~에 시달리다

   ㄱ. 많은 취업 여성들은 일과 가정이라는 이중고에 시달리고 있다.

   ㄴ. 생활이 복잡해지면서 각종 스트레스에 시달리는 사람들이 늘고 있다.

   ㄷ. 집에만 있는 주부들은 많은 시간에 시달린다.

(2) ~기 일쑤다

   ㄱ. 영수는 항상 늦잠을 자니까 학교에 지각하기 일쑤다.

   ㄴ. 열심히 일하는 사람은 돈을 벌기 일쑤다.

   ㄷ. 서로에게 적의를 갖고 있는 사람들은 서로를 비난하기 일쑤다.

(3) 부채질하다

   ㄱ. 시간이 되는대로 그 회의가 빨리 끝나도록 부채질하려고 한다.

   ㄴ. 어려운 상황이 더 나빠지도록 부채질한 요인은 여러 가지다.

   ㄷ. 두 사람의 의견 충돌을 부채질한 건 내가 아니다.

(4) 가위눌리다

　　ㄱ. 지난밤에 밤새도록 가위눌려서 아침에 기분이 좋았다.

　　ㄴ. 일을 찾고 싶어도 찾지 못하는 주부들은 가위눌리는 경험을 자주 한다.

　　ㄷ. 그 프로젝트가 완전히 잘 마무리될 때까지 거의 날마다 가위눌려
　　　지냈다.

(5) ~이/가 여의치 않다

　　ㄱ. 최근 경제적 어려움으로 여성이 직업을 찾기가 더욱 여의치 않아졌다.

　　ㄴ. 많은 가정이 남편 혼자 버는 경우 여유 있는 생활을 하기가 여의치
　　　않다.

　　ㄷ. 그 분이 도와주어서 내가 직장을 구하기가 여의치 않다.

# Comprehension

## I. Overall comprehension

1. 전업 주부와 취업 주부는 어떤 식으로 서로에 대한 반감을 나타내고
　있습니까?

2. 전업 주부와 취업 주부들은 행복도에서 어떤 차이가 있습니까?

3. 전업 주부들은 구체적으로 어떻게 사회 주부로 변했나요?

## II. Finding details

1. 현재 전업 주부와 취업 주부의 비율은 얼마입니까?

2. 여론 조사에 따르면, 전업 주부의 대다수가 느끼는 가장 큰 문제점은
　무엇입니까?

3. 여론 조사에 따르면, 취업 주부가 느끼는 가장 큰 문제점은 무엇입니까?

4. 취업 주부가 생각하는 전업 주부들의 주된 관심사는 어떤 것들이 있습니까?

5. 이 기사에 인용된 연구원은 두 그룹 주부들의 서로에 대한 반감이 어디서
　생긴다고 지적하고 있습니까?

6. IMF 이후 전업 주부들의 고민은 무엇입니까?

7. IMF 이후 취업 주부들의 고민은 무엇입니까?

# Discussion & Composition

1. 사회 활동과 관련하여 여성들이 왜 딜레마를 겪고 있는지 생각해 보세요.

2. 전통적인 남성 중심의 사회에서 여성들은 남성들과는 달리 여러 가지
   어려움을 겪고 있다. 여성들이 겪는 어려움을 해결하는 데 남성은 어떤
   도움을 줄 수 있습니까? 구체적인 예를 들어 설명해 보세요.

3. 여성의 역할과 위상에 관하여 한국과 여러분의 나라를 비교해서 글로 써
   본 다음 토론해 보세요.

# Related Reading

## 아줌마는 나라 기둥

'아주머니'에서 변형된 '아줌마'란 호칭은 상대를 존중하는 표현이라기
보다는 한 자락 낮추어 부르는 비칭의 분위기를 풍긴다. '스승의 부인'이란
원래의 의미에서 변질돼 상류층 여성을 지칭하게 된 '사모님'과 대칭의 의미로
더 널리 쓰인다. 그런 점에서 아줌마 하면 '별 볼일 없는' 서민층 주부들을
총칭하는 말로 통용되는 것이다.

평범한 아줌마일 수밖에 없는 대부분의 주부들은 가정에서 남편과 자식을
보살펴야 하는 '살림꾼'으로서의 위상 때문에 자기 개발이나 사회 활동에는
원천적인 제약이 있을 수밖에 없다. 그래서 사회 구성원으로서의 아줌마는
가족 중심의 이기주의에 집착하는 달갑잖은 그룹으로 비치고 있는 게
현실이다. 극단적으로 묘사하면 공짜나 좋아하고 수다스럽고 무식하며,
몰염치와 속물 근성의 대명사쯤으로 통할 정도다. 최근에는 '지하철에서
아줌마와 아가씨를 구분하는 방법'이란 우스갯소리가 회자될 정도로 아줌마란
말은 부정적 의미가 강하다.

그저께 보통 주부들이 한자리에 모여 '아줌마는 나라의 기둥 (약칭=아나기)'
이란 모임을 출범시키고 "아줌마에 대한 부정적인 사회 통념을 뛰어넘어

정체성을 찾고, 새로운 아줌마 문화를 창출하겠다."고 기염을 토했다는 소식은
아주 신선한 뉴스다. 참석자들은 세련된 현대 여성으로 거듭나기 위한 아줌마
헌장을 제정, 발표했다. 이를 기초로 해서 단계별로 사회 운동을 펼치겠다는
야무진 청사진도 제시하고 있다. 자기 개발과 이기주의의 청산에서부터 허례
허식 추방과 이웃 봉사 등 행동 규범을 망라한 13개항의 헌장에서는 더 이상
이 사회의 소외 그룹으로 남지 않겠다는 그들의 의욕이 넘쳐 보인다. 따라서
'아줌마 문화'의 긍정적 변화를 기대해 봄직하다.

　　한 사회의 엄청난 변혁을 가져온 소비자운동이나 의식 개혁 운동 등도
사실 시초에는 몇 사람이 모태가 되어 조촐하게 출발한 사례를 우리는
허다하게 경험해 왔다. 그런 점에서 이들의 '신 아줌마 운동'을 지식 여성
중심의 또 다른 '페미니즘' 정도로 치부할 필요는 없겠다.

세계일보 칼럼 <설왕설래> 1999년 11월 22일

# 제6과 샐러리맨 신풍속도

## (Lesson 6: A Brand-New Pace Set for Salaried Workers)

---

## Objective

90년대 말 경제 위기를 겪으면서, 그리고 인터넷의 급속한 확산으로 한국 회사들의 직장 문화가 많이 바뀌고 있다. 그 변화의 한 예로 보수 체계가 전통적인 연공제에서 능력제로 바뀌는 것이다. 그 변화의 구체적인 내용과 영향을 알아보자.

---

# Pre-reading questions

1. 한국 회사의 이름을 아는 대로 말해 보세요. 재벌이란 단어를 들어 본
   적이 있습니까?

2. 여러분 나라의 회사 구조는 일반적으로 어떻게 되어 있습니까?
   한국의 회사 구조는 어떻게 되어 있습니까?

3. '평생 직장'에 대해 들어 본 일이 있습니까? 이 개념은 요즘 한국
   사회에서 어떻게 받아들여지고 있습니까?

# Gaining familiarity

1. 회사의 직책/직급 (positions/titles within a company)

   평사원          계장        대리        과장        차장        부장        실장
   이사 (상무, 전무)    부사장      사장        회장

2. 회사 관련 단어들 (words associated with a company)

   상사/부하 직원        상급자/하급자      평사원/간부 사원
   승진/퇴출(해고)        입사/퇴사          출근/퇴근
   정년 퇴직              직장 문화          대기업/중소 기업/벤처 기업

3. 회사 부서

   총무부, 영업부/판매부, 인사부, 홍보부, 기획(조정)실, 비서실

4. Key words

   연봉, 보수, 승진, 연공 서열, 신입 사원, 간부,
   전문 능력, 벤처 기업, 계약직제

# 연공[1]-보수[2] 체계 "다 바꿔"

인터넷 온라인으로 홈페이지를 무료로 제작해[3] 주는 '테크노필'은 작년 말 미국 진출을[4] 위해 테스크포스팀을 구성했다.[5] 회사의 사활이[6] 걸린[U1] '프로젝트'의 적임자를[7] 놓고 치열한 토론이[8] 벌어졌다.[9, U2] 팀장으로[10] 선임된[11] 사람은 뜻밖에도[12] 교포 출신[13] 평사원[14] 데이빗 김(27). 신출내기[15] 평사원이 기술 개발[16] 이사,[17] 마케팅 담당[18] 이사와 같은 쟁쟁한[19] 상급자들을[20] 팀원으로[21] 지휘했다.[22] 전략 마케팅[23] 담당 이관(34) 이사는 "교포 출신으로 미국 현지 사정에[24] 밝은 데이빗 김이 미국 시장 진출 적임자일 수밖에 없었다."면서 "그의 지휘로 사업 일정을[25] 잡고 미국 진출 일정과 제휴사[26] 유치와[27] 같은 사업 전략을 짰다."[U3]고 말했다.

'연공 서열'과[28] '전통적인 직급 체계'가[29] 없는 벤처 기업의 '직장[30] 규율'이[31] 보수적인[32] 대기업으로까지[33] 빠른 속도로 확산되고[34] 있다.[U4] 작년 인터넷 트레이드 팀을 신설한[35] (주)쌍용은 입사[36] 6년 차인[37] 유규동(33) 대리를[38] 팀장으로 전격 발탁했다.[39] 회사측은 "입사 15~20년 된 부장들이[40] 맡는 팀장에 대리를 임명한[41] 것은 신규 사업인[42] 만큼[U5] 고정 관념이[43] 없는 젊은 사람이 맡는 것이 더 효과적이라고[44] 판단했기[45] 때문"이라고 밝혔다.

LG 텔레콤에서는 과장이 '리더'로 있는 팀에 부장이 팀원으로 배치되고,[46] 리더로부터 인사 고과를[47] 받는다. 이 회사는 대리, 과장, 부장 등 '호칭'은 연공 서열(근무[48] 연한)에[49] 맞춰 승진이[50] 이뤄지지만 어시스턴트(사원급 월급),[51] 주니어(대리급), 시니어(차, 부장급),[52] 리더(팀장급)와 같은 '연봉과[53] 직책'은[54] '능력에 따른[U6] 승진'이다. 한 직원은 "부장이 과장의 지휘를 받는다고 해서 이제 더 이상 '나가라'는 의미로 받아들이지 않는다."면서 "자신의 능력에 맞게 돈을 받고 일하는 직장 문화가[55] 급속도로[56] 퍼지고 있다"고 말했다. 삼성물산은 오는 3월부터 선물 딜러와[57] 같은 전문 능력을[58] 가진 사원을 대상으로[59] 연봉 1억원 이상 주는 '프로 계약직제'를[60] 도입한다.

호칭, 복장,[61] 출퇴근 시간과 같은 '직장인 문화의 형식'에도 지각 변동이[62] 일어나고[U7] 있다. 제약 회사[63] 한국 MSD에서는 이승우 사장이 "김혜연 대리님, 주말은 잘 보내셨습니까?"하고 인사말을 건넨다. 사장도 부하 직원들에게[64] 존대말을 쓰는 것이 자연스럽다. 외부 영업 약속이[65] 없는 직원들은 청바지, 남방[66] 등 자유 복장이다. 오전 7시부터

10시까지 자기 편한 시간에 출근해 8시간 근무가 끝나면 눈치를 보지 않고 퇴근한다. 정태수(40) 부장은 "상사들보다[67] 먼저 퇴근하는 부하 직원, 부하 직원에게 존대말을 하는 상사 등 처음에는 익숙지 않아 갈등도 있었다."면서 "비즈니스 중심으로 회사가 움직이기 위해서는 격식도[68] 당연히[69] 변해야 한다."고 말했다.

작년 9월부터 자율[70] 출퇴근제와 자율 복장제를 도입한 제일제당도 올해부터는 회의실에서만큼은 '부장님,' '상무님' 같은 직급 호칭 대신 사원이든 상무든[71] 서로 이름에 '님'자만 붙여 부르도록 하고 있다. 하급자는[72] 존대를 하고 상급자는 반말을 하는 분위기에서는 창의적인[73] 사고가[74] 나올 리 없다는 이유에서다. 다음 커뮤니케이션은 평사원들의 호칭을 '마케팅 플래너,' '인터넷 비즈니스 플래너,' '메일 컨설턴트'로 바꿨다. 사원도 자기 전문 분야에[75] 자부심을[76] 갖고 '업무상'으로는[77] 상급자와 대등하게 일하라는 취지에서다.[78]

간부들도[79] 배울 것이 있다면 신입 사원들에게라도[80] 배워야만 한다. '한국 소프트웨어 중심'은 작년 말 입사한 신입 사원 6명이 번갈아 가면서[U8] 부장급 이상 간부들을 대상으로 '특별 교육'을 실시하고 있다. 매주 한번씩 신입 사원들이 'ASP(소프트웨어 다운로드 서비스),' '무선 인터넷' 등의 주제를 정해 간부들을 대상으로 특강도[81] 하고 질문을 받고 있다. 김연아 마케팅 본부장은 "소프트웨어 산업의 주 고객층은[82] 20~30대인 만큼 신입 사원들이 오히려 소비자들의[83] '니드'를 잘 파악하고[84] 있다."고 말했다. 삼성그룹도 최근 신임 임원[85] 교육에 20대의 튀는[86] 'N세대 신입 사원'들을 강사로 투입해[87] '스타크래프트' 등 신세대[88] 문화 특강을 했다.

차학봉 기자, 인터넷 조선일보, 2000년 3월 5일자

# New Vocabulary

| 1. 연공 | years' experience |
| 2. 보수 | salary |
| 3. 제작하다 | to manufacture, produce |
| 4. 진출(하다) | advance (to advance, find one's way, branch out) |
| 5. 구성하다/되다 | to form, organize, compose; to be composed of |

| | | |
|---|---|---|
| 6. | 사활 | life and death [사활이 걸리다 one's fate hangs on] |
| 7. | 적임자 | person fit for the post, suitable person |
| 8. | 토론 | discussion, debate |
| 9. | 벌어지다 | to take place, come about |
| 10. | 팀장 | team leader |
| 11. | 선임되다 | to be appointed, elected |
| 12. | 뜻밖에도 | unexpectedly |
| 13. | 출신 | origin, birth; a native of |
| 14. | 평사원 | entry-level salaried employee |
| 15. | 신출내기 | rookie |
| 16. | 기술 개발 | development of technology |
| 17. | 이사 | (executive) director |
| 18. | 담당 | (in) charge |
| 19. | 쟁쟁하다 | to be outstanding, be prominent |
| 20. | 상급자 | superior, higher-ranking person |
| 21. | 팀원 | team member |
| 22. | 지휘(하다) | command, direction (to command, direct) |
| 23. | 전략 | strategy |
| 24. | 현지 사정 | local situation |
| 25. | 일정 | daily schedule, agenda |
| 26. | 제휴사 | affiliated company |
| 27. | 유치 | attraction; invitation; host |
| 28. | 연공 서열 | rank by years of service, seniority |
| 29. | 직급 체계 | rank system |
| 30. | 직장 | workplace |
| 31. | 규율 | regulations |
| 32. | 보수적(이다) | (to be) conservative |
| 33. | 대기업 | conglomerate |
| 34. | 확산(되다) | dissemination, spreading (to be disseminated) |
| 35. | 신설하다 | to (newly) establish |
| 36. | 입사 | entering a company |
| 37. | ~년차 | ~th year |
| 38. | 대리 | deputy |
| 39. | 발탁하다 | to select, pick (from many), single out |
| 40. | 부장 | department manager |
| 41. | 임명하다 | to appoint, designate |

| | | |
|---|---|---|
| 42. 신규 사업 | new business, new project |
| 43. 고정 관념 | stereotypes |
| 44. 효과적(이다) | (to be) effective |
| 45. 판단(하다) | judgment (to judge) |
| 46. 배치(하다/되다) | disposition, posting, placement (to post/be posted) |
| 47. 인사 고과 | personal service record; evaluation for promotion or demotion |
| 48. 근무 | service, duty |
| 49. 연한 | term, length of time [근무 연한 number of years in service] |
| 50. 승진 | promotion |
| 51. 급 | class, level, quality |
| 52. 차장 | deputy chief, assistant director |
| 53. 연봉 | (annual) salary |
| 54. 직책 | one's duty, work responsibilities |
| 55. 직장 문화 | workplace culture |
| 56. 급속도로 | at a rapid speed, rapidly |
| 57. 선물 | futures |
| 58. 전문 능력 | expertise |
| 59. 대상 | object, target (of an action) |
| 60. 프로 계약직제 | professional contract system |
| 61. 복장 | costume, attire, uniform |
| 62. 지각 변동 | crustal movements, diastrophism |
| 63. 제약 회사 | pharmaceutical company |
| 64. 부하 직원 | subordinate, one's inferior |
| 65. 외부 영업 약속 | outsourcing |
| 66. 남방 | summer shirt |
| 67. 상사 | one's superior |
| 68. 격식 | formality, rule |
| 69. 당연히 | naturally, necessarily |
| 70. 자율(적) | self-regulating, autonomous |
| 71. 상무 | managing director |
| 72. 하급자 | inferior, lower-grade personnel |
| 73. 창의적(이다) | (to be) creative |
| 74. 사고 | thinking, thought [창의적 사고 creative thinking] |
| 75. 전문 분야 | field of specialization |

| | | |
|---|---|---|
| 76. | 자부심 | ˏpride |
| 77. | 업무상 | in relation to business |
| 78. | 취지 | aim, motive, purpose |
| 79. | 간부 | executives, key officers |
| 80. | 신입 사원 | newly hired employee |
| 81. | 특강 | special lecture |
| 82. | 주 고객층 | main customer group; target group |
| 83. | 소비자 | consumers |
| 84. | 파악하다 | to grasp, understand |
| 85. | 신임 임원 | newly appointed executive |
| 86. | 튀다 | to spring up; to behave conspicuously |
| 87. | 투입하다 | to throw, feed into |
| 88. | 신세대 | new generation |

# Useful Expressions

1. ~의 사활이 걸리다  the life or death of . . . depends on . . .

- 회사의 사활이 걸린 프로젝트의 적임자를 놓고 많은 의견이 나왔다.
- 이번 신상품이 성공하느냐 마느냐에 따라 이번 프로젝트의 사활이 걸려 있다.

2. 치열한 토론이 벌어지다  to be engaged in intense debate

- 누가 그 일을 가장 잘 할 수 있는지에 대해 치열한 토론이 벌어졌다.
- 회사의 코스닥 상장 시기를 놓고 치열한 토론이 벌어졌지만 결론을 얻지 못했다.

3. 전략을 짜다  to formulate a (business) strategy

- 사업 전략을 짜다:
  새 팀장의 지휘 아래 미국 진출 일정과 제휴사 유치와 같은 사업 전략을 짜고 있다.
- 경영 전략을 짜다:
  새로운 경영 전략을 짜는데 고려해야 할 사항이 많다.

4. **빠른 속도로 확산되고 있다** (급속도로 퍼지다) **to diffuse at an
extremely fast pace**

- '연공 서열'과 '전통적인 직급 체계'가 없는 벤처 기업의 '직장 규율'이
  보수적인 대기업으로까지 빠른 속도로 확산되고 있다.
- 요즘 한국에서는 자신의 능력에 맞게 돈을 받고 일하는 직장 문화가
  급속도로 퍼지고 있다.

5. **~(이)ㄴ 만큼 because . . . is (as much as) . . .**

- 그 사업이 신규 사업인 만큼 고정 관념이 없는 젊은 사람들이 일을 맡는
  것이 더 효과적이다.
- 우리가 모두 대학생인 만큼 성인답게 행동해야 한다.

6. **~에 따른 based on (depending on)**

- 요즘 많은 회사들이 '능력에 따른 승진' 제도를 시행하고 있는데 반응이
  꽤 좋다고 한다.
- 서열에 따른 대우를 하는 것이 문제를 해결하는 지름길이 될 수도 있다.

7. **지각 변동이 일어나다 great structural or fundamental change takes
place**

- 직급 체계 뿐만 아니라 호칭, 복장, 출퇴근 시간 같은 직장인 문화의
  형식에도 지각 변동이 일어나고 있다.
- 그 제도가 시행되기 시작하면 입시 제도에 지각 변동이 일어날 것으로
  보인다.

8. **번갈아 가면서 in turn, in rotation**

- 한 회사에서는 작년에 입사한 신입 사원이 번갈아 가면서 간부들을
  대상으로 특별 교육을 실시하고 있다.
- 참석자 모두가 번갈아 가면서 자신의 경험에 대해 얘기했다.

# Exercises

1. **아래에 주어진 단어를 간단히 한국말로 설명하세요.**

   (1) 자율 출퇴근제와 자율 복장제 _____

(2) 프로 계약직제 _____

(3) 인사 고과 _____

(4) 고정 관념 _____

## 2. 보기에서 적당한 단어를 골라 빈칸을 채우세요.

> 보기: 신입 사원, 주 고객층, 현지 사정, 신규 사업,
> 격식, 자부심, 임명, 승진,

(1) 사원들도 자기 전문 분야에 _____을 갖고 일에서는
상급자와 대등하게 대우받아야 한다.

(2) 그는 교포 출신으로 미국 _____에 밝았기 때문에 그
프로젝트의 적임자로 뽑혔다.

(3) 이 사업은 _____인 만큼 고정 관념이 없는 젊은 사람이
맡는 것이 더 효과적이다.

(4) 비즈니스 중심으로 회사가 움직이기 위해서는 호칭, 복장과 같은
_____도 당연히 변해야 한다.

(5) 이 회사는 대리, 과장 등 '호칭'은 연공 서열에 맞춰 _____이
이루어지지만 '연봉'은 능력에 따른다.

(6) 보통 부장들이 맡는 팀장에 대리를 _____한 것은 드문
일이다.

(7) 소프트웨어 산업의 _____은 20~30대인 만큼 신입 사원들이
오히려 소비자들의 '니드'를 잘 파악하고 있다.

(8) 간부들도 배울 것이 있다면 _____에게라도 배워야만 한다.

## 3. 밑줄 친 말과 비슷한 단어를 고르세요.

(1) 한 회사는 입사 6년 차인 유규동 대리를 팀장으로 전격 발탁했다.

   ㄱ. 갑자기 불러왔다      ㄴ. 예상외로 뽑았다

   ㄷ. 예정대로 뽑았다      ㄹ. 일선에 배치했다

(2) 인터넷 온라인으로 홈페이지를 <u>무료로</u> 제작해 주는 '테크노필'은 작년 말 새 팀을 구성했다.
　　　ㄱ. 공짜로　　　ㄴ. 싼값에　　　ㄷ. 정해진 값에　ㄹ. 헐값에

(3) <u>신출내기</u> 사원이 쟁쟁한 상급자들을 팀원으로 지휘했다.
　　　ㄱ. 간부　　　　ㄴ. 정규　　　　ㄷ. 신입　　　　ㄹ. 고참

(4) 오전 7시부터 10시까지 자기 편한 시간에 출근해 8시간 근무가 끝나면 <u>눈치를 보지 않고</u> 퇴근한다.
　　　ㄱ. 자유롭게　　ㄴ. 규칙에 따라　ㄷ. 명령대로　　ㄹ. 눈치채지 않게

(5) 사원도 자기 분야에 자부심을 갖게 한다는 <u>취지로</u> 호칭을 '마케팅 플래너' 또는 '메일 컨설턴트' 등으로 바꿨다.
　　　ㄱ. 계획으로　　ㄴ. 판단으로　　ㄷ. 이유로　　　ㄹ. 의도로


**4. 자연스럽게 쓸 수 없는 것을 하나 고르세요.**

(1) 홈페이지를
　　　ㄱ. 구성하다　　ㄴ. 제작하다　　ㄷ. 만들다　　　ㄹ. 확산하다

(2) 특별팀을
　　　ㄱ. 배치하다　　ㄴ. 지휘하다　　ㄷ. 입사하다　　ㄹ. 임명하다

(3) 적임자를
　　　ㄱ. 선임하다　　ㄴ. 발탁하다　　ㄷ. 배치하다　　ㄹ. 도입하다

(4) 프로 계약직제를
　　　ㄱ. 제작하다　　ㄴ. 도입하다　　ㄷ. 신설하다　　ㄹ. 실시하다

(5) 고정 관념을
　　　ㄱ. 벌이다　　　ㄴ. 깨다　　　　ㄷ. 바꾸다　　　ㄹ. 무너뜨리다


**5. 나머지 셋과 의미상 관계없는 것을 하나 고르세요.**

(1)　ㄱ. 격식　　　　ㄴ. 입사　　　　ㄷ. 승진　　　　ㄹ. 연봉
(2)　ㄱ. 신출내기　　ㄴ. 하급자　　　ㄷ. 적임자　　　ㄹ. 신입 사원
(3)　ㄱ. 간부　　　　ㄴ. 고객　　　　ㄷ. 임원　　　　ㄹ. 상급자
(4)　ㄱ. 신규 사업　　ㄴ. 인사 고과　　ㄷ. 전문 능력　　ㄹ. 업무 능력

## 6. 주어진 단어의 반대말을 본문에서 찾아 쓰세요.

(1) 능력제: _____

(2) 규율: _____

(3) 기존 사업: _____

(4) 퇴사: _____

(5) 예상대로: _____

# Comprehension

## I. Overall comprehension

1. 보수적인 대기업의 전통적인 직급 체계는 무엇에 따라 정해집니까?

2. 보수 체계의 변화는 어떤 기업에서 먼저 시작되고 있습니까?

3. 직장 문화의 형식에 일어나고 있는 변화 세 가지를 이야기 해 보세요.

## II. Finding details

1. '테크노필'에서 새 '프로젝트'의 적임자로 재미 교포 출신 신출내기 평사원을 선임한 이유는 무엇입니까?

2. (주)쌍용에서 대리를 신규 사업의 팀장으로 발탁한 이유는 무엇입니까?

3. LG 텔레콤에서는 어떤 변화가 일어나고 있습니까?

4. 제일제당에서 직급 호칭 대신 이름에 '님'자만 붙여 부르기로 한 이유는 무엇입니까?

5. '다음' 커뮤니케이션이 평사원들의 호칭을 '마케팅 플래너' '메일 컨설턴트' 등으로 바꾼 취지는 무엇입니까?

6. '한국 소프트웨어 중심', '삼성그룹' 등에서 신입 사원들이 간부들을 위해 실시하고 있는 것은 무엇입니까?

# Discussion & Composition

1. 경제 발전이나 경제 위기는 직장 문화에 어떤 영향을 미칩니까? IMF 이후
   한국 사회는 여러 가지 변화를 겪고 있습니다. 그 중 하나가 '평생 직장'의
   개념이 무너졌다는 것입니다. 이런 변화가 일어나게 된 사회적, 경제적
   배경을 설명해 보세요.

2. 지금까지의 한국 직장 문화에서 유교의 영향이 어떻게 반영되고 있는지
   구체적인 예를 들어 글로 쓴 다음 교실에서 설명해 보세요.

3. '연공제'와 '능력제'를 설명하고 각 제도의 장, 단점을 토론하세요.

4. 한국과 여러분 나라의 직장 문화를 비교해서 같은 점과 다른 점을
   토론하세요.

# Related Reading

## 샐러리맨의 유머: 부장의 10대 요건

1. 주장을 펴다 불리하면 이사의 지시라 우기며 무조건 하라고 한다. (가끔씩
   이사의 비난도 하며 . . . 하지만 나중에 알고 보면 그 이사는 그 일에
   대해 알지도 못한다.)
2. 외국인 앞에서는 영어 사용은 금물, 영어 불가능자 앞에서의 영어 구사는
   최대한 많이.
3. 부서원의 아이디어는 반드시 가로챈다.
4. 회사의 모든 임직원은 나보다 무식하다는 신념을 갖는다.
5. 세계의 경제 석학의 논리는 삼척동자도 아는 아주 간단한 이론.
6. 내 생각은 진리, 타인 생각은 궤변.
7. 사장 앞에서의 "no"라는 말은 곧 죽음이라고 생각한다.
8. 사장이 기침하면 부서원들에게는 반드시 태풍으로 . . .
9. 책임 회피야말로 직장 생활의 가장 큰 미덕으로 여긴다.
10. 하루에 네 시간 이상 신문을 볼 수 있는 인내심은 필수.

http://galaxy.channeli.net/quad/humor/gujang12.html

# 제7과 스타 열병

## (Lesson 7: Star Fever)

## Objective

현대 사회에서 대중 문화를 이끌어 가는 스타들은 청소년들의
우상이며 선망의 대상이다. 그러나 스타의 길은 멀고 스타 세계는
화려하지만은 않다. 스타 산업의 문제점과 진정한 스타의 의미에
대해 알아본다.

# Pre-reading questions

1. 청소년들이 스타들에 열광하는 이유는 무엇일까요?

2. 여러분이 개인적으로 좋아하는 스타는 누구이며 왜 그를 좋아합니까?

3. 여러분은 연예인이 되고 싶다는 생각을 해 본 적이 있습니까? 있다면 왜, 없다면 왜 그런지 생각해 봅시다.

4. 누구나 스타가 될 수 있을까요? 스타는 태어나는 걸까요? 스타는 어떻게 만들어질까요?

# Gaining familiarity

1. 연예인

연기자(탤런트, 영화 배우), 가수, 코미디언, 개그맨, 모델

2. Key words

| 청소년 | 스타 열병 | 스타 산업 | 연예계 |
| 연예인 | 방송국 | 환상 | 꿈꾸다 |
| 데뷔하다 | 팬 | 상품화 | 재능 |

# 그들이 꿈꾸는 미래는 . . .

8월 어느 날, 에스로 시작하는 모 방송국에서[1] 청소년 연기자를[2] 모집했나 보다. 그 방송국 주위로 빼곡히[3] 들어선[4, U1] 교복의[5] 행렬,[6] 그리고 빨간 머리, 노랑 머리, 온갖 치장을 다한[7] 청소년들의 기대에 찬[8] 눈망울을[9] 볼 수 있었다. 수천을 넘을 듯한 청소년 인파는[10] 손에 손에 지원[11] 서류 봉투를 들고 다닌다. 원서[12] 전형료가[13] 얼만지 모르겠지만 그것도 꽤 괜찮은 돈벌이가 될 거다. 사실 그렇게 해봐야 몇 명을 뽑겠는가. 드라마 하나 새로 한다고 청소년 몇 명 뽑아 놓고 그 드라마가 소진되면[14] 그 연기자에 대한 아프터 서비스도 소진될 거다. 그러면 그렇게 간신히 연예인이 되어 본 청소년은 어떻게 될까? 한번 그 세상에 맛들인[15, U2] 사람이 어찌 그곳을 잊고 평범하게 공부하고 진취적인[16] 미래 설계를[17] 할 수 있을까?

과연 그들이 무엇을 원하고 그렇게 하는 것일까? 그들이 꿈꾸는 미래는 과연 어떤 모습일까? 스타 열병은[18] 어제 오늘의 새삼스런[19] 일이 아니다.[U3] 90년대에 접어들면서[20, U4] 스타 산업은 본격적인 고부가 가치 산업으로[21] 성장하였고, 청소년들이 가장 원하는 직업은 연예인이 되어 버렸다. 땀 흘려 일하는 것을 싫어하고, 남들에게 우러러 보이고,[22] 추앙 받고[23] 늘 스포트라이트 속에서 살기를 원한다. 돈도 많이 벌어 비까번쩍하게[24] 살고[U5] 싶기도 하고. . . . 이것이 지금의 청소년이 바라는 성공한 삶이다. 물론 모두 그런 것은 아니니 다소 안도할[25] 수 있다. 그러나 실제로 청소년의 95% 이상이 연예인에 대한 환상을 가지고 있고, 또 자신이 그렇게 되기를 원한다고 한다. 이중에서 또 상당수는[26] 직접 연예인이 되기 위해 학원도 다니고, 방송국도 기웃거리고,[27] 각종 연기자나 가수 모집에 기웃거리고, 또 어떤 이는 돈이라도 좀 써서 판을 내거나 연기자로 데뷔하는 모험을[28] 하기도 한다.

텔레비전을 보면 화려한[29] 의상에[30] 번쩍이는[31] 조명,[32] 수많은 팬들이 따르고 늘 스포트라이트를 받는[33] 스타라는 계층이 많이 나온다. 분명 그들은 수많은 시청자나[34] 관객에게[35] 즐거움을 선사하는 중요한 역할을 한다. 스타 자체가 잘못된 것은 아니다. 하지만 스타가 되기 위한 알력과[36] 이해 관계가[37] 연예계 구석구석에서 갖가지 몹쓸 병균처럼[38] 나돌고 있는 현실은[39] 공공연한[40] 사실이 아닐 수 없다.[U6] 스타 시스템이 잘못되었고, 또 스타 열병이 잘못되었다는 것이다. 언제 또 가수와 매니저의 불협화음이[41] 스포츠 신문을 장식할지[42] . . . 또 피디와

연예인의 스캔들이 생길지. . . 연기 학원의 스타 지망생[43] 사기 사건이[44]
터져 나올지 모를 정도로 그 수많은 병폐들은[45] 여기저기서 불거져[46]
나오고[U7] 있다. 물론 이는 이들이 먹고사는 공간이자 이들을 통해
먹고사는 공간인[47] 방송국에 의해 철저히[48] 속여지고 숨겨지고
위장되어져서[49] 일반인들에게는 화려하고 귀한[50] 존재로[51] 인식되어 지기
일쑤다. 그 속 사정을[52] 잘 아는 이가 없기 때문이다. 설령[53] 안다 해도[U8]
그것은 스포츠 신문 기사 거리로[54, U9] 잠시 왔다가 사라지는 바람과 같이
그냥 누군가의 귀에서 입에서 눈에서 또 다시 사라져 잊혀지는 존재와
같다.

  청소년의 꿈을 키울[55] 수 있는 공간을 만들자. 스타란 거 좋다. 누가
봐도 멋있고 특히 감수성이[56] 예민하고[57] 가치관이 확고히 형성되지[58]
않은 청소년이 보면 더더욱 그러하다. 그거 누구나 해보고 싶을 거다.
하지만 스타 시스템은 돈과 연관되고, 이는 곧 연예인의 상품화,[59] 즉
인간의 상품화이다. 청소년이 충분히 감당하기[60] 힘들 만큼 인간의
상품화라는 것은 무서운 사회적 테마이다. 무작정[61] 청소년이 외면적인[62]
스타 시스템의 환상에 빠져 덤벼드는[63] 것이 아니라 자신의 재능을[64]
개발하고[65] 키워서 남들보다 그런 엔터테인먼트적인 재능이 뛰어난
사람을 집중적으로[66] 발굴해야[67] 한다. 이것이 돈 덩어리 연예인이 아닌,
진정[68] 연기를 하고 노래를 할 우리들의 스타를 만드는 길이다.

  누구나 스타가 될 수 있다. 도전해[69] 볼만한 가치는 있다. 그러나
스타가 돈으로 보여서라면 과감히[70] 포기해라.[71] 또 스타가 남들에게
추앙 받는 존재라서 그걸 원한다면 역시 포기해라. 그런 사람은 스타가
되어도 곧 사라질 돈과 팬들의 관심으로 인해 스스로를 타락시키고[72]
마는 스타가 되고 말 것이기 때문이다. 하늘의 별은 무수히[73] 많다.
우리가 얘기하는 스타는 사실 소수이다.[74] 그러니 그 고정 관념을 깨자.
우리 주위에서 우리가 스타를 만들어 내면 된다. 돈과 스포트라이트,
화려함과 세련만으로만 무장한[75] 것이 아닌 따뜻한 마음과 남을 위한
배려,[76] 함께 어울리는 사람들이 바로 진정한[77] 스타라는 것을
인식시키자는 것이다. 각자가 자기 역할에 충실하고,[78] 또 그 자리에서
남들에게 베풀고,[79] 자신이 남들에게 인정받을[80] 때 그 자신은 진정한
스타가 되는 것이다. 이제 여러분의 동네에서, 학교에서 직장에서,
서클에서, 가정에서 등등 우리들만의 스타를 만들어 보자!

패러디 한겨레 21, 1998년 9월 1일, 제 1호

# New Vocabulary

| | | |
|---|---|---|
| 1. | 방송국 | broadcasting studio, radio or television station |
| 2. | 연기자 | performer, actor, actress |
| 3. | 빼곡히 | densely |
| 4. | 들어서다 | to step in, get into, occupy a position |
| 5. | 교복 | uniform |
| 6. | 행렬 | procession, parade |
| 7. | 치장하다 | to decorate |
| 8. | 기대(에 차다) | (to be full of) expectations |
| 9. | 눈망울 | eye, eyeball |
| 10. | 인파 | crowd |
| 11. | 지원 | application; aspiration |
| 12. | 원서 | application form |
| 13. | 전형료 | fee for a screening test |
| 14. | 소진되다 | to be worn out |
| 15. | 맛들이다 | to find pleasure in; to acquire a taste for |
| 16. | 진취적이다 | to be progressive, enterprising |
| 17. | 미래 설계 | future plan/design |
| 18. | 열병 | fever |
| 19. | 새삼스럽다 | to feel renewed |
| 20. | 접어들다 | to approach; to draw near |
| 21. | 고부가 가치 산업 | high value-added industry |
| 22. | 우러러 보이다 | to be looked up to, admired |
| 23. | 추앙(하다/받다) | worship (to worship/be worshiped) |
| 24. | 비까번쩍하다 | to be flashy, luxurious |
| 25. | 안도하다 | to relieve |
| 26. | 상당수 | considerable number |
| 27. | 기웃거리다 | to peep (snoop) around |
| 28. | 모험 | adventure |
| 29. | 화려하다 | to be flashy, showy, spectacular |
| 30. | 의상 | costume |
| 31. | 번쩍이다 | to be shiny, glittering |
| 32. | 조명 | lighting |
| 33. | 스포트라이트를 받다 | to be spotlighted |

| 34. 시청자 | TV viewer |
| 35. 관객 | audience, spectator |
| 36. 알력 | friction; discord; feud |
| 37. 이해 관계 | relationship based on common interests |
| 38. 병균 | germ |
| 39. 현실 | reality |
| 40. 공공연하다 | to be open, public |
| 41. 불협화음 | disharmony, discord |
| 42. 장식하다 | to decorate, ornament |
| 43. 지망생 | candidate, applicant |
| 44. 사기 | fraud, criminal deception |
| 45. 병폐 | vice, morbid practice, unhealthy influence |
| 46. 불거지다 | to protrude, jut out |
| 47. 공간 | space, room |
| 48. 철저히 | thoroughly, completely |
| 49. 위장(하다/되다) | disguise (to disguise/be disguised) |
| 50. 귀하다 | to be rare/precious |
| 51. 존재 | existence, being |
| 52. 속사정 | inside story, real state of affairs |
| 53. 설령 | even if |
| 54. 기사 거리 | materials for a news article |
| 55. 꿈을 키우다 | to cultivate a dream, to have a vision |
| 56. 감수성 | sensibility, receptivity |
| 57. 예민하다 | to be sensitive |
| 58. 형성하다/되다 | to form/be formed |
| 59. 상품화(하다) | commercialization (to commercialize) |
| 60. 감당하다 | to deal with, manage, cope with |
| 61. 무작정 | recklessly; with no definite plan |
| 62. 외면적인 | external |
| 63. 덤벼들나 | to leap, rush upon, attack |
| 64. 재능 | talent |
| 65. 개발(하다) | development (to develop) |
| 66. 집중적으로 | intensively |
| 67. 발굴하다 | to excavate; to dig out; to discover |
| 68. 진정 | genuinely, really |
| 69. 도전하다 | to challenge |
| 70. 과감히 | boldly, daringly |

| | | |
|---|---|---|
| 71. 포기하다 | to give up, abandon |
| 72. 타락시키다 | to corrupt, degrade |
| 73. 무수히 | countlessly |
| 74. 소수 | small number |
| 75. 무장하다 | to arm, equip |
| 76. 배려 | consideration, care |
| 77. 진정한 | genuine |
| 78. 충실하다 | to be faithful |
| 79. 베풀다 | to grant, give, bestow |
| 80. 인정(하다/받다) | recognition, acknowledgment (to acknowledge, admit/to be recognized) |

# Useful Expressions

1. **빼곡히 들어서다**  to be crowded, jam-packed

- 방송국 주위에 빼곡히 들어선 교복의 행렬, 청소년들의 눈망울은 기대에 차 있었다.
- 공연장에는 소녀 팬들이 문 앞까지 빼곡히 들어서 있었다.

2. **~에 맛들이다**  to get/acquire/develop a taste for, to find pleasure in

- 한번 그 세상에 맛들인 사람이 어찌 그곳을 잊고 평범하게 공부하고 진취적인 미래를 설계할 수 있을까?
- 권력에 한번 맛들인 사람은 권력을 떠나서는 살 수 없다.

3. **새삼스런 일이 아니다**  it's nothing new

- 많은 청소년들이 연예인에 대한 환상을 갖고 있는 것은 새삼스런 일이 아니다.
- 입시 제도가 해마다 바뀌는 것은 결코 새삼스런 일이 아니다.

4. **~에 접어들다**  to approach (of a time or season)

- 90년대에 접어들면서 스타 산업은 본격적인 고부가 가치 산업으로 성장하였다.
- 9월에 접어들면서 날씨가 갑자기 쌀쌀해졌다.

## 5. 비까번쩍하게 살다  to live lavishly/ostentatiously

- 나도 돈을 많이 벌어서 좋은 집에서 좋은 옷 입고 비까번쩍하게 살고 싶다.
- 비까번쩍하게 살고 싶은 욕구가 강한 사람은 환상을 따라 살게 마련이다.

## 6. 공공연한 사실이 아닐 수 없다  it's something that everybody knows

- 그 분이 그 프로젝트에 연관돼 있는 건 공공연한 사실이 아닐 수 없다.
- 연예계 구석구석에 병폐가 많은 건 공공연한 사실이 아닐 수 없다.

## 7. ~이/가 불거져 나오다  come(s) to the surface

- 그 스캔들이 터지면서 그 동안 감춰져 있었던 여러 가지 문제들이 불거져 나오게 되었다.
- 시간이 흐를수록 몰랐던 많은 사실들이 불거져 나왔다.

## 8. ~(으)ㄴ다 해도  even if, even though

- 돈과 인기를 위해서라면 설령 스타가 된다 해도 오래 가지 못할 것이다.
- 설령 그것이 꿈으로 끝난다 해도 꿈을 꾸는 건 나쁘지 않다.

## 9. ~거리  material/stuff for

- 얘기 거리:
  그 두 사람 사이에는 무슨 얘기 거리가 그리 많은지 얘기하느라 늘 바빠요.
- 웃음 거리:
  다른 사람들의 웃음 거리가 되지 않도록 처신을 잘 해.
- 논쟁 거리:
  그 주제는 지식인들에게는 충분한 논쟁 거리가 될 수 있다.
- 저녁 거리:
  오늘 저녁 거리가 뭐가 있는지 냉장고를 뒤져봐야겠다.
- 기사 거리:
  기자들은 항상 기사 거리를 찾아다닌다.

# Exercises

## 1. 관련 있는 단어들끼리 연결하여 문장을 만들어 보세요.

(1) 재능을     ·     · 형성되다     _____

(2) 기대에     ·     · 차다         _____

(3) 역할에     ·     · 개발하다     _____

(4) 가치관이   ·     · 예민하다     _____

(5) 감수성이   ·     · 충실하다     _____

(6) 여기저기   ·     · 기웃거리다   _____

## 2. 보기에서 적당한 단어를 골라 빈칸을 채우세요.

> 보기: 인파, 환상, 알력, 병폐, 배려, 속사정, 고정 관념

(1) 잘못된 스타 시스템으로 인한 _____들은 여기저기서 붉거져
    나오고 있다.

(2) 따뜻한 마음과 남을 위한 _____와/과 함께 어울리는
    사람들이 바로 진정 스타라는 것을 인식시켜야 한다.

(3) 실제로 청소년의 95% 이상이 연예인에 대한 _____을/를
    가지고 있다고 한다.

(4) 연예계의 문제들은 방송국에 의해 속여지고 숨겨지기 때문에 그
    _____을/를 잘 아는 사람들이 별로 없다.

(5) 어느 날 모 방송국 앞에는 수천을 넘을 듯한 청소년
    _____이/가 손에 손에 지원 서류 봉투를 들고 몰려 다녔다.

(6) 스타가 되기 위한 _____와/과 이해 관계가 연예계
    구석구석에 나돌고 있는 현실은 누구나 다 알고 있다.

(7) 우리가 스타에 대해 가지고 있는 그 _____을/를 깨지
    않으면 우리는 진정한 스타를 만들어 낼 수 없다.

## 3. 보기에서 적당한 단어를 골라 빈칸을 채우세요.

> 보기: 본격적이다, 안도하다, 도전하다, 타락시키다,
> 맛들이다, 인정받다

(1) 누구나 스타가 될 수 있다. ＿＿＿＿＿＿＿ 볼만한 가치는 있다.

(2) 물론 모든 청소년이 다 스타가 되기를 원하는 것은 아니니 다소
＿＿＿＿＿＿＿수 있다.

(3) 한번 그 세상에 ＿＿＿＿＿＿＿ 사람이 어찌 그곳을 잊고 평범하게
공부하고 살아갈 수 있겠는가?

(4) 돈과 남들의 추앙을 원해서 스타가 된다면 그런 사람은 곧 사라질
돈과 팬들의 관심으로 인해 스스로를 ＿＿＿＿＿＿＿고 마는 스타가
되고 말 것이다.

(5) 90년대에 들어서면서 스타 산업은 ＿＿＿＿＿＿＿ 고부가 가치
산업으로 성장하였다.

(6) 각자가 자기 역할에 충실하고, 남들에게 베풀고, 자신이 남들에게
＿＿＿＿＿＿＿을 때 그 자신은 진정한 스타가 되는 것이다.


## 4. 밑줄 친 말과 가장 비슷한 단어를 고르세요.

(1) 어느 날 모 방송국 앞에는 온갖 치장을 한 청소년들이 많이 몰려
다녔다.
　　ㄱ. 화장을 한　　ㄴ. 재주가 많은　ㄷ. 돈이 많은　ㄹ. 한껏 멋을 부린

(2) 드라마 하나를 위해 연기자를 뽑아놓고 그 드라마가 소진되면 그
연기자에 대한 아프터 서비스도 소진될 것이다.
　　ㄱ. 없어지면　　ㄴ. 시작되면　　ㄷ. 제작되면　　ㄹ. 인기를 얻으면

(3) 많은 청소년들은 남들이 우러러보는 스타가 되고 싶어한다.
　　ㄱ. 추앙하는　　ㄴ. 좋아하는　　ㄷ. 배려하는　　ㄹ. 질투하는

(4) 청소년이 충분히 감당하기 힘들 만큼 인간의 상품화라는 건 무서운
사회적 테마이다.
　　ㄱ. 이해하기　　ㄴ. 도전하기　　ㄷ. 인식하기　　ㄹ. 참고 이겨내기

(5) 진정 연기를 하고 노래를 할 스타를 키우려면 그런 재능이 뛰어난
   사람을 집중적으로 <u>발굴해야</u> 한다.
   ㄱ. 만들어야      ㄴ. 찾아내야      ㄷ. 도입해야      ㄹ. 배치해야

(6) 분명 스타들은 수많은 시청자나 관객에게 즐거움을 <u>선사하는</u> 중요한
   역할을 한다.
   ㄱ. 창조하는      ㄴ. 빼앗아 가는  ㄷ. 가져다 주는 ㄹ. 요구하는

## 5. 보기와 같이 주어진 말이 들어가는 단어를 3개 이상 만들어 보세요.

> 보기: [쇼핑] 쇼핑객, 쇼핑 차량, 쇼핑백

(1) [연기]  _____

(2) [모집]  _____

(3) [지원]  _____

(4) [~거리]  _____

## 6. 주어진 단어나 표현을 이용하여 문장을 3개 이상  만드세요.

(1) [간신히]  _____

(2) [상당수]  _____

(3) [과감히]  _____

(4) [무작정]  _____

(5) [빼곡히]  _____

## 7. 이 글에 나오는 사람 관련 단어를 모두 찾아 쓰세요.

_____

_____

# Comprehension

## I. Overall comprehension

1. 스타 열병, 잘못된 스타 시스템이 보여 주는 병폐는 어떤 것들입니까?

2. 청소년들이 스타에 대한 환상을 갖게 되는 이유는 무엇입니까?

3. 필자가 주장하는 '진정한 스타'는 어떤 사람들이며 어디서 어떻게 만들어져야 합니까?

## II. Finding details

1. 요즘 청소년들이 가장 원하는 직업은 무엇입니까?

2. 요즘 청소년들이 바라는 성공한 삶의 모습은 어떤 모습입니까?

3. 많은 청소년들은 직접 연예인이 되기 위해 어떻게 합니까?

4. 연예계의 병폐 가운데 연예인이 되고 싶어 하는 청소년들에게 직접 피해를 줄 수 있는 사건은 어떤 것입니까?

5. 청소년에게 가장 위험한 스타 시스템의 함정은 무엇입니까?

6. 돈 덩어리 연예인이 아닌, 진정한 연기자, 가수를 만들려면 어떻게 해야 합니까?

7. 잘못된 동기로 스타가 되면 쉽게 스스로를 타락시킬 수 있습니다. 어떤 사람들은 스타가 되어서는 안 됩니까?

8. 우리 주위에서 우리들의 스타를 만들어 내기 위해서 우리는 어떻게 해야 합니까?

# Discussion & Composition

1. 1990년대에 특히 스타 열병이 심각해진 문화적, 사회적 배경을 설명해
   보세요.

2. 현대 사회에서 미디어의 영향은 지대한데, 특히 청소년들에게 미치는
   영향은 상당하다. 청소년들에게 올바른 스타상을 심어주기 위해 미디어는
   어떤 역할을 해야 할까요?

3. 유명한 가수나 탤런트, 배우들에 열광하는 청소년들을 볼 때 여러분은
   어떤 생각을 합니까? 여러분의 청소년 시절을 한번 돌아보고 비교해
   보세요. 특히, 한국 소녀들의 '오빠 부대'에 대해 어떻게 생각합니까?

4. 한국의 대중 문화에 대한 여러분의 의견을 여러분 나라와 비교해서 글로
   쓴 다음 자유롭게 토론해 봅시다.

# Related Reading 1

## 10대들, 동아리도 대입도 <스타를 향하여>

    <제2의 안성기, 강수연>, <한국판 핸슨 브라더스, 뉴 키즈 온더 블록>.
10대들의 가장 큰 희망이다. 이들의 사전에 <딴따라>는 없다. <스타>가 있을
뿐이다. <성좌>가 되려는 10대들의 몸부림은 가히 <스타 신드롬>이라 할
만하다. 이 신드롬은 중학교 때부터 나타난다. 요즘 예술 고등학교 진학
경쟁률은 최고 20대 1 수준. 일선 교사들에 따르면 인문 고등학교 학생들에게
대학 신문 방송학과와 연극 영화과가 인기과 <베스트 5> 안에 오른 지
오래다. 고교 동아리 중에서도 문예반, 독서반은 고리타분하게 받아들여진다.
대신 그룹사운드, 댄싱 그룹, 연극반 등에 하이틴들이 몰리고 있다. 이 다음이
방송반과 사진반, 합창반. 이때도 경쟁이 치열하다. 서울 N고등학교에서는
<퍼지>, <스콜피온>, <댄싱 카오스> 등 5, 6개의 그룹사운드와 댄싱 서클이
활동 중인데 매년 신입 반원 모집 때 예외 없이 6, 7대 1의 경쟁률을 보인다.
    학교 밖에서는 각종 연예 학원들이 열기를 달군다. 현재 서울에는
여의도를 중심으로 30여 군데에 연기 학원이 있다. 한국 방송 문화원 김민성
부원장은 "7월 3백 20명 정원을 뽑는데 1천여 명이 몰려 3대 1의 경쟁률을
보였다."며 "10대 후반의 하이틴 못지않게 10대 전반의 로우틴들의 열기가

높다."고 말했다. 연예인 프로덕션이나 캐스팅 전문사를 함께 운영하는 학원의 경우 경쟁률은 특별히 높다. 학원에 등록한 10대들은 1, 2년 동안 연기 실습, 신체 훈련, 발성 호흡 등을 집중적으로 배우며 데뷔를 준비한다. 고교 때 데뷔를 하게 되면 연극영화과 등의 진학에 유리할 것이라는 판단 때문.

서울의 한 여고 2학년 신모 양은 "올 여름 헤어 디자이너인 이모를 졸라 메이크업을 본격적으로 해 연예 매니지먼트사와 캐스팅 디렉터들에게 사진을 보냈다."며 "키가 커 졸업을 하면 모델로 진출해 볼 생각"이라고 밝혔다. 신촌 언더밴드들 틈에서 음악을 하던 김 모 군(18)은 "아무래도 예술 전문대를 들어가는 편이 낫다 싶어 준비 작업으로 9월 말까지 데모 테이프를 만들어 음반사에 들러 볼 생각"이라고 말했다. 이들이 이 같은 준비 작업에 쏟아 붓는 돈은 일반 고교생들의 용돈 수준을 훨씬 뛰어넘지만 "남들 고액 과외비 정도라고 생각하고 투자한다."고 말한다.

그러나 하이틴 <스타 지망생>들 앞에 놓인 것은 <좁고도 좁은 문>이다. 연극영화과 관문은 보통 30, 40대 1. 방송사 공채와 각종 선발 대회를 통과하는 비율은 평균 2백대 1. 이 경쟁을 뚫고도 주연급 스타가 되는 이는 다섯도 되지 않는다. 이 때문에 김민성 부원장은 "연기 실습에 앞서 <스타>는 절대 하루아침에 되지 않는다는 점을 가장 많이 주지시킨다."고 말한다.

그래도 하이틴들은 부나방처럼 <성좌>를 향해 날아간다. 대중 음악 평론가 강헌 씨는 "이 신드롬을 만들어 내는 것은 텔레비전을 중심으로 한 스타 산업 시스템"이라며 "브라운관에 스타 하나가 뜨면 텔레비전, 잡지, 각종 팬클럽 등이 체계적으로 붐을 조성해 낸다"고 지적했다. 그는 "10대들이 대중 문화뿐 아니라 과학, 문학 등 폭넓은 문화에 관심을 갖도록 교육 환경을 조성해 주는 노력이 필요하다"고 말했다.

권기태 기자, 인터넷 동아일보, 1997년 8월 19일

# Related Reading 2

## 오빠 부대의 소멸

농구 경기장에서 여학생들의 극성스러운 소리가 없어졌다. 외국 선수의 도입으로 스타 중심의 농구가 실력 위주의 수준 높은 농구로 바뀌었기 때문이다. 이제 관중은 <오빠>에게 환성을 지르기보다는 농구 자체에 환성을 보내고 관중도 남성과 나이든 사람 그리고 가족 중심으로 재편되는 현상까지 보인다고 한다.

중학교나 고등학교 여학생들인 오빠 부대의 극성은 소문나 있다. 이들은 방송국 공연장의 담을 무너뜨리고 음악을 듣기보다는 가수를 따라서 뛰고

고함지르는 것이 전공이다. 연예인이 '떴다'하면 아프리카 소떼들의 이동처럼 한꺼번에 뛰기 시작하는데 이런 소란이 결국 92년 뉴키즈 공연, 95년 젊은이의 삐삐 012 공연, 96년 말의 <별이 빛나는 밤> 공연 등의 살인 사고로 연결되었다.

놀라운 것은 음반 업계나 공연 이벤트 회사들이 이들을 이용하고 있다는 사실이다. 이들이 소란만을 피우는 것이 아니라 실질적인 구매력을 가지고 있기 때문에 음반 판매량을 좌우하고 한국 가요계의 경향을 이끌어 간다. 반면에 한국 가요계는 10대 취향에서 벗어나지 못하고 기성 세대들은 가요계에서 눈을 돌린다.

한국의 10대들은 교복과 입시 때문에 인생에서 가장 불행하고 어두운 시절을 보낸다. 알고 보면 오빠 부대원들도 평범한 우리들의 딸이다. 한 조사에 따르면 오빠 부대원들의 학교 성적은 집에만 있는 여학생들보다 오히려 우수하다고 한다.

중요한 것은 이들의 행동을 비난하는 것이 아니라 농구장처럼 건전하게 감정을 분출시킬 수 있는 공간을 마련해 주는 일이다. 10대들만을 위한 현재의 가요계를 모든 사람들을 위한 공연장으로 바꾸는 것도 오빠 부대를 진정시킬 수 있는 좋은 방법 중의 하나이다.

이동신 경희대 교수, 인터넷 동아일보 1997년 2월 16일

# 제8과 한국의 대학 입시

## (Lesson 8: College Entrance Exams in Korea)

### Objective

한국의 입시 제도는 그동안 다른 어떤 제도보다 많은 변화를 겪었다. 바뀐 대학 입시 제도의 내용을 이해하고 문제점을 알아본다.

# Pre-reading questions

1. 대학 교육은 누구에게나 필요합니까?

2. 대학 교육의 목적은 무엇입니까?

3. 여러분 나라의 대입 제도를 설명하고(선발 기준, 전형 방법 등) 이 제도의 장, 단점에 대해 생각해 봅시다. 한국의 대입 제도는 어떻게 다를까요?

4. 바람직한 입시 제도를 정립하기 위해 고려해야 할 중요한 요소들은 어떤 것입니까?

# Gaining familiarity

1. 학교

   유아원, 유치원, 초등학교, 중학교, 고등학교, 대학교, 대학원

2. 학위

   학사, 석사, 박사

3. 교육 관련 기관

   교육부, (시, 도) 교육청, 학교, 학원, 연구소

4. 학과목 (교과목)

   국어, 수학, 과학, 정치/경제, 역사, 외국어(영어, 불어, 독어), 음악 미술, 체육, 가사(가정)

5. Key words (입시 관련 단어)

   시험, 입시, 선발(선발 요인, 선발 기준), 전형(전형료, 전형 일자, 전형 요강, 전형 계획), 수능, 원서, 학생(생활 기록)부, 진학, 성적, 응시

# 대학 입시의[1] '빅뱅'[2]

   대학 입시 제도의[3] 빅뱅이 시작됐다. 한날 한시에 치른 수능[4] 성적[5] 하나만으로 거의 당락을[6] 결정했던[U1] 대학 입시가 2002학년도부턴 대학마다의 선발[7] 기준에[8] 따라 크게 달라지게 됐다. 종래의[9] 시험=입시라는 고정 관념으로는 생각조차 할 수 없는 입시 제도의 대변혁이[10] 시작되는 것이다. 우선 75개 대학의 2002년 전형 계획을[11] 보면 다음 네 가지 사항이[12] 크게 달라진다.

   첫째, 정해진 시험 일자가[13] 없다 할 정도로[U2] 특별 전형,[14] 수시 전형을[15] 통해 대학이 필요한 시기에 학생을 선발한다. 둘째, 수능 성적이든 학생부[16] 성적이든 총점보다는[17] 영역별[18] 점수를 중시한다. 셋째, 학과목[19] 이외의 인성,[20] 적성,[21] 수상[22] 경력,[23] 봉사 활동[24] 등을 선발의 주요 요인으로[25] 꼽고 있다. 넷째, 대학의 이념과[26] 건학 정신에[27] 따라 선발의 기준이 달라진다는 점이다.

   '3대 동문'[28] 이나 '용감한 시민상 수상자'를[29] 우대하고[30] 과학고[31] 같은 특수 목적고[32] 출신을 특별히 우대하겠다는 등 대학의 자율적 선발 기준이 크게 강화됐다.[33] 이런 대변화를 맞는[U3] 학부모나 학생, 그리고 교사 모두 걷잡을 수 없는[34] 혼란에 빠질 수 있다.[U4] 아직 3년이 남아 있다지만 당장[35] 내년 고1부터 이 제도에 따라 학교는 진학을[36] 지도하고[37] 학생은 입시 준비를[38] 해야 한다. 교육부나[39] 관할[40] 교육청,[41] 일선 학교[42] 모두 새 제도에 따른 혼란을 어떻게 하면 최소화하면서[43] 새 제도의 정착화를[44] 통해 새로운 형태의 지덕체[45] 교육 개혁을[46] 이룩할지 자세한 지침과[47] 방향 제시를[48] 해야[49] 할 것이다.

   대학마다 선발 기준이 워낙 다양해[50] 혼란스럽기까지[51] 하다. 혼란스러운 만큼 새 제도의 공정성에[52] 대한 의문이 끊임없이 제기될[53, U5] 수 있다. 이에 대비해[54, U6] 교사와 학부모를 상대로[55] 한 설명회가[56] 여러 형태로 병행돼야[57] 한다. 예컨대[58] 한 분야에 특별한 적성을 지닌 학생은 구체적으로 어떤 대학을 선택해야[59] 할지 구체적이고[60] 명시적인[61] 진학 설명회를 통해 학부모의 불안을[62] 해소해야[U7] 할 것이다.

   이미 새 학교 문화[63] 창조를[64] 위한 비전이 제시된 만큼 적성에 따른 대학 선택과 지덕체를 겸비한[65, U8] 전인 교육의[66] 구체적 학습 지도안을[67] 제시하고 교사와 학부모를 대상으로 끊임없이 알리고 깨우쳐야 한다. 특히 유의해야[68] 할 점은 교사들이 작성할[69] 학생부 기재[70] 내용이다.[71]

수능과 학과목 성적은 객관화된다지만[72] 인성, 적성, 봉사 활동 등
비교과[73] 내용 담당 교사의 주관적[74] 의견에 크게 좌우될[75, U9] 수 있다. 이
학생부의 공정성을 얼마나 확보하느냐에[76] 새 제도의 성패가[77] 달려
있다고[U10] 봐야 한다. 학생부 작성이나 각종 추천제를[78] 둘러싼 치맛바람[79]
또한 거세질[U11] 것이다. 이런 유혹과[80] 외압을[81] 물리치고 학교 교육을
제대로 하려면 교사의 권위[82] 확보밖에 다른 길이 없다. 학교에 대한
믿음, 교사에 대한 신뢰가[83] 새 제도의 성공의 열쇠다.[U12]

　　공부를 열심히 해야 좋은 대학에 가는 것은 당연하다. 입시가
과열된다고[84] 좋은 학교를 없앨 수는 없지[U13] 않은가. 밤새 공부하는 것이
문제가 아니라 밤새 공부해도 쓸모 있는 공부를 할 수 있도록 환경을
만들어 주지 않는 게 문제다. 모순은[85] 고교 교육에서 그치지 않는다.[U14]
그렇게 어렵사리[86] 들어온 대학에서는 그 교과 과정이 마음에 안 든다고
또 학원에 간다.

<중앙일보> 사설 칼럼, 1998년 11월 3일

# New Vocabulary

1. 입시     entrance examination (contraction of 입학 시험)
2. 빅뱅     big bang; change of great magnitude
3. 제도     system [입시 제도 entrance exam system]
4. 수능     academic competence (exam) (contraction of 수학 능력)
5. 성적     score or ranking in a competition
6. 당락     result of a contest (e.g., election, entrance exam)
7. 선발(하다)     selection (to select)
8. 기준     standard, criterion/criteria [선발 기준 selection criteria]
9. 종래(의)     hitherto, former, previous
10. 대변혁     big change, revolutionary change [변혁 change, reform]
11. 전형     screening process (for admission or for hiring)
12. 사항     items, articles
13. 일자     scheduled date
14. 특별 전형     special selection
15. 수시     anytime, all times [수시 전형 screening on occasion]
16. 학생부     student record

| | | |
|---|---|---|
| 17. | 총점 | total score |
| 18. | 영역별 | classified by area [영역별 점수 score in each area] |
| 19. | 학과목 | a school subject; subject of study |
| 20. | 인성 | person's character |
| 21. | 적성 | aptitude |
| 22. | 수상 | receiving a prize/award |
| 23. | 경력 | career record [수상 경력 record of prizes/awards won] |
| 24. | 활동 | activity [봉사 활동 volunteer work] |
| 25. | 요인 | factor, reason, cause |
| 26. | 이념 | ideology, doctrine |
| 27. | 건학 | founding a school [건학 정신 school (foundation) spirit] |
| 28. | 동문 | alumni |
| 29. | 수상자 | award winner |
| 30. | 우대하다 | to treat preferentially, favor |
| 31. | 과학고 | science high school |
| 32. | 특수 목적고 | special-purpose high school |
| 33. | 강화하다/되다 | to strengthen/be strengthened |
| 34. | 걷잡을 수 없다 | to be uncontrollable, unstoppable |
| 35. | 당장 | immediately, (at) this moment |
| 36. | 진학 | academic advancement |
| 37. | 지도(하다) | (to give) guidance, direction |
| 38. | 입시 준비 | preparation for an entrance exam |
| 39. | 교육부 | ministry of education |
| 40. | 관할 | jurisdiction, control |
| 41. | 교육청 | department of education [관할 교육청 district department of education] |
| 42. | 일선 | front line [일선 학교 first line school] |
| 43. | 최소화하다 | to minimize |
| 44. | 정착화 | stabilization; settling down |
| 45. | 지덕체 | knowledge, virtue, and health (physical education) |
| 46. | 개혁 | reform [교육 개혁 educational reform] |
| 47. | 지침 | guidelines |
| 48. | 방향 | direction |
| 49. | 제시(하다/되다) | presentation (to present/be presented) |
| 50. | 다양하다 | to be diverse |

| | | |
|---|---|---|
| 51. | 혼란스럽다 | to be confusing |
| 52. | 공정성 | fairness, impartiality |
| 53. | 제기하다/되다 | to bring up, pose/be posed |
| 54. | 대비하다 | to prepare |
| 55. | 상대 | opposite party [상대로 as a target (of a person or group)] |
| 56. | 설명회 | informational session |
| 57. | 병행되다 | to go side-by-side, to run parallel |
| 58. | 예컨대 | for example |
| 59. | 선택(하다/되다) | selection, choosing (to make a selection/to be selected or chosen) |
| 60. | 구체적 | to be specific, concrete |
| 61. | 명시적 | to be clear, lucid |
| 62. | 불안(하다) | anxiety, uneasiness (to be uneasy, uncomfortable, anxious) |
| 63. | 학교 문화 | school culture |
| 64. | 창조 | creation |
| 65. | 겸비하다 | to have both, to combine A and B |
| 66. | 전인 교육 | education for the whole individual |
| 67. | 학습 지도안 | teaching plan; lesson plan |
| 68. | 유의하다 | to be careful, to bear in mind |
| 69. | 작성(하다) | drawing up (to draw up, write out) |
| 70. | 기재 | statement, mention [기재 내용 contents of a statement] |
| 71. | 내용 | content(s), substance |
| 72. | 객관화(하다) | objectification (to objectify) |
| 73. | 비교과 | nonacademic subject |
| 74. | 주관적 | subjective |
| 75. | 좌우하다/되다 | to sway/be swayed |
| 76. | 확보(하다) | security; insurance (to secure, ensure) |
| 77. | 성패 | success or failure |
| 78. | 추천제 | system based on recommendations |
| 79. | 치맛바람 | swish of a skirt |
| 80. | 유혹 | temptation |
| 81. | 외압 | external pressure |
| 82. | 권위 | authority |
| 83. | 신뢰 | trust |
| 84. | 과열되다 | to be overheated |

85. 모순　　　　　　　contradiction, inconsistency
86. 어렵사리　　　　　with trouble/difficulty

# Useful Expressions

**1. 당락을 결정하다　to decide success or defeat in an election**

- 수능 성적 하나만으로 거의 당락을 결정했던 대학 입시가 2002 학년도부터 대학마다의 선발 기준에 따라 크게 달라지게 됐다.
- 이번 선거의 당락을 결정한 요인은 후보자들의 출신 지역이었다.

**2. ~(으)ㄹ 정도로　to the degree that there is (isn't)/one does (doesn't) have**

- 정해진 시험 일자가 없다 할 정도로 특별 전형, 수시 전형을 통해 대학이 필요한 시기에 학생을 선발한다.
- 이 부장은 사생활이 없다 할 정도로 회사 일에 자신을 바쳤다.

**3. ~을/를 맞다　to meet, greet, face**

- 새로운 변화를 맞는 학부모, 학생 그리고 교사 모두 혼란에 빠질 수 있다.
- 새 천년을 맞는 사람들은 모두 나름대로의 기대에 부풀어 있었다.

**4. 걷잡을 수 없는 혼란에 빠지다　to become completely confused**

- 변화가 갑자기 너무 크면 그 변화를 맞는 모든 사람들이 걷잡을 수 없는 혼란에 빠지기 쉽다.
- 갑작스런 변화로 걷잡을 수 없는 혼란에 빠지는 걸 막으려면 미리 예상되는 변화에 대한 홍보가 필요하다.

**5. 의문이 끊임없이 제기되다　endless questions come up**

- 대학마다의 선발 기준의 다양성 때문에 새 제도의 공정성에 대한 의문이 끊임없이 제기될 수 있다.
- 경찰이 그 사건의 수사 결과를 발표했지만 여전히 많은 의문이 끊임없이 제기되고 있다.

## 6. ~에 대비하다 to prepare (for)

- 새로운 입시 제도에 대비해 교사와 학부모를 상대로 한 설명회가 여러 형태로 병행돼야 한다.
- 내년의 장마와 홍수에 대비해 늦기 전에 대책을 세워야 한다.

## 7. ~을/를 해소하다 to relieve (anxiety, stress, etc.)

- 불안을 해소하다:
구체적이고 명시적인 진학 설명회를 통해 학부모의 불안을 해소해야 할 것이다.
- 스트레스를 해소하다:
한국 사람들에게 노래방은 스트레스를 해소하는 한 방법으로 받아들여지고 있다.

## 8. ~을/를 겸비하다 to be equipped both with A and B

- 지덕체를 겸비하다:
적성에 따른 대학 선택과 지덕체를 겸비한 전인 교육의 구체적 학습 지도안을 제시해야 한다.
- 미모를 겸비하다:
그 회사에서는 지금 미모를 겸비한 재능 있는 사람을 찾고 있다.

## 9. ~에 좌우되다 to be (largely) at the mercy of

- 수능과 학과목 성적은 객관화된다지만 다른 비교과 내용은 담당 교사의 주관적 의견에 크게 좌우될 수 있다.
- 그 문제의 결과는 그 문제의 접근 방식에 크게 좌우될 가능성이 많다.

## 10. ~에 성패가 달려 있다 success/failure depends on

- 학생부의 공정성을 얼마나 확보하느냐에 새 제도의 성패가 달려 있다.
- 어느 정도 의견의 일치를 보느냐에 회담의 성패가 달려 있다.

## 11. 치맛바람이 거세다 the power of a woman's influence is strong

- 학생부 작성이나 각종 추천제를 둘러싼 치맛바람 또한 거세질 것이다.
- 한국 교육에서 엄마들의 치맛바람이 거센 건 누구나 다 알고 있다.

12. ~이/가 . . . ~의 성공의 열쇠다  is the key to success for

- 학교에 대한 믿음, 교사에 대한 신뢰가 새 제도의 성공의 열쇠다.
- 적당한 시기를 찾는 것이 그 일의 성공의 열쇠가 될 것이다.

13. ~다고/(으)ㄴ다고/는다고 . . . ~(으)ㄹ 수는 없다  cannot . . . just
    because . . .

- 입시가 과열된다고 좋은 학교를 없앨 수는 없지 않은가?
- 살기가 바쁘다고 자식 교육에 무관심할 수는 없지 않은가?

14. ~에서 그치지 않는다  it doesn't stop with . . .

- 이 제도에서 오는 모순은 고교 교육에서 그치지 않는다.
- '왕따'들의 고민은 외로움에서 그치지 않는다.

# Exercises

1. 관련 있는 표현들끼리 연결하여 문장을 만들어 보세요.

(1) 학습 지도안      ·      · 개최하다      _____
(2) 진학 설명회      ·      · 물리치다      _____
(3) 교육 개혁 지침   ·      · 작성하다      _____
(4) 유혹과 외압      ·      · 마련하다      _____
(5) 추천제          ·      · 정착시키다    _____

2. 보기에서 적당한 단어를 골라 빈칸을 채우세요.

보기: 이념, 지침, 권위, 사항, 신뢰, 대변혁, 요인, 성쇠

(1) 여러 가지 유혹과 외압을 물리치고 학교 교육을 제대로 하려면 교사의
    _____을/를 확보하는 것밖에 다른 길이 없다.
(2) 종래의 시험=입시라는 고정 관념으로는 생각조차 할 수 없는 입시
    제도의 _____이/가 시작되고 있다.

(3) 새 제도에 따르면 대학의 ＿＿＿＿＿＿＿와/과 건학 정신에 따라
선발 기준이 달라진다고 한다.

(4) 학과목 이외의 인성, 적성, 수상 경력, 봉사 활동 등을 선발의 주요
＿＿＿＿＿＿＿(으)로 꼽고 있다.

(5) 학교에 대한 믿음, 교사에 대한 ＿＿＿＿＿＿＿이/가 새 제도의
성공의 열쇠다.

(6) 학생부를 얼마나 공정하게 작성하느냐에 새 제도의 ＿＿＿＿＿＿＿
이/가 달려 있다고 봐야 한다.

(7) 75개 대학의 2002년 전형 계획을 보면 다음 네 가지 ＿＿＿＿＿＿＿
이/가 크게 달라진다.

(8) 새로운 형태의 지덕체 교육 개혁을 이룩할 ＿＿＿＿＿＿＿이/가 요구된다.

## 3. 밑줄 친 말과 비슷한 단어를 고르세요.

(1) 수상 경력이 있는 사람과 특수 목적고 출신을 특별히 <u>우대하겠다는</u>
선발 기준으로 바뀌고 있다.
　　ㄱ. 선호하겠다는　　　　　　　ㄴ. 경쟁시키겠다는
　　ㄷ. 편입하겠다는　　　　　　　ㄹ. 신뢰하겠다는

(2) 이런 변화에 <u>대비해</u> 교사와 학부모에게 최대한 많은 정보를 제공해야 한다.
　　ㄱ. 비교해　　　ㄴ. 우려해　　　ㄷ. 앞다투어　　　ㄹ. 맞추어

(3) 다양한 형태의 설명회를 통해 학부모의 불안을 <u>해소할</u> 수 있는 방안을
찾는다.
　　ㄱ. 줄일　　　ㄴ. 없앨　　　ㄷ. 가중시킬　　　ㄹ. 물리칠

(4) 지덕체를 <u>겸비한</u> 전인 교육의 구체적 학습 지도안을 제시하라.
　　ㄱ. 필요로 하는　ㄴ. 함께 갖춘　　ㄷ. 강화하는　　　ㄹ. 창조한

(5) 공정성을 유지하기 위해 특히 <u>유의해야</u> 할 점은 교사들이 작성할
학생부 기재 내용이다.
　　ㄱ. 신경 써야　ㄴ. 노력해야　　ㄷ. 결정해야　　ㄹ. 중시해야

(6) 과거에는 <u>한날 한시에</u> 치른 수능 성적으로 입학이 결정되었었다.
　　ㄱ. 다른 시간에　ㄴ. 오후 1시에　ㄷ. 같은 시간에　　ㄹ. 따로

(7) 정해진 날짜 없이 특별 전형, 수시 전형을 통해 <u>선발한다</u>.
　　ㄱ. 지도한다　　ㄴ. 깨우친다　　ㄷ. 뽑는다　　　ㄹ. 우대한다

## 4. 밑줄 친 단어의 반대말을 본문에서 찾아 쓰세요.

(1) 영역별 점수를 <u>경시하다</u>　　　　_____

(2) <u>객관적</u> 의견에 좌우되다　　　　_____

(3) 선발 기준이 <u>약화되다</u>　　　　_____

(4) 혼란을 <u>극대화하다</u>　　　　_____

(5) <u>추상적인</u> 진학 설명회　　　　_____

## 5. 의미상 나머지 셋과 관계없는 것을 하나 고르고 그 셋의 공통점을 쓰세요.

(1) 교육부　　　관할 교육청　　학부모　　　일선 학교　　_____

(2) 수상 경력　　봉사 활동　　　학과목　　　적성　　　　_____

(3) 치맛바람　　수능 성적　　　학생부 내용　추천서　　_____

(4) 전인 교육　　학습 지도안　　지덕체 교육　인성 교육　_____

## 6. 주어진 단어나 표현이 잘못 사용된 문장을 고르세요.

(1) 워낙:

　ㄱ. 입시 경쟁이 워낙 치열하니까 과외 문제도 심각해졌다.

　ㄴ. 워낙 새로운 학교들이 학생들을 유치한다.

　ㄷ. 제도가 워낙 자주 바뀌니까 모두들 아주 혼란스러워 한다.

(2) 예컨대:

　ㄱ. 노력이 중요하다. 예컨대 공부만 열심히 하면 좋은 대학에 갈 수가 있다.

　ㄴ. 요즘은 무엇이든 가능하다. 예컨대 요즘은 돈으로 할 수 없는 게 없다.

　ㄷ. 대학에 들어가기가 아주 어렵다. 예컨대 지금은 학교가 너무 많다.

(3) 당락을 결정하다:

　ㄱ. 컴퓨터 실력이 우리가 잘 살 수 있을지의 당락을 결정하게 될 것이다.

　ㄴ. 붙고 떨어지고의 당락을 결정하는 것은 교수들이다.

　ㄷ. 후보들의 인격과 도덕성이 이번 선거의 당락을 결정하는 주 요인이다.

(4) 의문이 제기되다:

    ㄱ. 의문만 자꾸 제기하지 말고 신뢰를 가지고 일을 진행시켜라.

    ㄴ. 과연 그 제도가 잘 시행이 될지 많은 의문이 제기되고 있다.

    ㄷ. 문제가 복잡하지 않으니까 다양한 의문이 제기되었다.

(5) ~에 좌우되다:

    ㄱ. 그는 시간에 좌우되어 일을 그르쳤다.

    ㄴ. 사사로운 감정에 좌우되어 잘못된 결정을 하지 마라.

    ㄷ. 그 계획의 구체적인 내용은 팀장의 주관적 의견에 좌우되기 쉽다.

7. 보기와 같이 주어진 말이 들어가는 단어를 3개 이상 만들어 보세요.

> 보기: [쇼핑] 쇼핑객, 쇼핑 차량, 쇼핑백

(1) [입시]       _____

(2) [~회]        _____

(3) [~개혁]     _____

# Comprehension

## I. Overall comprehension

1. 교사들이 학생들의 진학과 관련해서 써야 할 것은 무엇입니까?

2. 새 대입 제도에서 학과목 성적 외에 선발 기준에 고려되어야 할 사항으로 어떤 것이 있습니까?

3. 과학고 같은 특수 목적고는 왜 필요합니까?

4. 지덕체 교육의 구체적인 목표는 무엇입니까?

5. 종래의 입시 제도와 새 입시 제도의 가장 큰 차이는 무엇입니까?

## II. Finding details

아래 문장을 읽고 본문의 내용과 맞으면 O, 틀리면 X표를 하세요.

1. 새 입시 제도 이전의 입시 제도에서 입학의 당락을 결정했던 것은 수능과 학생부 성적이었다. ____

2. 새 입시 제도에서는 특별히 정해진 시험 일자가 없기 때문에 수시 전형도 하지 않는다. ____

3. 새 입시 제도에서는 총점보다는 영역별 점수를 중시한다. ____

4. 새 입시 제도에서는 학과목 성적도 중요하지만 봉사 활동 같은 과외 활동도 선발의 주요 요인으로 포함시킨다. ____

5. 새 입시 제도에서는 각 대학들의 선발 기준이 크게 달라지지 않는다. ____

6. 새 입시 제도는 2002년부터 실시될 예정이어서 현재 고등학생들은 별로 영향을 받지 않는다. ____

7. 새 제도에 따른 혼란을 최소화하기 위해서 특히 일선 학교가 자세한 지침을 만들고 방향 제시를 해야 한다. ____

8. 새 제도의 공정성에 대한 의문이 제기되는 이유는 새 제도에 대한 설명회가 부족하기 때문이다. ____

9. 새 제도 시행 시 특히 우려되는 것은 학생부의 공정성 확보인데 그 이유는 비교과 내용의 경우 담당 교사가 객관성을 잃을 수도 있기 때문이다. ____

10. 학생부 작성과 추천제를 시행함에 있어 아무런 외압을 받지 않고 학교 교육을 하려면 무엇보다 교사의 권위가 확보되어야 한다. ____

# Discussion & Composition

1. 한국과 여러분 나라의 교육 제도와 입시 제도를 비교해서 어떤 유사점과 차이점이 있는지 토론하세요.

2. 여러분은 한국의 입시 제도가 자주 바뀌는 이유가 어디에 있다고 생각합니까?

3. 대학 교육의 필요성에 대해 글로 쓴 후 토론하세요.

4. 한국인들의 잘 알려진 '교육열'과 '치맛바람'에 대해 아는 대로 설명하세요. 이 '교육열'과 '치맛바람'은 한국 사회에 어떤 긍정적 또는 부정적 영향을 미쳤습니까?

5. 대학 입시 경쟁이 치열해지면서 '과외'가 심각한 사회 문제로 대두되었다. '과외'의 긍정적 또는 부정적 측면에 대해 토론해 봅시다.

# Related Reading

## 학교와 과외를 말한다

- 서영석

  1965년 인천 출생. 부평동 초등학교, 부평동중, 인천 선일고 졸업. 1983년 서울대 자연계 수석으로 물리학과에 입학했으나 1986년 5·3 인천 사태로 1년 6개월을 복역했다. 1989년 대학을 졸업하고 10년간 학원 강사로 일하다 1999년 경희대 한의대 입학했다. 부인 정경아(36) 씨와 딸 하늘이(9)를 둔 학부모다.

- 김어진

  1978년 서울 출생. 홍익대 부속 초등학교, 윤중중, 여의도고를 졸업했다. 1997년 서울대 외교학과에 입학할 당시 자신의 입시 경험을 담은 책 '어진이의 서울대 간신히 들어가기'를 펴내 화제를 모았다. KBS PD인 김성웅(54) 씨와 주부 김정희(52) 씨 사이의 외아들이다.

  누구나 다 공부를 잘 하고 싶어한다. 그래야 학벌 위주인 우리 사회에서 성공할 수 있다고 믿기 때문이다. 우리 사교육 시장은 1998년 29조원이며 이중 과외비는 14조원(한국 교육 개발원 '한국의 교육비 조사 연구 보고서')이다. 최근 헌법 재판소의 과외 해금 결정이 내려지자 과외가 더 성행할까 봐 우려가 많다.

  학창 시절 과외라곤 받아본 적이 없지만 학원 강사 경험이 있는 서영석

씨와 학창 시절 과외를 받아봤던 김어진 씨가 과외와 공교육의 현실, 대학의
위상에 대해 솔직한 이야기를 나누었다. 13년이라는 나이 차이는 교육을 달리
보게 만들었을까?

사회:　　두 분이 서로 초면이시지요?

서영석:　어진 군은 절 모르겠지만 저는 어진 군의 책을 읽었습니다.

김어진:　책이 꽤 인기가 있어서 11만 부나 팔렸다는데 출판사 (둥지)가
　　　　　망하는 바람에 계약금 200만 원만 받고는 그만입니다(웃음).

사회:　　과외를 해 본 적이 있습니까?

김어진:　수학에 젬병이라 고2, 3 때 일주일에 한 번씩 대학생 형에게 30만
　　　　　원하는 수학 과외를 받았습니다. 과외로 점수가 오르지는 않았고
　　　　　"남들이 하는 것, 나도 하니까"하는 정신적 안정만 얻었습니다. 수능
　　　　　시험에서도 수학을 반밖에 못 맞췄습니다.

서영석:　중·고교 때 과외를 받거나 학원을 다닌 적이 없습니다. 집안 사정이
　　　　　넉넉치 못해 할 수가 없었어요. 할 필요도 없었구요. 학교 공부만
　　　　　따라 해도 별 어려움을 못 느꼈습니다.

김어진:　대개 수석 입학자들의 소감을 보면 학교 공부에 충실했고 과외는
　　　　　하지 않았다고들 합니다. 그러나 이것은 아주 공부를 잘 하는 사람의
　　　　　이야기이고 성적이 중간 정도인 학생들이 과외를 받으면 성적이
　　　　　좋아지니까 과외를 하고 싶다는 생각이 드는 것이지요.

서영석:　학원 교습의 효과도 비슷합니다. 저도 경희대 시험을 칠 때 한 달을
　　　　　공부했는데 처음 해보는 지리 과목이 걱정이 돼서 학원의 지리
　　　　　강사에게 5분 강의를 들었는데 혼자서 1시간 공부한 효과가
　　　　　나더군요. 요령을 일러준다는 점에서 무시할 수는 없어요. 그런데
　　　　　문제는 학교에서도 이같이 할 수가 있는데 그것이 이뤄지지 않는
　　　　　점이 안타깝다는 것입니다.

김어진:　고3 때 학교에서 성적에 따라 반을 나눠 보충 수업을 한 적이
　　　　　있어요. 수업이 끝난 후 하루 2시간씩 하는 이 수입이 일반 수업보다
　　　　　더 진지했어요. 비슷한 실력끼리 모이니까 선생님들도 가르치기 쉽고
　　　　　저희들도 잘 따라간 거지요. 지금처럼 반 학생들의 실력 차이가 크게
　　　　　나는데 무조건 함께 수업을 받는 것이 평등이 아니라고 생각해요.
　　　　　그래서 저는 명문 사립고나 고교 입시를 부활하는 것이 오히려
　　　　　공교육이 제자리를 잡는데 도움이 될 거라고 생각합니다. 우열반에
　　　　　위화감을 느끼는 것은 학생들이 아니라 부모님들이에요.

서영석:　그렇지요. 40~50명 학생들을 한 곳에 모아 놓고 제일 못하는
　　　　　학생까지 알아듣도록 해야 하는 하향 평준화의 공교육 수업으로는
　　　　　과외 욕구를 누를 수가 없다고 봐요. 물론 내 아이에게 과외를

시키겠냐고 물으면 저는 안 시키겠습니다만. 남의 힘을 빌어서까지
학벌을 따야 한다는 생각은 안 합니다.

사회:   과연 과외가 어느 정도로 성행합니까?

김어진:  제가 다닌 고등학교는 한 반에 10~15명이 과외를 받았던 것으로
알아요. 아침 보충 수업에 자주 빠지시던 선생님들이 계셨는데 지금
생각해 보면 아마 과외를 하셨던 것 같아요.

서영석:  제가 알기로는 지금도 현직 교사가 학생들을 학원 강사나 다른
교사에게 소개해 주는 일종의 '브로커' 역할을 합니다. 현직 교사가
자신이 다니는 학교의 학생을 직접 가르치지는 않고 다른 교사와
학생을 바꿔서 가르치기도 하지요. 아주 성적이 처지는 학생보다는
대개 중상위권 학생들이 이 같은 과외를 주로 받습니다.

사회:   과외 해금 결정이 공교육을 붕괴시킬 것으로 보나요?

김어진:  현재처럼 계속 학교 수업이 부실하다면 과외 해금과는 상관없이
공교육은 무너질 것입니다. 헌법 재판소의 과외 해금 결정이 있기
전에도 과외할 사람은 다 했기 때문에 이제 와서 떠들썩한 것이
우습습니다. 과외를 하고 있는 현실은 여전히 동일한데 결정이
내려졌다는 것만이 달라진 것이지요.

서영석:  학원에서도 보면 학생들이 더 찾아오는 것도 아니고, 학생들도 물어요.
과외 해금 결정이 내려진 후 그 전과 달라진 것이 무엇이냐고요.

사회:   현재 공교육의 문제점은 무엇입니까?

서영석:  제가 생각하기에는 교사의 자질이 큰 문제입니다. 특히 교사가
사회적으로 인정을 받지 못하는 현실이 자질을 더욱 떨어뜨리는
악순환을 낳지요. 요즘 남학생들 중에는 사대, 교대 가서 5년간 병역
특례로 근무하느니 차라리 2년간 군복무 하겠다는 사람들이
많습니다. 이러니 실력 있는 선생님이 나오겠습니까. 초등학교
3학년인 제 딸이 다니는 학교에서 학부모들의 소원은 '제발 이번에
우리 아이 담임 선생님은 대학을 갓 졸업한 분이기를'이라고
바란답니다. 좀 심한 표현이긴 하지만 그만큼 실력 있는 젊은 교사가
부족하다는 이야기입니다.

김어진:  또 학교 교육은 '공급자 위주'라는 것입니다. 생각을 바꿔 수요자인
학생들의 입장에 서야 합니다. '차별'이 아니라 '차이'를 두자는 것인데
예를 들면 조리 고등학교나 대중 예술 고등학교 등 다양한 학교
형태나 한 학교 내에서도 다양한 교육 프로그램을 만들자는 것입니다.
교육 당국과 교사는 다양한 프로그램을 개발하는 것이 귀찮고
힘드니까 '수요자'를 무시한 획일적이고 일방적 교육을 하는 것입니다.

서영석:  안이한 교육 정책도 문제입니다. 예를 들어 쉬워진 수능 시험이
오히려 과외나 학원 교습을 부추긴다면 믿겠습니까?

김어진: 고교 시절을 되살려 보면 그 말이 맞아요. 성적 때문에 대학을 가지 않고 다른 길을 찾던 학생도 수능 시험이 쉬워지면서 막판 뒤집기를 노려 족집게 과외를 하는 경우를 보았습니다. 정책 입안자들은 '수능을 쉽게 내서 과외를 하지 않아도 대학을 갈 수 있게 하겠다'고들 하지만 책상 머리에서 생각하는 구도일 뿐입니다. '고교장 추천제'도 문제예요. 수능 시험과 다른 기준으로 학생들을 뽑자고 만든 제도인데도 역시 성적으로 학생들을 추천하잖아요. 그러면 수능 시험으로 합격하는 학생들과 다른 점이 뭔가요?

사회: 대학은 꼭 가야 합니까?

서영석: 학문의 발전을 위해서는 대학이 꼭 필요하지요. 그러나 모두 다 가야 할 필요는 없는 거 아닌가요?

김어진: 부모님 세대보다야 약하지만 아직도 대학에 가야한다는 생각은 여전히 강하지 않습니까. 선진국은 학벌 우대가 우리 사회보다 더 강하다고들 합니다. 하지만 그 사회에는 사회 보장 제도가 잘 정비되어 있고 대학을 나오지 않아도 다양한 직업을 선택하고 성공할 수 있는 가능성이 있잖아요. 요즘 우리 사회에는 대학을 나오지 않아도 된다는 말들은 많이 하면서도 동시에 대학은 필수, 대학원과 박사는 선택이라는 학력 인플레 현상도 함께 존재합니다.

사회: 공교육의 개혁 방안을 든다면요?

김어진: 학창 시절 가장 인상적인 교육 방식은 초등학교 담임 선생님이 가르치신 책 읽기와 일기 쓰기입니다. 저는 피아노 컴퓨터 영어 회화 과외를 받은 적이 없지만 지금 크게 후회는 안 합니다. 장영주가 될 수 없는 아이에게 바이올린을 계속 배우게 할 필요가 있을까요? 다 부모의 만족감일 뿐입니다. 공교육을 바로 세우려면 '학교에 오고 싶도록' 해야 합니다. 과외가 가장 많이 이루어지는 초등학교에서 방과 후 교육이나 클럽 활동을 제대로 한다면 문제가 많이 줄어들겠지요.

서영석: 사고의 전환이 필요하다고 봐요. 초등학교와 달리 중·고교는 입시 부담에서 자유로울 수는 없지요. 학생들이 대학을 졸업하면 국내·국제 사회의 경쟁에 뛰어들어야 하는데 경쟁에 면역이 되어 있지 않으면 문제 아닌가요? 그러니 입시 부담을 완전히 없앨 필요는 없어요. 대신 제대로 훈련하게 하는 것이 중요하지요. 학생들이 공정하게 경쟁하려면 중고교의 과목을 확 줄여 꼭 필요한 기초 과목만 공부하게 했으면 좋을 것 같아요.

노향란 기자

http://www.hankooki.com/people/200005/TMP/np20000505190929hg0183.htm

# 제9과 언론의 역할

## (Lesson 9: The Role of the Press)

## Objective

현대 사회에서 언론의 역할은 아주 중요하다. 기자가 기자의
사명감과 직업 의식을 잊어 버린다면 어떤 결과가 올까? 기자의
역할과 바람직한 기자 상은 어떤 것인지 알아보자.

# Pre-reading questions

1. 언론 매체는 어떤 것들이 있습니까?

2. 현대 사회에 언론의 역할은 무엇이라고 생각합니까?

3. 기자가 하는 일은 무엇입니까?

4. 여러분이 생각하는 좋은 기자는 어떤 기자입니까? 기자의 본분과
   자세에 대해서 생각해 봅시다.

# Gaining familiarity

1. 언론 기관

   방송국(텔레비전, 라디오, 유선 방송, 인터넷 방송), 신문사,
   잡지사, 여론 조사 기관

2. 언론인

   기자(보도 기자, 사진 기자, 편집 기자, 종군 기자, 특파원),
   아나운서, 뉴스 진행자(앵커)

3. 기자 활동에 관한 말

   기사, 취재, 보도, 기사 작성, 섭외, 인터뷰, 편집, 교정

4. 기사의 종류

   보도 기사, 기획 기사, 논평 기사(사설, 칼럼), 홍보 기사,
   생활 정보 기사

5. Key words

   기자, 언론, 사명감, 보도, 공정성, 객관성, 자존심, 직업 의식

# 기자와 사관과[1] 자존심

잘 알려진 일이지만 옛날 왕조[2] 시대에는[3] 임금 옆에 역사 쓰는 관리라는 의미의 사관이 항상 붙어 있어서 임금의 일거일동을[4] 기록했다. 사관들은 자신이 쓰는 글이 곧 역사가 된다는 생각 때문에 기록하는 일 자체에 최선을 다하기[5, U1] 마련이었다.[U2] 조선 왕조 제3대 태종 이방원은 어릴 때부터 궁중 생활에[6] 젖은[U3] 사람이 아니라 성인이[7] 되어 왕족이[8] 되고 또 왕이 됐는데, 성격이 급해[9] 신하들 앞에서도 말을 함부로 하는 일이 잦았다.[U4] 그것을 사관이 붙어 앉아서 그대로 쓰고 있으니 왕으로서는 곤란한 일이 아닐 수 없었다.[U5] 흥분해서 함부로 말하는 내용이 그대로 기록되는 것을 막기 위해 왕 곁에 못 오게 했으나, 목이 잘려도[10] 들어가 쓰겠다고 고집한[11] 어느 사관의 이야기가 왕조 실록에[12] 남아 있다.

지금도 청와대에[13] 역사 기록관인가[14] 하는 직책이 있어서 대통령의 통치[15] 행위를[16] 기록한다고 들었지만, 그 기록이 역사 자료가 되기 위해 공식적으로[17] 보관되는지 모르겠다. 어떻든 복잡한 현대 사회에서는 과거 왕조 시대처럼 대통령의 통치 행위를 옆에서 기록하는 이가 있다고 해도 그 기록만으로 역사가 되는 것은 아니다. 각 행정 부처[18] 자료를 비롯한 공문서와[19] 특히 민간[20] 자료로서의 신문 기사가[21] 중요한 역사 자료가 된다는 것은 상식이다.[22] 청와대 안의 기자실을 춘추관이라고 한다는데, 역시 기자가 역사 기록자로서의 기능을 갖고 있음을 뜻한다 할 것이다.

기자가 기사를 쓰는 원칙이나 마음가짐이 있다면 역시 공정성과 객관성[23] 유지라[24] 할 것이다. 기자가 사관의 기능을 일부 가진다고 생각한다면, 기사 작성의 공정성과 객관성 유지는 물론, 그 위에 역사 기록자로서의 자존심과 의무감[25] 같은 것이 절실히[26] 요구된다.[U6] 지금의 기자에게서 왕조 시대 사관이 가진 선비다운[27] 사명감이나[28] 일제 시대 기자가 지녔던 지사나[29] 독립 운동가적[30] 기질을[31] 요구할 수는 없다. 그러나 그들이 쓰는 기사가 역사 자료가 된다는 점이 지금도 마찬가지라면 이를 위한 최소한의[32] 직업 의식이나[33] 자존심은 요구할 수 있지 않을까.

한국의 기자 사회는 주로 박정희 정권 때부터 부장급만 되면 권력 쪽 대변인이나[34] 유정회 의원 등으로 불려 가는[35] 경우가 많았고, 그

때문인지 우리 언론계에는[36] 쉰 살이 넘은 평기자를[37] 거의 볼 수 없게
됐다. 그러니 한 분야에 깊은 지식을 가진 경험 많고 무게 있는 전문
기자란[38] 있을 수 없게 됐고, 따라서 특히 논평 기사의[39] 질은[40] 떨어지기
마련이어서 차분히[41] 읽을 만한 중후감[42] 있는 기사를 발견하기 어렵다.
그러면서도 요사이 '대기자'란 말이 있던데, 쉰이 되건 예순이 되건
기자면 됐지 대기자란 말은 또 왜 있어야 하는지 우리로서는 잘 모를
일이다.

요즘에는 기자가 진실 보도자로서나 역사 기록자로서 최소한의 직업
의식마저 못 가졌다고 개탄하는[43] 것조차 오히려 사치스러운[44] 일이 돼
버린 것 같다. 신문 기자 신분으로[45] '언론 정책 개혁안'인가[46] 하는 것
작성해 지면에[47] 싣는 게 아니라 특정 정치인에게 사사로이[48] 제공하는
일이 있는가 하면, 어느 방송 기자가 그것을 훔쳐내 또 다른 정치인에게
폭로 자료감으로[49, U7] 넘겨주는 일이 벌어져 세상을 떠들썩하게[50] 했다.[U8]
그런가 하면 삼청동 팀인가에서 만든 조사 서류를[51] 피의자 측에[52]
넘겨준 이도 기자라는 말이 있다.

현대 사회의 기자에게 진실을 쓰기 위해 목숨이라도 내놓겠다던
사관처럼 되라고 요구할 수는 없다. 무관의[53] 제왕이니[54, U9] 하는 말이나,
역사 기록자의 하나라는 사명감 같은 것도 이미 지난 시대의 유물이라[55, U10]
생각될지도 모른다. 그렇다 해도 오늘을 사는 직업인으로서 최소한의
자존심과 직업 의식 같은 것은 지녀야 하지 않을까 한다. 일부의
문제를 가지고 전체를 가늠하는[56] 것은 금물이지만,[57, U11] 언제나 그
일부가 전체를 멍들게[58] 하는[U12] 씨가 되기 마련이다.

프랑스의 드골이 친 나치파를 숙청할[59] 때 지식인과 언론인을 가장
가혹하게[60] 처벌했다고[61] 한다. 옛날이나 지금이나 지식인[62] 특히 글 쓰는
사람이 자존심과 사명감을 못 가지면 그것이 미치는 해독은[63] 어느
경우보다 크게 마련이다. 오늘날의 기자가 사관 같을 수는 없다고 해도
사회니 국가니 민족이니[64] 하는 차원을[65] 떠나 자신을 위해서라도
최소한의 자존심은 지킬 수 있어야 할 것이다.

강만길, &lt;인터넷 한겨레&gt;, 1999년 11월 21일

# New Vocabulary

| | | |
|---|---|---|
| 1. 사관 | historiographer, chronicler |
| 2. 왕조 | dynasty [왕조 시대 kingdom period] |
| 3. 시대 | era, period |
| 4. 일거일동 | every movement/action of (a person) |
| 5. 최선을 다하다 | to do one's best |
| 6. 궁중 생활 | life in a palace, life at court |
| 7. 성인 | adult, grown-up (person) |
| 8. 왕족 | royal family |
| 9. 성격이 급하다 | to be hot-tempered |
| 10. 목이 잘리다 | to be beheaded; to be discharged/fired (from a position) |
| 11. 고집하다 | to be insistent, stubborn |
| 12. 실록 | authentic record, chronicles |
| 13. 청와대 | the Blue House (the Korean presidential residence) |
| 14. 역사 기록관 | chronicler |
| 15. 통치 | rule, government |
| 16. 행위 | activities, behavior [통치 행위 governing activities] |
| 17. 공식적(으로) | formal(ly), official(ly) |
| 18. 행정 부처 | administrative branches of government |
| 19. 공문서 | official documents |
| 20. 민간 | civilians, private sector [민간 자료 non-governmental materials] |
| 21. 기사 | news article, report, item [신문 기사 newspaper article] |
| 22. 상식 | common sense |
| 23. 객관성 | objectivity |
| 24. 유지(하다) | maintenance (to maintain, preserve) |
| 25. 의무감 | sense of duty; responsibility |
| 26. 절실히 | urgently, keenly |
| 27. 선비 | classical scholar |
| 28. 사명감 | sense of mission |
| 29. 지사 | supporter of a noble cause [우국 지사 patriot] |
| 30. 독립 운동가 | independence movement supporter; activist |
| 31. 기질 | temperament |
| 32. 최소한 | minimum (degree) |

33. 직업 의식     professionalism
34. 대변인     spokesperson
35. 불려가다     to be called, summoned
36. 언론계     the press
37. 평기자     regular reporter
38. 전문 기자     reporter with a specialty
39. 논평     criticism, comment, review [논평 기사 commentary, review article]
40. 질     quality
41. 차분하다     to be calm, composed [차분히 calmly]
42. 중후감     quality of being solemn; solemnity [중후감(이) 있다 to have a solemn quality]
43. 개탄하다     to lament, grieve; to regret
44. 사치스럽다     to be extravagant, luxurious
45. 신분     social position, standing
46. 개혁안     reform bill, proposal
47. 지면     paper; writing space; newspaper
48. 사사로이     privately, personally, informally
49. 폭로     disclosure, exposure [폭로 자료감 disclosure materials]
50. 떠들썩하다     to be uproarious, clamorous
51. 서류     documents
52. 피의자     suspect
53. 무관     being without a crown; uncrowned
54. 제왕     emperor, monarch [무관의 제왕 virtual king but without a crown]
55. 유물     relic, remains
56. 가늠하다     to judge, weigh, study
57. 금물     taboo, prohibited thing
58. 멍들다     to be bruised; to suffer a serious hitch [setback]
59. 숙청하나     to purge, liquidate, clean up (opposing group)
60. 가혹하다     to be severe, harsh, brutal
61. 처벌하다     to punish
62. 지식인     intellectuals
63. 해독     harm, poison, harmful influence
64. 민족     race, nation
65. 차원     dimension

# Useful Expressions

1. **최선을 다하다** **to do one's best, give it one's best shot**
   - 자기가 맡은 일에 최선을 다하는 사람만이 성공할 수 있다.
   - 최선을 다하라. 그러지 않으면 후회할 것이다.

2. **~기/게 마련이다** **it is a matter of course that . . .**
   - 진실은 결국 밝혀지기 마련이다.
   - 모든 걸 부정적으로만 보는 사람은 실패하기 마련이다.

3. **~에 젖다** **to acquire (bad) habits, to become a habit**
   - 태종 이방원은 어릴 때부터 궁중 생활에 젖은 사람은 아니었다.
   - 타성에 젖어 일을 하지 말고 좀 새로운 시각으로 접근하면 좋겠다.

4. **~는 일이 잦다** **to happen frequently**
   - 그 사람은 성질이 급해 생각 없이 화를 내는 일이 잦았다.
   - 작은 실수가 잦으면 결국은 큰 실수로 이어지게 된다.

5. **~(으)ㄴ 일이 아닐 수 없다** **it cannot be the case of being not**
   **(= it is very)**
   - 요즘 사람들이 사명감이 부족하다는 것은 슬픈 일이 아닐 수 없다.
   - 책임감 없는 사람들과 함께 일하는 것은 피곤한 일이 아닐 수 없다.

6. **~이/가 절실히 요구되다** **to be needed very much/desperately**
   - 지금은 컴퓨터 전문가가 절실히 요구되는 때이다.
   - 지도자에게서 절실히 요구되는 것은 능력보다는 도덕성이다.

7. **~감** **quality material for . . .**
   - 폭로 자료감:
     개인적 정보를 자신의 이익을 위해 폭로 자료감으로 사용했다.
   - 특종 기사감:
     이 정보는 누가 들어도 특종 기사감이다.
   - 신랑감/신부감:
     김석호 씨는 요즘 신부감을 찾고 있다.

## 8. 세상을 떠들썩하게 하다  to create a sensation/furor

- 올해는 세상을 떠들썩하게 하는 큰 사건 없이 지나갔으면 좋겠다.
- 작년에는 여러 사건이 세상을 떠들썩하게 했는데 그 중에는 대통령의 스캔들도 있었다.

## 9. 무관의 제왕  virtual king without a crown, uncrowned king

- 기자들은 펜 하나로 왕만큼이나 큰 영향력을 발휘하기 때문에 무관의 제왕이라 불린다.
- 무관의 제왕이란 왕관을 쓰지 않았으나 왕과 같은 힘이 있다는 뜻이다.

## 10. 지난 시대의 유물  relic of a bygone era

- 현대 사회의 기자에게 역사 기록자의 사명감 같은 것은 이미 지난 시대의 유물이라 생각될지도 모른다.
- 현대에는 청산해야할 지난 시대의 유물이 많다.

## 11. ~는 것은 금물이다  at all times, it is forbidden to . . .

- 책임감과 사명감이 없는 사람에게 큰일을 맡기는 것은 금물이다.
- 미끄러운 눈길을 빨리 달리는 것은 금물이다.

## 12. ~을/를 멍들게 하다  to inflict a wound (pain)

- 너의 생각 없는 행동이 내 가슴을 멍들게 한다.
- 문제 많은 일부가 전체를 멍들게 하는 경우가 많다.

# Exercises

## 1. 보기에서 적당한 단어를 골라 빈칸을 채우세요.

> 보기: 성인, 직책, 상식, 기능, 원칙, 기질, 권력, 분야, 신분, 유물

(1) 기자가 역사 기록자로서의 _____을/를 갖고 있음은 누구나
    다 아는 일이다.

(2) 한국의 기자 사회는 주로 박정희 정권 때부터 부장급만 되면
_____ 쪽 대변인으로 불려 가는 경우가 많았다.

(3) 기자가 기사를 쓰는 _____은/는 역시 공정성과 객관성의
유지이다.

(4) 태종 이방원은 어릴 때부터 궁중 생활에 젖은 사람이 아니라
_____이/가 되어 왕족이 되고 왕이 되었다.

(5) 요즘 기자에게서 독립 운동가들이 지녔던 _____을/를
요구할 수는 없다.

(6) 지금도 청와대에 역사 기록관인가 하는 _____이/가 있어서
대통령의 통치 행위를 기록한다.

(7) 요즘 기자들에게 역사 기록자의 하나라는 사명감을 기대하는 것은
이미 지난 시대의 _____(이)라 생각될지도 모른다.

(8) 공문서뿐만 아니라 민간 자료로서의 신문 기사가 중요한 역사 자료가
된다는 것은 _____이다.

(9) 기자의 _____(으)로 '개혁안'을 작성해 특정 정치인에게
사사로이 제공하는 일은 개탄할 일이다.

(10) 우리 언론계에서는 한 _____에 깊은 지식을 가진 경험 많고
무게 있는 전문 기자를 찾기 어렵다.


## 2. 보기에서 적당한 단어를 골라 빈칸을 채우세요.

> 보기: 홍분하다, 개탄하다, 가늠하다, 숙청하다, 고집하다

(1) 일부의 문제를 가지고 전체를 _____는 것은 금물이다.

(2) 프랑스의 드골이 친 나치파를 _____때 지식인과 언론인을
가장 가혹하게 처벌했다고 한다.

(3) 요즘은 기자의 부족한 직업 의식을 _____는 것조차 오히려
사치스런 일이 돼 버린 것 같다.

(4) 왕이 _____서 함부로 하는 말이 사관에 의해 그대로 기록되었다.

(5) 목이 잘려도 역사를 기록하겠다고 _____한 어느 사관의
　　이야기가 왕조 실록에 남아 있다.

## 3. 밑줄 친 단어와 비슷한 말을 보기에서 고르세요.

(1) 일부의 문제를 가지고 전체를 <u>가늠하는</u> 것은 금물이다.
　　ㄱ. 판단하는　　　ㄴ. 기록하는　　　ㄷ. 개탄하는　　　ㄹ. 확인하는

(2) 프랑스의 드골이 친 나치파를 숙청할 때 지식인과 언론인을 가장
　　<u>가혹하게</u> 처벌했다고 한다.
　　ㄱ. 자비롭게　　　ㄴ. 약하게　　　ㄷ. 심하게　　　ㄹ. 적당히

(3) 태종 이방원은 <u>성인</u>이 되어 왕족이 되고 왕이 되었다.
　　ㄱ. 청년　　　　ㄴ. 어른　　　　ㄷ. 장년　　　　ㄹ. 노년

(4) 어떤 기자는 언론 정책 개혁안을 <u>사사로이</u> 특정 정치인에게 제공했다.
　　ㄱ. 개인적으로　　ㄴ. 상의해서　　ㄷ. 적극적으로　　ㄹ. 몰래

## 4. 주어진 단어의 반대말을 보기에서 고르세요.

(1) 공식적으로:
　　ㄱ. 의외로　　　ㄴ. 계획대로　　　ㄷ. 공개적으로　　ㄹ. 비공식적으로

(2) 피의자:
　　ㄱ. 피해자　　　ㄴ. 형사　　　ㄷ. 조사자　　　ㄹ. 기자

(3) 함부로:
　　ㄱ. 되는대로　　ㄴ. 생각 없이　　ㄷ. 조심스럽게　　ㄹ. 빨리빨리

(4) 공문서:
　　ㄱ. 사문서　　　ㄴ. 사관　　　ㄷ. 사직서　　　ㄹ. 역사서

(5) 진실:
　　ㄱ. 사실　　　　ㄴ. 거짓　　　ㄷ. 모순　　　ㄹ. 문제

## 5. 아래의 설명에 가장 맞는 단어나 표현을 본문에서 찾아 쓰세요.

(1) 한쪽에 치우침이 없이 공평하고 올바른 성질: _____

(2) 주관의 작용이나 영향을 받지 않는 보편타당한 성질: _____

(3) 자신의 몸이나 품위를 스스로 높게 가지는 마음: _____

(4) 마땅히 해야 할 책임을 느끼는 감정: _____

(5) 자신이 하고 있는 일에 대한 태도나 가치관: _____

6. 기사의 종류에는 여러 가지가 있습니다. 다음의 각 기사들의 성격을
   간단히 설명하고 한국 신문에서 그 예를 찾아오세요.

   (1) 논평 기사: _____

   (2) 기획 기사: _____

   (3) 보도 기사: _____


7. 아래의 단어들은 모두 사람을 지칭하는 말들입니다. 이 그룹에 관련되는
   사람들의 직업을 써 보세요.

   (1) 언론인: _____

   (2) 연예인: _____

   (3) 정치인: _____

   (4) 의료인: _____


8. 나머지 셋과 관계없는 것을 하나 고르세요.

   (1) ㄱ. 왕조 실록    ㄴ. 역사 자료    ㄷ. 공문서    ㄹ. 상식
   (2) ㄱ. 선비       ㄴ. 지식인      ㄷ. 성인     ㄹ. 학자
   (3) ㄱ. 지사       ㄴ. 독립 운동가   ㄷ. 애국자    ㄹ. 피의자
   (4) ㄱ. 기자       ㄴ. 정치인      ㄷ. 사관     ㄹ. 언론인
   (5) ㄱ. 신분       ㄴ. 정권       ㄷ. 권력     ㄹ. 통치


9. 아래의 표현이 쓰인 문장 중에서 의미상 잘못 쓰인 것을 하나 고르세요.

   (1) _____기 마련이다:
       ㄱ. 잘못된 일부는 전체를 멍들게 하는 씨가 되기 마련이다.
       ㄴ. 직업 의식을 가지고 일하는 기자는 좋은 기자가 되기 마련이다.
       ㄷ. 자존심이 강한 사람은 권력을 얻기 마련이다.
       ㄹ. 시어머니들이 모이면 며느리 욕을 만들기 마련이다.

   (2) _____은/는 금물이다:
       ㄱ. 중요한 역사 자료를 개인의 이익에 사사로이 쓰는 것은 금물이다.
       ㄴ. 충분한 자료를 가지고 기사를 쓰는 것은 금물이다.
       ㄷ. 일부를 보고 전체를 가늠하는 것은 금물이다.
       ㄹ. 술 마시고 운전하는 것은 금물이다.

(3) 세상을 떠들썩하게 하다:
    ㄱ. 기자가 '언론 정책 개혁안'을 특정 정치인에게 넘겨 세상을
       떠들썩하게 했다.
    ㄴ. 최근에 유명 인사 김 씨의 스캔들이 세상을 떠들썩하게 했다.
    ㄷ. 청와대 관리가 대통령을 만나 세상을 떠들썩하게 했다.
    ㄹ. 캐써린 제타존스가 마이클 더글라스와 결혼하기로 해서 세상을
       떠들썩하게 했다.

# Comprehension

## I. Overall comprehension

1. "옐로 저널리즘"은 모든 사회의 문제이다. 크게는 언론의 순기능과 역기능,
   그리고 작게는 기자의 역할에 대해 이 글의 필자가 가장 강조하고 있는
   것은 무엇인가?

2. 왕조 실록에 나오는 사관 이야기를 통해 필자가 이야기하려는 것은
   무엇인가?

3. 한국 기자 사회의 문제점으로 필자가 지적하고 있는 것은 무엇인가?

4. 필자가 프랑스의 드골 얘기를 통해 강조하려는 점은 무엇인가?

## II. Finding details

1. 태종 이방원이 사관이 곁에 못 오게 한 이유는 무엇인가?

2. <춘추관>은 어디에 있는, 무엇을 하는 곳인가?

3. 필자는 기자의 직업 의식을 어떤 말로 표현하고 있는가?

4. "무관의 제왕"이란 무슨 뜻인가?

5. 역사 자료에는 어떤 것이 포함되는가?

# Discussion & Composition

1. 세기말에 세계를 떠들썩하게 했던 사건들을 얘기해 보세요.

2. 언론과 정치의 관계에 대해 토론해 보세요.

3. 언론의 자유와 책임에 대해서 글로 쓴 다음 이야기해 보세요.

# Related Reading 1

## [담론의 산실] <12> 미디어 오늘

1987년 6월 항쟁 이후 우리 사회의 민주화가 점진적으로나마 이루어지면서, 정치 권력의 힘은 상대적으로 약화됐다. 정치 권력이 비워 놓은 자리를 메우고 있는 것은 언론의 힘이다. 물론 '국민의 정부'가 들어선 뒤에도 정치 권력이 '언론 관리' 또는 '홍보 조정'의 유혹에서 완전히 벗어난 것 같지는 않다. 정치 권력이 그 유혹에서 벗어나는 것은 아마 영원히 어려울 것이다.

그러나 19세기 말 근대 신문의 역사가 시작된 이래, 지금의 한국 언론이 최고의 자유를 누리고 있는 것도 사실이다. 정치 권력에 대한 두려움 때문에 자기 검열을 하는 기자는 아마 드물 것이다. 문공부의 홍보 조정실이 보도 지침이라는 것을 통해서 기사의 단수나 사진 게재 여부까지 간섭하던 10여 년 전의 '야만적' 상황은 그야말로 지난 세기의 전설이 되었다.

정치 권력의 독단과 부패를 견제하는 것은 언론의 중요한 역할 가운데 하나다. 그리고 그 점에 관한 한 지금의 한국 언론은 그 역할을 수행하고 있다고 말 할 수 있다. 독재 정권 시절과는 사태가 역전돼 이제는 언론이 정치 권력의 눈치를 보는 것이 아니라, 정치 권력이 언론의 눈치를 보게 되었다. 그리고 그것은 원칙적으로 나쁜 일이 아니다.

그러면 언론은 누가 견제하는가? 시민 사회의 형성이 미약한 한국에서 언론은 거의 견제 받지 않는다. 한국 사회에서 언론은 정치 권력 못지않은 권력이고 더구나 그것은 선출되지 않은 권력인데도, 그것을 견제할 세력이 존재하지 않는다.

문명 사회에서 어떤 세력에 대한 견제는 논쟁과 비판을 통해서, 곧 담론을 통해서 이뤄질 수밖에 없다. 그런데 그 담론의 장(場)을 언론이 장악하고 있어서 언론에 대한 비판은 나오기 어렵다. 더구나 한국의 언론은 자기 비판이나 상호 비판에 익숙하지 않다. 예외적인 경우가 아니면, 한국의 신문은

다른 신문을 비판하지 않는다. 그렇다고 칭찬하지도 않는다. 이런 상황은 언론
학자들에 의해서 '침묵의 카르텔'이라고 명명됐다. 그 침묵이 언론계가 우리
사회의 다른 분야보다 특별히 더 깨끗하다는 것을 뜻하는 것은 아닐 것이다.
언론은 우리 사회의 모든 일을 성역 없이 보도하지만, 오직 언론계에
대해서만은 침묵한다. 그래서 언론계는 우리 사회에 남아 있는 유일한 성역이
되었고, 일반 독자들은 언론계의 일을 쉽게 알기가 어렵다.

    그러나 언론계의 일이 궁금한 독자들이 그 궁금증을 해소할 길이 전혀
없는 것은 아니다. 그런 독자는 매주 목요일에 신문 가판대에 가서 주간 신문
'미디어 오늘'을 사 보면 된다. '미디어 오늘'은 1995년 5월에 전국 언론
노동조합 연맹(언노련)의 기관지 '언론 노보'의 후신으로 출발했다. 초대
발행인은 당시 언론 노련 위원장이던 이형모(현 한국 방송공사 부사장) 씨였다.
그러니까 이 신문은 창간 당시에는 언노련의 기관지였다고 할 수 있다. 그러나
2대 발행인 손석춘(현 한겨레 여론 매체 부장) 씨를 거쳐 현 발행인 남영진(전
한국일보 기자) 씨가 취임한 1999년 6월부터 언노련에서 분리돼 독립적으로
발행되고 있다.

    '미디어 오늘'의 지면은 한국 언론계의 속사정으로 채워져 있다. 그것은
언론 자본에 얽힌 이런저런 비리 사건이기도 하고, 어떤 기사가 부풀려지거나
축소되거나 조작되거나 표절된 뒷이야기이기도 하고, 논설이나 시사 만화에
대한 비평이기도 하다. 신문에 나지 않는 신문 소식을 전하는 '미디어 오늘'은
'신문의 신문'이고 '담론에 대한 담론'인 셈이다.

    언론계 내부의 일을 전해 주는 매체로는 한국기자협회에서 내는 '기자
협회보'도 있고 지난주에 복간된 '언론  노보'도 있지만, 이런 매체들은 언론계
종사자들에게만 제한적으로 배포되는 비매품이어서 일반인들은 접하기 어렵다.
'미디어 오늘'은 일반인들이 언론계를 들여다볼 수 있는 유일한 창이라고 할 수
있다. 이 신문은 인터넷을 통해서도 볼 수 있다. 홈페이지 주소는
www.mediaonul.com 이다.

고송석 편집 위원, aromachi@hk.co.kr
http://www.hankooki.com/11_6/200003/h20000327171705410541601399.htm


# Related Reading 2

## [시론] 권력과 언론

    언론의 중요한 임무 중 하나는 권력에 대한 감시와 비판이다. 권력은 그
행사자인 인간의 본래 속성 때문에 독선과 권위주의와 부패의 유혹에 빠지기

쉽다. 지난날의 민주 투사가 자신도 모르는 사이에 권위주의자가 되고, 어제의
이상주의적 양심 세력이 어느 사이에 부패 정치인으로 변하는 것이 정치의
현실 세계이다. 이런 예는 중남미나 동남아 등의 개도국들은 말할 것도 없고
서구 정치 선진국에서도 자주 보는 현상이다. 누구보다도 독일 통일의 위업을
이룩한 헬무트 콜 전 총리가 그 좋은 예이다.

  하기야, 콜 전 총리도 한국의 정치인이었다면 아마도 끄떡없었을 것이다.
그것은 우리 한국이 '거짓과 부패의 천국'이라는 뜻이다. 위로는 정치
지도자로부터 아래로는 말단 공무원에 이르기까지 거짓말과 부패가
체질화·구조화된 나라가 한국이다. 약속을 내팽개치고 거짓말을 하고, 그리고
부정을 저지른 사실이 드러나도 큰소리 치고, 심지어 뇌물을 받고 실형까지 산
공직자들이 얼굴을 치켜들고 당당하게 설쳐대는 나라가 이 지구상에 또 어디에
있는지 모르겠다.

  이런 기막힌 현상을 타파하는 것이 당면한 정치 개혁의 과제지만, 동시에
그것은 언론의 중요 과제이기도 하다. 한국 언론은 선진국 언론에 비해 권력
감시 기능이 턱없이 약하다. 우리 언론은 정부에 대해 가혹하리만큼 비판적인
서양의 이른바 '대항적 언론'(adversary journalism)의 공헌을 제대로 알
필요가 있다. 그들 언론인들은 집요하고도 끈질기게 정부와 정치인의 거짓과
비리를 캐내어 관련자를 공직에서 축출한다. 미국에서는 닉슨 대통령이 우리
기준으로 보면 하찮은 거짓말을 하다가 언론 때문에 물러났고, 애그뉴
부통령은 부패 행위 때문에 언론의 추적을 받아 사직함으로써 간신히
교도소행을 면했다. 우리에게 그런 언론이 필요하다는 말이다.

  정치 부패와 공직 부패가 구조화된 사회에서는 사법 기능조차 무력화되는
것이 필연적인 귀결이다. 그렇게 되면 마지막으로 남는 것은 언론과 시민
운동의 역할이다. 언론의 고전적인 '제4부' 이론이 새로운 현대적 의미를 갖게
되는 것도 이 때문이다.

  정치가 어지러울 때 흔히 위정자들은 그 책임을 '일부 언론의 무책임한
선동'으로 돌린다. 그러면 일각에서는 "언론도 절제를 잃은 사례가 있었다."고
맞장구를 친다. 이런 말을 들은 정치 권력은 언론 규제의 정당성을 인정받은
듯이 생각한다. 바로 1964년 한·일 회담 반대 데모로 정부가 몰리자 그랬었다.
세상이 바뀌어 지금은 정부의 각료가 '언론과의 전쟁'을 공언한다. 그래서
정부는 언론을 공략하기 위해 세무 조사라는 합법적인 '정공법'을 쓰는 것인가?

  그러나 권력을 감시하고 비판하는 것은 언론의 의무이다. 이것이 싫다고
언론을 관리하거나 순치하려고 하는 것은 권위주의적 행태이다. 만약 그렇게
돼서 언론이 권력에 장악된다면 그것은 한국 언론이 1987년 이전으로 후퇴하는
것을 의미한다.

　　혹시라도 「강한 정부」의 프로그램 속에 「약한 언론」이 들어 있다면 언론계뿐 아니라 국민들로부터도 저항을 받을 것이다. '지록위마' 즉, 사슴을 가리켜 말(마)이라고 거짓말하는 언론은 언론이 아니다. 언론을 약화시키려는 생각은 민주주의를 후퇴시키려는 위험한 발상이다.

남시욱, 언론인 · 고려대 석좌교수

http://www.chosun.com/w21data/html/news/200102/200102220402.html

# 제10과 현대 단편 소설

## (Lesson 10: A Contemporary Short Story)

## Objective

아들을 통해 대를 이으려는 부모의 심정은 어떤 것인가?
외아들을 키운 어머니의 손자에 대한 욕심과 그 욕심의 좌절로
인한 미묘한 심리 상태를 박완서 씨의 단편을 통해 알아봅시다.

# Pre-reading questions

1. 아들 선호 사상에 대해서 알고 있습니까? 아들 선호 사상은 왜 생겼을까요?

2. 여러분 중에 아들이 없는 집이 있습니까? 아들이 없는 것에 대해서 어떻게 생각합니까? 아들이 없는 것에 대해서 부모님이 어떻게 생각하시는지 이야기를 들어 본 적이 있습니까?

3. 아들을 얻기 위해서 벌어지는 이야기들을 알고 있습니까?

# Gaining familiarity

1. Married life

| | | | | | |
|---|---|---|---|---|---|
| 첫날밤 | 원앙금침 | 살림 | 신방 | 친정 | 사돈 |
| 혼인하다 | 신혼 여행 | 금슬 | 수태 | 태기 | 중절 |
| 혈통 | 불임 | 호적 | | | |

2. Emotional terms

| | | | | | |
|---|---|---|---|---|---|
| 대견하다 | 섭섭하다 | 측은하다 | 처량하다 | 한스럽다 | 뭉클하다 |

3. Terms describing personalities or characters

| | | | | | |
|---|---|---|---|---|---|
| 너그럽다 | 천박하다 | 기품있다 | 미묘하다 | 한결같다 | 신중하다 |
| 음흉하다 | 수줍다 | 앙큼하다 | 끈질기다 | 철저하다 | 세심하다 |

4. Behavioral characteristics

| | | | |
|---|---|---|---|
| 서슴지 않다 | 극진하다 | 의도적이다 | 끈질기다 |
| 각별하다 | 고수하다 | 당당하다 | 신중하다 |

# 아직 끝나지 않은 음모 2

[아직 끝나지 않은 음모¹ 1의 줄거리:² 분희 부인은 첫날밤부터
술주정이³ 난봉꾼⁴ 남편과 관계를 하려고⁵ 할 때마다 시샘하는⁶
시어머니가 가슴앓이를⁷ 하여 삼 년 동안 처녀로 있다가 어느 날
욕정을⁸ 주체못한⁹ 남편에게 강제로¹⁰ 콩깍지¹¹ 더미에서¹² 일을 치루고¹³
외아들을 낳았다. 남편은 그 후에 다시는 분희 부인을 찾지 않았고
색주가에¹⁴ 빠져 난봉을 피우다가¹⁵ 징용으로¹⁶ 끌려갔고 그리고는
돌아오지 않았다. 분희 부인은 시어머니가 죽은 후에 외아들을 데리고
서울로 올라와 혼자 아들을 키운다.]

외아들을 장가 보내는¹⁷· ᵁ¹ 날 분희 부인은 덩실덩실¹⁸ 춤을 추었다.
온양 온천으로 신혼 여행 보내면서 뭉쳐 두었던¹⁹ 빳빳한²⁰ 새 돈을 아들
속 주머니에 넣어 주면서 한 눈을 꿈쩍²¹ 윙크라는 것까지 하면서 재미
많이 보라고ᵁ² 친구 같은 농지거리도²² 했다.

외아들의 첫날밤에²³ 분희 부인도 잠이 오지 않았다. 관광 호텔의
둘이 같이 자는 침대는 편안하고 정갈한²⁴ 것일까? 세상 풍속 따라 신혼
여행이라는 걸 보내긴 했지만 첫날밤만은 신부 집에서 정성껏²⁵ 꾸민²⁶
원앙금침에²⁷ 자야 하는 건데, 이런 생각에다 그녀 자신이 혼인한²⁸ 지
삼 년만에 대낮에²⁹ 콩깍지 위에서 치른 첫날밤이자 마지막 밤 생각이
나 한 가닥 감회가³⁰ 없을 수 없었으나 가슴앓이가 생기진 않았다. 그
아들이 자라 자수성가하고³¹ 장가까지 든 생각을 하면 대견하긴³² 이루
말할 수 없었지만ᵁ³ 며느리도 귀여웠다.

아들 눈에 들기 전에 분희 부인 눈에 먼저 든ᵁ⁴ 며느리였다. 중매가
딴사람 아닌 분희 부인이었다. 인물로³³ 보나 살림 솜씨로 보나ᵁ⁵ 어디
내놓아도 안 빠질ᵁ⁶ 일등 규수를³⁴ 분희 부인은 아들보다 더 자랑스럽게
여겼다. 앞으로도 딸처럼 귀여워하고 싶었다. 여자 남자 사는 재미는ᵁ⁷
그녀가 못 누린 한이기에³⁵ 아들 며느리만은 마음껏³⁶ 누리게 하고
싶었다. 분희 부인은 아들 내외가 그녀의 눈치보지 않고 즐길 수
있도록 멀찍하게³⁷ 별채에다³⁸ 신방을³⁹ 꾸미는ᵁ⁸ 등 세심한⁴⁰ 데까지
신경을 쓰면서⁴¹· ᵁ⁹ 아들 내외를⁴² 기다렸다. 아들 내외는 이박 삼일의
신혼 여행에서 돌아와 신혼 생활에 들어갔다. 아들 내외의 금슬은⁴³
분희 부인이 바라던 대로 깨가 쏟아지게ᵁ¹⁰ 좋았다. 아들은 일찍

퇴근해서 얼굴만 가까스로[44] 비치고는 별채로 들어가 버리지 않으면 색시를 밖으로 불러내어 저녁 먹고 구경하고 밤늦게 들어오거나 했다.[U11]

그럴 때마다 분희 부인은 외로움을 탔고[U12] 외로움은 당장 심술을[45] 유발하려고[46] 했지만 그때마다 잘 참았다. 며느리를 딸처럼 생각하면 참기가 한결[47] 수월했다.[48] 실제 분희 부인은 며느리를 경숙아, 경숙아 하고 이름을 불렀다. 며느리 삼기[49] 전에 부르던 것을 고쳐 부르지 않음으로써 상투적인[50] 고부 관계의 어쩔 수 없는 허구를[51] 부정해[52] 보려는 의도적인[53] 것이었다.

경숙은 혼인한 그 달부터 태기가[54] 있었다. 분희 부인은 회심의[55] 미소를 지었다.[U13] 경숙이 인물이 좋고 살림 잘한다는 건 실상[56] 분희 부인이 경숙이를 며느릿감으로 눈독들인[57] 표면상의[58] 이유였고[U14] 참뜻은 그게 아니었다. 번족한[59] 친정[60] 쪽의 가계로[61] 보나 본인의 팡파짐한[62] 엉덩판으로 보나 틀림없이[63] 아들을 쑥쑥[64] 뽑아낼[U15] 상이었다.[65] 그게 들어맞아 경숙은 기다리기 전에 임신을 한 것이다.

그러나 낳고 보니 딸이었다. 첫딸은 세간[66] 밑천이라면서[67] 분희 부인은 조금도 섭섭해하지[68] 않았지만 손녀의 이름만은 후남 (後男)이라고 짓기를 고집해 조금도 양보하지[69] 않았다. 딸을 내리[70] 서넛쯤 낳은 것도 아닌데 고운 이름 다 놔두고 창피하게 후남이가 뭐냐고 경숙은 남편에게 앙탈을 했지만[71] 남편은 그 착한 노인의 그만한 소원도 못 들어 줄 게 뭐냐고 맞서 첫딸의 이름은 후남이가 되고 말았다. 그러나 뒤로 아들이 줄줄이 달릴 이름에도 불구하고[U16] 후남이는 유치원을 갈 때까지도 아우를 보지[U17] 않았다. 분희 부인이 자신있게 점친 다산성은[72] 빗나간 것이다. 그러나 진상을[73] 알고 보면 빗나간 게 아니었다. 너무 잘 들어맞아 후남이가 백일도 되기 전부터 경숙은 임신을 했다. 그렇게 자주 임신의 고통에서 시달릴 순 없다고 판단한 경숙은 분희 부인 몰래 중절[74] 수술을 받았고 중절 수술은 석 달이 멀다하고[U18] 자주 거듭됐다. 후남이가 두 돌이 지나 이제 중절 수술이 필요 없겠다 싶었을[U19] 즈음부터는 정말 그게 필요 없게 아예 임신이 되지 않았다.

경숙이도 은근히 걱정이 돼 정밀 검사[75] 끝에 염증으로[76] 나팔관이[77] 막힌 걸 확인했다. 그것은 영구[78] 불임의[79] 선고나 마찬가지였다.[U20] 경숙은 그 사실을 속이고만 있을 수가 없어 분희 부인에게 털어놓았다.

땅이 꺼지는 것 같은 충격이었음에도[80, U21] 불구하고 분희 부인은

경숙의 말을 담담히[81] 받아들였다. 이에 힘입어 경숙은 할말을 다 하고
말았다.

　"어머니, 조금도 섭섭해하지 마셔요. 저도 그렇고 아범도 그러고
조금도 섭섭해하지 않고 있으니까요. 저희들에겐 후남이 하나면
족해요.[U22] 혈통은[82] 아들에 의해서만 이어진다는 건 구식[83] 생각이에요.
전 구식 생각의 피해를 받을 생각 조금도 없어요. 사람이 만든
호적상으론[84] 남자에 의해서 대가[85, U23] 이어지는지 모르지만 실질적인
혈통은 남녀가 동등하게 이어가고 있다고 봐요. 호적은 이미 낡은
시대의 유물이에요. 저희들은 그까짓 것에 관심도 없어요."

　경숙이 조금만 신중하거나[86] 음흉했더라면[87] 좋았을 것을 분희 부인은
경숙의 이런 당당함이 심히[88] 아니꼬웠다.[89] 그러나 조금도 그런 내색을[90]
하지 않았다. 그리고 그런 내색을 하느니만 못한 음모를 조금씩 키워
가고 있었다.

　분희 부인의 콩깍지 위에서의 수태는[91] 여직껏 분희 부인만의
비밀이었다. 분희 부인은 그것을 그녀만의 한과 상처로 죽는 날까지
그녀만의 것으로 간직할[92] 터였다. 그런 그녀가 친척이고 사돈이고[93]
남이고 가릴 것 없이[U24] 그녀의 교제[94] 범위 내의 누구에게라도 서슴지
않고[95] 그 일을 발설하기[96] 시작했다. 처음엔 수줍고[97] 조심스러운 발설이
점차 슬프게 윤색돼[98] 듣는 이의 가슴을 뭉클하게[99] 했다. 그녀의 아들도
며느리도 며느리의 친정 식구들도 아들의 친구들도 이제 그 이야기를
모르는 사람이 없게 됐다. 처음 들을 땐 누구나 여자가 그런 세상을 산
적도 있었나 싶어 신기해하다가 그런 세상을 산 게 바로 눈앞의 분희
부인이라고 깨달으면서 측은해하다가,[100] 이미 지나간 그런 세상에 대해
분개하는[101] 것으로 끝났다. 그러나 거듭해[102] 듣는 사이에 그 이야기는
조금도 신기하지 않았고 나중엔 넌더리가[103] 났다. 넌더리 나지 않는 건
분희 부인뿐이었다. 그녀는 그 이야기를 할 때마다 새롭게 처량해[104]
했고 한스러워했다.[105] 이제 사람들은 망령났다고[106] 수군대기[107] 시작했다.
그것이 바로 분희 부인이 꾸민 음모의 진행이었다. 그녀는 외아들을
수태하기까지의 비화를[108] 통해 결코 그녀의 맺힌 한을 넋두리[109] 하려는
게 아니었다. 면면히[110] 이어 내려오는 혈통을 끊기지 않게 하려는
조상의 섭리가[111] 얼마나 무서운 것인가를 말하고 싶은 거였다. 그런
섭리를 감히 거스리려는[112] 앙큼한[113] 며느리를 나무라고[114] 싶은 거였다.
그녀는 아들이 첩이라도[115] 얻어서 손을[116] 얻기를 바랐지만 그런 말을

한마디도 입 밖에 냄이 없이 다만 그런 분위기 조성에만[117] 힘썼던
것이다. 자기는 나서지 않고 뒤에서 서둘지[118] 않고 그러나 끈질기게[119]
자기가 원하는 게 사회적인 분위기가 되게끔 조작하려는[120] 그녀의
음모는 철저한[121] 것이었다. 하긴 그 무렵의 일반적인 사고 방식이
아들을 보기 위한 첩 정도는 너그럽게 봐주었다는 것도 그녀의 음모를
완성시키는[122] 데 큰 도움이 된 건 사실이다.

그러나 워낙 정분이[123] 두터운[124] 부부라 그런 분위기는 후남이가
중학교에 들어갈 무렵에야 가까스로[125] 무르익었다.[126] 첩이라도 얻어
주어 아들을 보게 하자는 발상은[127] 분희 부인이 은근히 바라던 대로
경숙이네 친정 쪽으로부터 나왔다.

분희 부인은 물론 점잖게 반대했다.[128] 반대할수록 집안의 여론은 그
쪽으로 비등해서[129] 드디어 분희 부인은 엣다 모르겠다[U25] 하는 식으로 그
일을 묵인하는[130] 척했다.

정말 첩을 보고 아들을 낳았지만 분희 부인은 한결같이[131] 그 일에
냉담을[132] 가장했다.[133] 그 뒤치다꺼리도[134] 경숙이가 알아서 하도록 내버려
뒀지 분희 부인이 직접 첩며느리 집에 드나든다거나[135] 아들 손자를
후남이보다 더 대견해한다든가 하는 천박한[136] 짓은 일체[137] 하지 않았다.
남 보기엔 다만 며느리 사랑이 대단한, 기품 있는[138] 처신[139] 쯤으로 보일
일이나 당사자에겐[140] 대단한 극기심을[141] 요하는[142] 일이었던 건 말할
것도 없다.

불행히도 콩깍지 위에서 수태한 천금같은 외아들을 앞세운[143] 지금도
분희 부인은 재산 분배[144] 등 미묘한[145] 문제를 경숙한테 일임하고,[146] 절대
나서지 않기 주의를 고수하고 있다.[147] 명절이나 제사 참례[148] 등 꼭
필요할 때 그쪽에서 이쪽으로 드나드는 것 외에 괜히 보고 싶다고
부른다거나 나들이 나간 김에 그쪽 집을 들러 본다거나 손자한테
각별한[149] 애정[150] 표시를 하는 일이 없기는 아들이 살았을 때와
매일반이다.[151]

분희 부인은 다만 경숙과 후남이의 극진한[152] 효도를[153] 받으며 조용히
여생을[154] 즐기고 있다. 그녀의 음모는 아무도 모르게 완성된 것이다.

박완서

# New Vocabulary

1. 음모     conspiracy
2. 줄거리     synopsis
3. 술주정이     alcoholic
4. 난봉꾼     libertine
5. 관계를 하다     to have sexual relations
6. 시샘하다     to become terribly jealous
7. 가슴앓이     pain in the chest
8. 욕정     sexual desire
9. 주체하다     to control, cope with
10. 강제로     by force
11. 콩깍지     bean pod
12. 더미     pile, stack
13. 일을 치루다     to go through (an event)
14. 색주가     shady bar; fem bar
15. 난봉을 피우다     to live fast, immorally
16. 징용     labor draft, conscription
17. 장가 보내다     to have a man marry
18. 덩실덩실     joyfully [as if dancing]
19. 뭉쳐 두다     to store in bundles
20. 빳빳하다     to be crisp
21. 꿈쩍     (with) a blink of an eye
22. 농지거리     joking [cf. 농담]
23. 첫날밤     wedding night
24. 정갈하다     to be clean, neat
25. 정성껏     with one's whole heart
26. 꾸미다     to decorate, ornament
27. 원앙금침     quilt and pillow with an embroidered pair of mandarin ducks; a marriage bed
28. 혼인하다 (=결혼하다)     to marry
29. 대낮     broad daylight
30. 감회     sentimental recollection, reminiscence
31. 자수성가     making a fortune by one's own efforts
32. 대견하다     to be contented, gratified

| 33. 인물 | physical appearance, looks |
|---|---|
| 34. 규수 | a maiden; a virgin; a girl from a good family |
| 35. 한 | deep sorrow |
| 36. 마음껏 | to one's heart's content, to the fullest measure |
| 37. 멀찍하게 | far apart |
| 38. 별채 | detached quarters |
| 39. 신방 | honeymoon suite |
| 40. 세심하다 | to be careful, circumspect |
| 41. 신경(을) 쓰다 | to concern oneself with |
| 42. 내외 | husband and wife; married couple |
| 43. 금슬 (=금실) | conjugal harmony |
| 44. 가까스로 | barely |
| 45. 심술 | a cross temper, perverseness |
| 46. 유발하다 | to provoke |
| 47. 한결 | much more |
| 48. 수월하다 | to be easy |
| 49. 삼다 | to make someone [be] a . . ., to have as a . . . |
| 50. 상투적이다 | to be commonplace |
| 51. 허구 | fiction, fabrication |
| 52. 부정하다 | to deny |
| 53. 의도적이다 | to be intentional |
| 54. 태기 | signs of pregnancy |
| 55. 회심 | source of satisfaction |
| 56. 실상 | in reality |
| 57. 눈독들이다 | to have a keen eye for |
| 58. 표면상 | on the surface, superficially |
| 59. 번족하다 | (of a family) to be prosperous |
| 60. 친정 | woman's parents' home; woman's native home |
| 61. 가계 | family tree |
| 62. 광파짐하다 | to be roundish and broad |
| 63. 틀림없다 | to be error-free, exact |
| 64. 쑥쑥 | in and out, pulling out repeatedly, rapidly |
| 65. . . . 상 | facial look, expression |
| 66. 세간 | household goods |
| 67. 밑천 | capital, seed money, stake |
| 68. 섭섭하다 | to be sorry |
| 69. 양보하다 | to yield, give way to |

| 70. 내리 | consecutively, in succession |
| 71. 앙탈(을) 하다 | to ask for the impossible; to whine |
| 72. 다산성 | fecundity, fertility |
| 73. 진상 | real story |
| 74. 중절 | abortion |
| 75. 정밀 검사 | close examination |
| 76. 염증 | inflammation |
| 77. 나팔관 (=난관) | Fallopian tubes |
| 78. 영구 | permanent |
| 79. 불임 | infertility, sterility |
| 80. 충격 | shock |
| 81. 담담히 | coolly, serenely |
| 82. 혈통 | lineage, family line |
| 83. 구식 | old-fashioned |
| 84. 호적 | family registry |
| 85. 대 | generation |
| 86. 신중하다 | to be cautious |
| 87. 음흉하다 | to be treacherous, black-hearted |
| 88. 심히 | heavily |
| 89. 아니꼽다 | to be repulsive, detestable |
| 90. 내색 | betrayal of one's feelings |
| 91. 수태 | conception [of a child] |
| 92. 간직하다 | to keep |
| 93. 사돈 | in-law |
| 94. 교제 | socialization |
| 95. 서슴지 않다 | to be unhesitating, have no scruples about |
| 96. 발설하다 | to disclose, reveal |
| 97. 수줍다 | to be bashful |
| 98. 윤색되다 | to be embellished, colored |
| 99. 뭉클하다 | to be filled with emotion |
| 100. 측은하다 | to have pity on, feel pity for |
| 101. 분개하다 | to be enraged at, resent |
| 102. 거듭하다 | to repeat over and over |
| 103. 넌더리 | loathing, disgust |
| 104. 처량하다 | to be desolate, dreary |
| 105. 한스럽다 | to be sorrowful |
| 106. 망령나다 | to become senile |

| | | |
|---|---|---|
| 107. 수군대다 | to whisper around, noise about | |
| 108. 비화 | secret history, behind-the-scenes story | |
| 109. 넋두리 | grumble, mutter | |
| 110. 면면히 | unceasingly, without a break | |
| 111. 섭리 | providence, dispensation | |
| 112. 거스르다 | to go against | |
| 113. 앙큼하다 | to be insidious | |
| 114. 나무라다 | to scold | |
| 115. 첩 | concubine, mistress | |
| 116. 손 | grandchild | |
| 117. 조성 | fostering, promoting | |
| 118. 서둘다 | to hurry, rush | |
| 119. 끈질기다 | to be resilient | |
| 120. 조작하다 | to fabricate, concoct | |
| 121. 철저하다 | to be thorough | |
| 122. 완성(시키다/되다) | completion, accomplishment (to accomplish, complete/be completed) | |
| 123. 정분 | affection, intimacy | |
| 124. 두텁다 | to be thick; [of an emotion] to be affectionate, deep | |
| 125. 가까스로 | barely | |
| 126. 무르익다 | to ripen | |
| 127. 발상 | conception [of an idea] | |
| 128. 반대(하다) | opposition, objection (to object, oppose) | |
| 129. 비등하다 | to boil, seethe, bubble | |
| 130. 묵인하다 | to permit tacitly, acquiesce in, condone | |
| 131. 한결같다 | to be unvarying, constant | |
| 132. 냉담 | coolness, indifference | |
| 133. 가장하다 | to disguise | |
| 134. 뒤치다꺼리 | taking care of; clearing up, straightening out after | |
| 135. 드나들다 | to go in and out | |
| 136. 천박하다 | to be cheap, flimsy (in behavior) | |
| 137. 일체 | all, entire | |
| 138. 기품 있다 | to be dignified, graceful, noble | |
| 139. 처신 | behavior, demeanor | |
| 140. 당사자 | concerned party/person | |
| 141. 극기심 | spirit of self-denial; restraint | |
| 142. 요하다 | to require | |

| 143. 앞세우다 | to survive/outlive [one's son] |
| 144. 재산 분배 | distribution of wealth |
| 145. 미묘하다 | to be delicate, subtle |
| 146. 일임하다 | to leave (a matter) entirely to (a person) |
| 147. 고수하다 | to persevere, persist |
| 148. 참례 | attendance, presence |
| 149. 각별하다 | to be special, exceptional |
| 150. 애정 | affection, love |
| 151. 매일반 | all the same, much the same |
| 152. 극진하다 | to be devoted, cordial |
| 153. 효도 | filial piety, filial duty |
| 154. 여생 | rest of one's life |

# Useful Expressions

## 1. 장가 보내다   to have a man marry

Cf. 시집보내다, 결혼/혼인시키다, 장가(를) 들다, 시집가다

- 외아들 장가 보내는 날 분회 부인은 덩실덩실 춤을 추었다.
- 나이 먹은 친구 하나 장가 보내는 일에 모두들 나섰다.

## 2. 재미 보다   to have fun, enjoy

- 신혼 여행 가는 아들한테 윙크까지 하면서 재미 많이 보라고 농지거리도 했다.
- 요즘 장사 재미 좀 보셨어요?

## 3. ~기 이루 말할 수 없다   too . . . to be described

- 외아들이 자라 장가까지 든 생각을 하면 대견하기 이루 말할 수 없었다.
- 이번 방학에는 일하랴 논문 쓰랴 힘들기 이루 말할 수 없었다.

## 4. 눈에 들다   to catch one's eye

- 며느리는 아들 눈에 들기 전에 분회 부인 눈에 먼저 들었었다.
- 남편은 입사 후 회장 눈에 들어 승진에 승진을 거듭했다.

5. ~(으)로 보나 ~(으)로 보나  in . . . or . . . (either) way
- 며느리는 인물로 보나 살림 솜씨로 보나 어디 내놓아도 안 빠질 일등 규수였다.
- 경수는 나이로 보나 직책으로 보나 내가 위인데도 나한테 존대말을 쓰지 않는다.

6. 어디 내놓아도 안 빠지다  to be second to none, unparalleled
- 며느리는 인물로 보나 살림 솜씨로 보나 어디 내놓아도 안 빠질 일등 규수였다.
- 며느리 요리 솜씨 하나는 어디 내놓아도 안 빠진다.

7. 여자 남자 사는 재미  sexual pleasure
- 분희 부인은 여자 남자 사는 재미를 못 누린 한을 아들 며느리한테 풀려고 했다.
- 여자 남자 사는 재미란 어떤 것일까?

8. 신방을 꾸미다  to decorate a newlywed couple's room
- 분희 부인은 아들 내외가 그녀 눈치보지 않고 즐길 수 있게 별채에 신방을 꾸몄다.
- 새 색시가 자기 마음대로 신방을 꾸미며 사는 재미도 무시할 수가 없다.

9. 신경을 쓰다 cf. 애를 쓰다  to care for
- 분희 부인은 아들 내외가 눈치보지 않도록 세심한 데까지 신경을 썼다.
- 며느리가 살림을 잘 하기 때문에 신경 쓸 일이 없다.

10. 깨가 쏟아지다  to have perfect conjugal harmony
- 아들 내외의 금슬은 분희 부인이 바라던 대로 깨가 쏟아지게 좋았다.
- 어찌나 신혼 생활이 재미있는지 매일 깨가 쏟아질 지경이다.

11. ~지 않으면 . . . ~다  either . . . or . . .
- 아들은 퇴근해서 얼굴만 비치고 별채로 들어가 버리지 않으면 며느리를 불러내어 저녁 먹고 밤늦게 들어오거나 했다.
- 요즘 아이들은 컴퓨터 게임을 하지 않으면 채팅하느라고 온종일 컴퓨터 앞에서 산다.

12. **~을/를 타다** **to be susceptible to, be apt to feel**

- 외로움을 타다: to feel lonely
  아들 내외가 금슬이 좋을수록 분희 부인은 외로움을 탔다.
- 부끄럼을 타다: to be shy, bashful
  보통은 남자가 부끄럼을 잘 타는 것을 남자답지 못한 것으로 생각한다.
- 간지럼을 타다: to be ticklish
  우리 애는 하도 간지럼을 타서 발을 씻길 수가 없다.
- 더러움을/때를 타다: to pick up dirt easily
  이 옷은 옅은 색이라서 때를 잘 탄다.
- 추위를 타다: to be sensitive to cold
  김 선생님은 따뜻한 곳에서 와서 그런지 추위를 잘 탄다.

13. **회심의 미소를 짓다** **to smile with satisfaction, smile complacently, smile smugly**

- 며느리가 혼인한 그 달부터 태기가 있자 분희 부인은 회심의 미소를 지었다.
- 모든 일이 뜻대로 되어 가는 것을 보고 경숙은 회심의 미소를 지었다.

14. **표면상의 이유** **surface plea, ostensible reason**

- 살림 잘한다는 것은 며느리를 고른 표면상의 이유였고 참뜻은 아들을 쑥쑥 뽑아낼 상이었기 때문이다.
- 바쁘다는 것은 표면상의 이유이고 사실은 그 파티에 가고 싶지 않았다.

15. **아들을 뽑아내다** **to bear a son**

- 며느리는 친정 쪽의 가계로 보나 팡파짐한 엉덩이 판으로 보나 아들을 쑥쑥 뽑아낼 상이었다.
- 옛날에는 여자가 아들을 쑥숙 뽑아내야 시부모 사랑을 받았다.

16. **~에도 불구하고** **in spite of, despite, notwithstanding**

- 첫딸의 이름을 후남이라고 지었음에도 불구하고 아들은 나오지 않았다.
- 분희 부인의 노력에도 불구하고 며느리는 영 아들을 뽑아내지 못했다.

17. **아우를 보다  to have a younger sibling**

- 후남이라는 이름에도 불구하고 후남이는 유치원을 갈 때까지도 아우를 보지 않았다.
- 후남이도 이제 아우 볼 나이가 됐다.

18. **~이/가 멀다하고  saying that . . . is too long to wait**

- 욱이와 순이는 하루가 멀다하고 만났다.
- 후남이는 일주일이 멀다하고 여행을 다녔다.

19. **~겠다 싶다  to think . . . would**

- 그동안 고생한 보람으로 이제는 좀 살겠다 싶을 즈음에 사고가 났다.
- 지금쯤 집에 왔겠다 싶어서 전화했더니 아직도 안 온 모양이다.

20. **~(이)나 마찬가지다  it is the same as**

- P 씨는 국회의원 선거에서도 떨어졌으니 그의 정치 생명은 끝난 거나 마찬가지다.
- 이 차가 $5,000이면 공짜나 마찬가지다.

21. **땅이 꺼지는 것 같은 충격  the shock of the earth giving way**

- 손자를 기다리던 분회 부인한테 며느리의 영구 불임 선고는 땅이 꺼지는 것 같은 충격이었다.
- 내가 시험에 떨어지다니 그건 땅이 꺼지는 충격보다 더 큰 충격이었다.

22. **. . . 하나면 족하다  it is sufficient to have just . . .**

- 저희들에겐 후남이 하나면 족해요.
- 이 작은 도시에는 한국 마켓 하나면 족하다.

23. **대  generation**

- 대가 이어지다: for a family line to continue
  후남이가 아들을 낳는 바람에 김 씨 집 대가 겨우 이어지게 되었다.
- 대가 끊어지다/끊기다: for a family line to end
  후남이가 아들을 못 낳았으면 김 씨 집 대가 끊어질 뻔했다.
- 대를 잇다: to continue one's family line
  남자에 의해서만 대가 이어진다는 것은 구식 생각이다.

**24. ~(이)고 ~(이)고 가릴 것 없이**   without any discretion whether . . . or . . .

- 분회 부인은 친척이고 사돈이고 남이고 가릴 것 없이 그 일을 발설하기 시작했다.
- 이 선생님은 형식주의고 기능주의고 가릴 것 없이 닥치는 대로 읽는다.

**25. 엣다 모르겠다**   what the heck [I don't know what would happen]!

- 며느리 친정의 성화로 분회 부인은 엣다 모르겠다 하는 식으로 그 일을 묵인하는 척했다.
- 박찬호는 엣다 모르겠다 칠 테면 처라 하는 마음으로 공을 던졌다.

# Exercises

**1. 관련 있는 단어들끼리 연결하여 문장을 만드세요.**

(1)

| | |
|---|---|
| 외로움 · | · 이어지다 |
| 신경 · | · 얻다 |
| 미소 · | · 들다 |
| 대 · | · 쓰다 |
| 음모 · | · 짓다 |
| 손 · | · 쏟아지다 |
| 깨 · | · 키우다 |
| 장가 · | · 타다 |

(2)

| | |
|---|---|
| 미묘한 · | · 이름 |
| 극진한 · | · 가계 |
| 고운 · | · 정분 |
| 번족한 · | · 효도 |
| 두터운 · | · 문제 |

(3) 덩실덩실 · 　 · 윙크하다 　 _____

　　꿈쩍 · 　 · 누리다 　 _____

　　마음껏 · 　 · 꾸미다 　 _____

　　한결 · 　 · 바라다 　 _____

　　쑥쑥 · 　 · 춤추다 　 _____

　　은근히 · 　 · 수월하다 　 _____

　　정성껏 · 　 · 뽑아내다 　 _____

## 2. 보기에서 적당한 말을 골라 문장을 완성하세요.

> 보기: 혼인, 첫날밤, 며느릿감, 태기, 원앙금침, 금실, 자수성가,
> 　　　 풍습, 살림, 신혼 여행

(1) 결혼하면 _____은/는 신부 집에서 정성껏 꾸민
_____에서 치루는 것이 전통적인 _____이었지만
지금은 모두 _____을/를 떠난다.

(2) 손자를 빨리 보려는 분희 부인의 희망대로 며느리는
_____한 그 달부터 _____이/가 있었다.

(3) 아들 내외의 _____은/는 깨가 쏟아지게 좋았다.

(4) 분희 부인이 경숙이를 _____(으)로 눈독들인 이유는
_____을/를 잘 할 것 같기 때문이었다.

(5) 어렵게 얻은 아들이 _____하여 장가까지 들게 되어 결혼식
날 분희 부인은 덩실덩실 춤을 추었다.

## 3. 보기에서 적당한 말을 골라 문장을 완성하세요.

> 보기: 감회, 회심, 내색, 충격, 발상, 발설, 대견

(1) 며느리가 아이를 더 이상 못 낳는다는 것은 분희 부인에게 땅이
꺼지는 것 같은 _____이었다.

(2) 분희 부인은 외아들을 장가 보내는 날, 옛날 생각이 나서
　　　_____이/가 새로웠다.

(3) 어렵게 얻은 아들이 자라서 장가까지 든 생각을 하니까
　　　_____하기가 이루 말할 수 없었다.

(4) 며느리에게 태기가 있자 분희 부인은 _____의 미소를
　　　지었다.

(5) 분희 부인은 그동안 비밀로 지켜온 일을 아무에게나
　　　_____하기 시작했다.

(6) 분희 부인은 며느리의 당당함이 아니꼬왔지만 겉으로
　　　_____을/를 하지 않았다.

(7) 아들에게 첩이라도 얻어 주어 아들을 보게 하자는
　　　_____은/는 며느리 친정집에서 먼저 나왔다.

## 4. 보기에서 적당한 말을 골라 문장을 완성하세요.

> 보기: 에라, 뭉클하게, 면면히, 조용히, 은근히

(1) 분희 부인의 이야기는 듣는 사람들을 감동시켜서 가슴을
　　　_____ 했다.

(2) 분희 부인이 콩깍지 위에서의 수태한 것은 _____ 이어
　　　내려오는 혈통을 끊기지 않으려는 조상의 섭리였다.

(3) 분희 부인은 아들에게 첩이라도 얻어 주어 아들을 보기를
　　　_____ 바랐다.

(4) 집안의 여론이 비등하자 분희 부인은 _____ 모르겠다 하는
　　　식으로 묵인하는 척했다.

(5) 분희 부인은 며느리와 후남이의 효도를 받으며 _____
　　　여생을 즐기고 있다.

## 5. 밑줄 친 말과 비슷한 단어를 고르세요.

(1) 땅이 꺼지는 것 같은 충격이었음에도 불구하고 분희 부인은 경숙의
    말을 <u>담담히</u> 받아들였다.
    ㄱ. 대담하게                    ㄴ. 답답한 마음으로
    ㄷ. 침착하게                    ㄹ. 기쁘게

(2) 분희 부인은 여지껏 분희 부인만의 비밀이었던 일을 교제 범위의
    누구에게라도 <u>서슴지 않고</u> 발설하기 시작했다.
    ㄱ. 주저하지 않고                ㄴ. 서두르지 않고
    ㄷ. 조심하지 않고                ㄹ. 열심히

(3) 첩을 통해 손자를 보게 해 주려는 분위기는 후남이가 중학교에 들어갈
    무렵에야 <u>가까스로</u> 무르익었다.
    ㄱ. 간신히        ㄴ. 저절로        ㄷ. 비슷하게        ㄹ. 완벽하게

(4) 손자한테 각별한 애정 표시를 하는 일이 없기는 아들이 살아 있을
    때와 <u>매일반</u>이다.
    ㄱ. 매일 일어나는 일              ㄴ. 반반
    ㄷ. 마찬가지                    ㄹ. 다른 점

(5) 콩깍지 위에서 수태한 <u>천금같은</u> 외아들은 불행히도 아들을 낳지 못
    했다.
    ㄱ. 묵직한        ㄴ. 천박한        ㄷ. 금슬 좋은        ㄹ. 귀중한

## 6. 나머지 셋과 의미상 관계없는 것을 하나 고르세요.

(1)  ㄱ. 원앙금침      ㄴ. 금슬      ㄷ. 첫날밤      ㄹ. 태기
(2)  ㄱ. 친정        ㄴ. 사돈      ㄷ. 호적       ㄹ. 시댁
(3)  ㄱ. 금슬        ㄴ. 살림      ㄷ. 다산       ㄹ. 인물
(4)  ㄱ. 비밀        ㄴ. 음모      ㄷ. 비화       ㄹ. 극기심

## 7. 아래의 설명에 가장 맞는 단어나 표현을 본문에서 찾아 쓰세요.

(1) 자랑스럽다: _____
(2) 서운하고 아쉽다: _____
(3) 불쌍한 마음이 들다: _____
(4) 마음에 슬픈 마음이 가득하다: _____
(5) 마음에 감동이 있어서 움직이는 느낌을 받다: _____

(6) 겉으로는 곱게 보이면서 속으로는 자기 욕심을
     채우려고 하여 밉다: _____

(7) 쉽게 포기하지 않는다: _____

(8) 행동이나 말이 품위가 없고 가볍다: _____

(9) 언제나 똑같다: _____

## 8. 주어진 단어나 표현을 이용하여 문장을 만드세요.

(1) 재미 보다:

     _____

(2) ~기 이루 말할 수 없다:

     _____

(3) ~(으)로 보나 ~(으)로 보나:

     _____

(4) 어디 내 놓아도 안 빠진다:

     _____

(5) ~지 않으면 ~다:

     _____

(6) 표면상의 이유:

     _____

(7) [시간]~이/가 멀다 하고:

     _____

(8) ~(이)고 ~(이)고 가릴 것 없이:

     _____

(9) . . . 하나면 족하다:

     _____

(10) ~겠다 싶다:

     _____

# Comprehension

## I. Overall comprehension

1. 분회 부인이 며느리를 고른 이유는 무엇인가?

2. 분회 부인이 며느리를 미워하게 된 이유는 무엇인가?

3. 분회 부인이 궁극적으로 원하는 것은 무엇이었나?

4. 분회 부인의 음모는 무엇이었나?

5. 분회 부인의 심리 상태를 기술해 보라.

## II. Finding details

1. 분회 부인이 아들을 장가보내면서 느끼는 기분은 어땠었나?

2. 아들은 부인을 어떻게 만났는가?

3. 아들의 신혼 생활에 대하여 분회 부인은 어떤 태도를 보였는가?

4. 분회 부인이 아들의 신혼 생활 동안 가끔 외로움을 탄 이유는 무엇인가?

5. 첫 손녀의 이름을 후남이라고 지은 이유는 무엇인가?

6. 아들을 못 낳는 것에 대한 며느리의 생각은 어떠한가?

7. 분회 부인이 손자를 얻기 위해 처음 시작한 일은 무엇인가? 분회 부인은 왜 그 일을 시작했나?

8. 분회 부인은 어떻게 손자를 보게 되었는가?

9. 분회 부인 아들은 어떻게 되었는가?

# Discussion & Composition

1. 아들을 선호하는 이유는 무엇입니까? 글로 쓴 다음 이야기해 보세요.

2. 아들을 선호함으로써 일어나는 일들을 이야기해 봅시다.

3. 아들 선호 사상으로 인한 폐해는 어떤 것이 있을까요?

4. 옛 유교적 전통에 여자가 따라야 할 도리로 '여필종부 삼종지도'라는 것이
   있다. 이에 대해서 이야기해 봅시다.

# Related Reading

## 아직 끝나지 않은 음모 3

"기철 씨, 김승옥의 야행 읽은 적 있어요?"

"글쎄, 읽은 것도 같고 안 읽은 것도 같고 . . . . "

"이런 엉터리, 읽었으면 읽었고 안 읽었으면 안 읽었지. 이쪽도 아니고
저쪽도 아니게 양다리 걸치는 거, 난 질색이더라."

"여자 문제만 양다리 안 걸치고 오로지 우리 후남 씨만 사랑하면 되는 거
아냐? 대단치 않은 거 양다리 좀 걸치면 어때서 그래."

"대단치 않은 거 양다리 걸치는 버릇이 자라면 대단한 것도 슬쩍 슬쩍
양다리 걸치게 되는 거라구."

"까불지 말고 하던 얘기나 끝마쳐. 김승옥의 야행이 어쨌다는 거야?"

"자기 그거 안 읽고도 어디 가서 읽은 척할까 봐 자세한 줄거리는 생략 . .
. . . 거기 이런 얘기가 나와요. 직장 안에서 알게 되어 연애를 하고 부부가 된
남년데 결혼식하고 청첩장 돌리고 그런 절차는 아직 안 밟았거든요. 살아 봐서
수틀리면 헤어져도 그만이라는 시험 결혼인가 뭔가 하는 첨단의 생각에서
그렇게 한 거라면 조금도 딱할 게 없는데 그게 아니거든요. 그 여잔 남편의
수입만 갖고는 평범한 대로 행복하게 살 자신이 없는 거예요. 사치스러운
생활이 아닌 평범한 행복이라는 데 필히 주의할지어다. 그래서 맞벌이를
해야겠는데, 이 여자의 직장은 은행인데 은행에선 기혼 여성을 안 쓰는 거예요.
청첩장은 곧 사표가 돼야 한단 말예요. 야행의 대강의 줄거리 끝."

"싱겁긴. 그 얘기가 뭐 그리 대단한 얘기라고 그렇게 열을 올려?"

"고마워서 그래요. 내가 야행이 쓰인 시대 배경과 동시에 살고 있지 않다는

게. 그 여자보다 내가 조금 늦게 태어났다는 게."

"후남인 참 감사할 거 많아서 좋겠다. 언젠 자기 할머니 시대에 태어나지
않아서 감사하다고 울먹이더니 이젠 또 야행의 주인공하고 같은 시대에
태어나지 않은 게 그렇게 감사해? 꼭 횡재한 사람처럼 입을 못 다무니 . . ."

"자기 결혼 하나는 잘하는 줄 알고 감사해야 돼. 감사할 줄 아는
아내야말로 복된 아내야. 맨날 불평 불만만 해 봐? 집안 꼴이 뭐가 되겠어? 참
감사할 거 또 하나 생겼다."

"뭔데?"

"내가 자기하고 동시대에 태어난 거. 그런 의미로 자기도 감사할 거 하나
더 생긴 거 알고 있어야 돼. 자아, 축배."

"까불고 있네."

기철이는 쉴새없이 나불대는 후남의 볼을 한번 가볍게 꼬집고 또 축배를
들었다. 결혼 날짜를 일주일 앞둔 연인들은 오늘 매우 행복했다. 그들은 S
산업 입사 동기였고, 이 년 동안 사랑을 속삭인 끝에 마침내 양가 어른들의
허락을 받아 약혼한 사이였다. 누가 보기에나 어울리는 한 쌍이었다. 두 사람은
훌륭한 학교 교육을 받았고 너무 잘 살지도 너무 가난하지도 않은 집안
출신이었고 건강한 몸과 밉지 않은 용모를 가지고 있었다.

애써 흠을 잡자면 후남이가 너무 똑똑하다는 거였다. 어느 모로 보나
똑똑하다는 건 어리석다는 것보다 미덕이었으나 여자가 똑똑하다는 건
그렇지도 않아 자칫하면 눈에 거슬리는 약점이 될 수도 있었다. 이런 불공평은
똑똑하다는 타인의 판단의 순서부터 이미 시작돼 있었다. 그들은 실력이
남자하고 대등하면 덮어놓고 똑똑한 여자로 쳤다.

그런 의미로 후남이는 의심할 여지없이 똑똑한 여자였다. 그녀는 유능한
대학 졸업생이면 누구나 한번쯤은 일해 보고 싶어하는 S산업의 중견 사원
채용 시험에 남자들과 동등한 자격으로 응시해서 상위권의 성적으로 합격했다.
S산업엔 많은 여종업원이 있었지만 다 연줄 입사에 직책도 끗발 없는
말단이었다. 감히 중견 사원 모집에 응모해 온 여자는 더러 있었지만 합격자를
내기는 이번이 처음이었고 여자 합격자는 후남이 외에도 세 명이나 더 있었다.

회사측에선 이런 뜻하지 않은 이변을 처리하는 방법으로 여자 합격자의
구비 서류에만 유독 각서라는 걸 첨부했다. 결혼하면 지동 사임하겠다는
각서였다. 이런 모욕적인 각서 쓰기를 후남이가 주동이 돼서 거부했다. 입사
경쟁을 치를 때 여자로 유리한 조건이 하나도 없었던 것만큼 입사해서 일하는
데에 있어서 여자라는 불리한 조건을 감수할 까닭이 없다는 주장은 때마침
인재난 시대여서 그랬는지 그럭저럭 받아들여졌다.

그 후 그녀의 입사 동기 중에서 하나 둘 결혼하는 사람이 생겼는데 그중
여자는 하나같이 사표와 결혼 청첩장을 동시에 돌렸다. 회사측에서 각서
문제에 너그러웠던 것은 각서 없어도 그렇게 되리라는 걸 미리 짐작하고

있었기 때문인지도 몰랐다. 서로 사랑하는 사이가 된 기철이도 결혼하면 의당 후남이도 들어앉을 것으로 생각하고 있었다.

그러나 후남이의 생각은 그렇지가 않았다. 그녀는 일을 사랑했다. 그녀가 S산업에서 맡은 일이란 그녀가 배운 것과 정열을 다 바칠 만큼 흡족한 것도, 새로운 창의력을 요하는 보람찬 것도 아니었다. 그러나 우선 일을 배웠다는 것을 간판적인 것으로 못박지 않고 무엇을 할 수 있다는 움직임이 있는 가능성으로 전환시켜 주었고 그것은 그녀 자신의 생명의 리듬에 활력이 되었다.

무엇보다도 일을 통해 그녀는 혼자 살 수 있게 된 것이다. 혼자 살 수 있다는 기쁨은 새롭고도 신나는 삶의 보람이었다. 혼자 살 수 있다는 기쁨과 결혼하고 싶다는 욕망과는 상반되는 것 같았지만 후남이는 그 둘을 행복하게 조화시킬 자신이 있었다. 혼자 살 수 있는데도 같이 살고 싶은 남자를 만남으로써 결혼은 비로소 아름다운 선택이 되는 것이지 혼자 살 수가 없어 먹여 살려 줄 사람을 구하기 위한 결혼이란 여자에게 있어서 막다른 골목밖에 더 되겠느냐는 게 후남이의 생각이었다.

후남이는 결혼하기 원했으나 예속되길 원하진 않았다. 사랑 받고 사랑하길 원했지 애완 받기 위해 자기를 눈치껏 변형시키고 배운 걸 무화시키길 원치는 않았다.

일과 결혼을 함께 가진다는 건 그 일이 잘되더라도 양손에 떡을 쥔 꼴밖에 안 된다고 걱정해 주는 사람도 있었지만 후남이는 안 그렇게 생각했다. 일은 다만 여자가 혼자 설 수 있다는 걸 의미했고 여자나 남자나 혼자 살 수 있다는 건 결혼하기 전에 갖춰야 할 자격 같은 거라고 생각했다.

기철은 후남이를 마음으로부터 사랑했기 때문에 후남이의 이런 생각까지를 사랑했다. 그러나 그런 생각을 그의 가족에게 이해시키는 일은 난처해했다. 그러나 후남이는 그 일도 잘 해냈다. 그런 뼈대 있는 주장을 결코 주장답지 않게 지극히 여자답고 유연하게 했기 때문에 가족들은 저런 여자가 일을 가져봤댔자 며칠이나 가질 수 있을까 싶어 '오냐 오냐, 너 좋은 대로 해 보렴'하는 식으로 너그럽게 나왔다.

소위 여자다움이란 걸 충분히 이용해 가장 여자답지 않은 주장을 관철시킨 것이었다.

남은 문제는 직장이었다. 각서는 거부했지만 결혼하면 사직한다는 건 아직도 여사원 간의 불문율이었다. 후남이는 기철이와 공모해서 배짱으로 나가기로 태도를 정했다. 두 사람이 같이 각기의 부서의 부장을 우선 찾아가 결혼할 뜻과 결혼 날짜를 알리고 가능하면 두 사람 중 한 사람을 방계 회사의 하나로 전근시켜 줄 것을 부탁했다.

부탁은 쾌히 받아들여지고 부장은 결혼식 날, 회사 차를 몇 대나 내주면 좋겠냐는 등, 주례가 아직 안 정해졌으면 회장님께 부탁드려 줄 수도 있다는 등 각별한 호의를 보였다.

그래서 두 사람은 기고만장, 퇴근 후 회사 건물의 스카이 라운지에서 빛깔 고운 술로 축배를 들었다. 두 사람의 행복한 결혼을 위해서, 할머니 시대에, 어머니 시대에 안 태어난 행운을 위해서, 김승옥의 야행의 시대에 안 태어난 걸 감사하기 위해서 축배를 들고 또 들었다.

연인들은 행복했고 행복한 연인들의 눈에 온 세상은 축배를 들 거리로 충만해 있었다.

그러나 두 사람이 결혼식을 끝마치고 삼박 사일의 신혼 여행에서 돌아왔을 때 기철은 속초 지사에, 후남은 진주 지사에 각각 전근 발령이 나 있었다. 부장은 그들의 결혼에 대해 이것저것 세심한 걱정을 해 줄 때와 다름없는 인자한 태도로 이렇게 말했다.

"이 발령은 절대적인 것은 아닐세. 단 두 사람 중 하나가 사직한다면 말일세 . . . . "

속초와 진주 . . . 얼마나 악랄한 음모인가? 부부간에 그렇게 떨어져 있어야 한다는 건 서울 제주 간보다 더 가혹한 이산이었다. 회사측에서 뭘 원하나 하는 것은 자명했다.

기철이가 먼저 후남이의 사직을 권고했다. 그러나 후남이는 기철이를 설득해 먼저 임지로 보내고 자기는 며칠 무단 결근을 하며 서울에 머물러 있었다.

대학 출신보다는 여상이나 여고 출신 여사원들이 이번 일을 자기 일처럼 분개해서 회사를 상대로 같이 싸울 것을 다짐하고 나섰고 그녀가 관계를 맺고 있는 여성 단체에서도 법적인 문제까지 담당하고 적극 후원해 줄 테니 투쟁을 계속하라고 부추겨 주었다. 그런데도 불구하고 그녀는 미리 투지를 상실하고 있었다. 그녀답지 않은 일이었다. 졸지에 아들을 지방으로 좌천시킨 며느리에 대한 시집 식구의 비난쯤은 그래도 견딜 만했다. 견딜 수 없는 건 그녀의 할머니와 어머니의 애걸이었다. 이 두 늙은 여자들은 후남이가 이번 일로 남편이나 시집 식구 눈에 나 시집을 못 살게 될까 봐 전전긍긍하고 있었다. 그들의 여생의 유일한 낙은 후남이가 그들처럼 팔자 사나운 여자가 안 되고 아들 딸 잘 낳고 살림 잘하고 풍파 없이 사는 거였다. 그들은 눈물까지 흘리며 네가 빨리 사표를 내서 기철이를 서울로 불러오도록 애원을 했다. 실상 후남이를 지금만치나 줏대 있는 여자로 키워 준 건 경숙 여사였다. 아들을 못 낳아 남편을 빼앗긴 한을, 외딸을 아들 못지 않게 떳떳하고 독립적인 인간으로 키우는 걸로 달래면서 산 경숙 여사의 이런 애원은 후남이에게 있어서 배신처럼 뼈아픈 것이었다. 어머니의 배신으로 후남이는 걷잡을 수 없는 혼란에 빠지고 매사에 자신을 잃었다.

후남이는 혼자서 결혼 일 주일 전, 기철이와 함께 철모르는 기쁨에 들떠 철없이 축배를 들던 스카이 라운지로 갔다. 그때와 같은 빛깔 고운 술을 시켰지만 혼자 드는 술은 고배였다.

후남이는 거듭한 고배로 의식은 더욱 명료해져 눈 아래 거대한 도시, 그 갈피갈피에 여자 길들이기의 아직 끝나지 않은 음모가 공룡처럼 도사리고 있음까지를 분명히 볼 수 있었다. "칼아, 투지야, 되살아나렴." 그녀는 이 소리를 외며 거듭거듭 고배를 들었다.

박완서

# English Translations

## Lesson 1: Department Stores and Bargain Sales

**"Whenever the department stores have sales, the surrounding area becomes a parking lot."**

At places like Ŭlchiro and Chamsil, a ten-minute distance takes an hour.

As Seoul's major department stores begin the first bargain sales of the new year, the surrounding streets produce traffic jams that remind one of a parking lot. Lacking measures to combat the problem, the city of Seoul and its police force can only assist in controlling traffic. It seems that the traffic congestion will continue until the twenty-fourth, the last sale day.

---

Photo caption: On the eleventh, with department store bargain sales in full swing, shoppers' vehicles are bumper to bumper (even though it is a weekday), and the streets near Ŭlchiro's Lotte Department Store are characterized by severe congestion. (Yi Chong-ch'an, reporter: jclee@chosun.com)

---

Although weekend traffic is usually smooth, cars on roads around the Lotte Department Store locations in Sogong-dong in Chung-gu and Chamsil in Songp'a-gu, and the Hyundae Department Store locations in Apkujŏng-dong and Samsŏng-dong in Kangnam-gu, produced traffic pile-ups on the ninth and the tenth. At the Chamsil Lotte, long lines of cars waiting to park advanced at a snail's pace around parking lot entrances, (with the stagnation) extending to other nearby roads.

Transportation police blocked cars while controlling traffic around the department store parking lots, leading some citizens to protest, "Are the traffic police parking lot attendants for the department stores?"

This phenomenon is (characteristic of) traffic conditions around places where department stores are concentrated, such as Ŭlchiro, Myŏngdong, Chamsil, and Yŏngdŭngp'o. The roads in these areas become huge parking lots as cars trying to enter parking lots become gridlocked.

Yang Ŭn-gyŏng (30, Songp'agu, Chamsiltong) said, "Because of the sale, what is normally a ten-minute drive took more than an hour," and "the loss of time, waste of gas, and the smog pollution are terrible."

In 1996, as a countermeasure to sale traffic, the city of Seoul pushed for the introduction of an ordinance system that would give (the city) direct authority to make department store parking lots fee-based, and a similar ordinance system allowing the closure of parking lots as deemed necessary for the public interest. But the introduction (of the measure) was scrapped because of opposition claiming that making parking lots fee-based would limit private property rights. The majority of department stores give (customers) free parking coupons when they make a ₩10,000 purchase, and some stores encourage the use of automobiles by not accepting parking fees at all during sale periods.

Min Man-gi, head official for the Green Traffic campaign, says, "The department stores cause harm to tens of thousands of people and pay at the most ₩100,000,000 to ₩400,000,000 to defray the expenses of creating the traffic problem. The government must increase the stores' fees to cover expenses and take positive countermeasures such as closing down the parking lots during sale periods."

Ch'a Hak-bong, reporter, *Digital Chosun*, 01/11/99
http://www.chosun.com/w21data/html/news/199901/199901110277.html

## Related Reading
## The Frugal Housewife

**Reporter:** There are clear signs that consumer spending has recovered. I am now in front of a famous department store bustling with shoppers. It's just like pre-IMF days. It's so great to see frugal housewives purchasing only what they need. Oh, look at her! Has she forgotten about the IMF? It's common to see "impulsive buying" and overconsumption.

**Woman 1:** How about it? Isn't it nice? I paid ₩2,000,000!

**Man 1:** Don't buy something just because it looks nice! You're penny-wise and pound-foolish!

**Man 2:** Wow! This really cost only ₩30,000?

**Woman 2:** Yes! It cost less than ₩200,000 for everything! We don't have to spend any more money on clothes this year!

## Lesson 2: Honorific Language and Honorific Titles

### Life and Thought: When I Addressed You by Your Name

I have many opportunities to engage in "faceless" dialogues. When receiving requests over the phone to write a manuscript or to give a talk, I have gradually been getting the feeling that the voices on the other end are younger and younger. This may be because of my age, but it is also because of the mistakes people make in using honorific language. Through such conversations I have keenly sensed the confusion young people undergo because of honorific titles. That is why I have come to think that our complex honorific system needs some simplification.

When reporters in their twenties or thirties address me, it is safest for them just to attach *sŏnsaengnim* after my full name, but sometimes they insist on calling me *kyosunim* (professor) or simply add on "*ssi.*" When they call me "professor" (I have never once given a lecture at a university), I do not feel good about it because it makes it look as if I enjoy being flattered. Before, I used to think that using *ssi* alone was unmannered, but I think it is better than using "professor." I (now) think using *ssi* is sufficient as a term of respect.

The use of "*komawŏ-yo*" for "*komap-sŭmnida*" used to grate on my ears, but I have (since) calmed down (enough to) think that perhaps just adding "*yo*" should be deemed respect language. When I ask those young people whose honorifics do not exceed the level of "Pak Wan-sŏ-*ssi komawŏyo*" for their name, they do not say "Kim Ch'ŏl-su," but say "the character Kim, the character Ch'ŏl, and the character Su." So I guess I should give my daughter's name as "the character Na and the character Ri"?

It used to be a mark of a genteel upbringing to avoid using an older person's name in public; and at those times when it was necessary to say it, one gave the name a letter at a time, attaching the word *cha* after (each name part), but I think nowadays no one would blame a person for not doing this. Moreover, unless you have to tell which Chinese characters your name is written in, there is no need to spell out your name in this manner. When I see young people laboring this way, I feel sorry for them.

When a good thing becomes too complicated, people latch on to its worthless aspects rather than to its original purpose. If a grandchild tells his grandfather "*I-shinbal ŏmma-kkesŏ sa chu-sin kŏ-ya,*" that speech error needs to be corrected; but nowadays even bright and charming kids appear on television saying "*ŏmma-kkesŏ*" and "*appa kkesŏ.*" It makes the children who use *ga* for *kkesŏ* look as if they lack a good home education.

The basic (purpose) of respect language is to lower your own position and raise the position of the person to whom you are talking, so there should be no problem between equals. So why is it that address titles within that most equitable of relationships, that of husband and wife, cause the most confusion? When I asked, "Why worry when title-anxious newlyweds have (the names) *yŏbo* (dear) and *tangsin* (you)?" When they heard that they screeched and said (they felt like) it gave them goose bumps. These terms are relatively biased, and I do not understand why they make them feel so uncomfortable. What (really) gives me the chills is hearing a newlywed bride calling her husband "*oppa*" (big brother). During the course of the courtship, shouldn't she have gotten past the girlish desire to transfer those fantasies from her "*oppa*" and screen-star mania days to her husband? In a marriage, you cannot trade your mate for somebody else. Marriage is a once-in-a lifetime meeting between a man and a woman that must be free of illusions. At the same time, it is a transfer that takes place within the network of two families. Calling your opposite-sex husband by a name used for your most intimate sibling is not only vulgar, but also confuses the harmonious relational network already in place. Even if a woman does not have a big brother, won't she eventually end up bearing a son or a daughter? If you dislike using *yŏbo* or *tangsin,* then address each other by given names. Our names are the love- and dream-filled gifts that our life-giving parents gave to us, the first resonances that made us aware we are (individual) proper existences unlike anyone else. They are the oldest thing that we own—created, above all, for us to use.

Pak Wan-sŏ, novelist, *Hanguk Ilbo,* 11/09/1999, http://www.hk.co.kr/11_11/199911/hlB5dl.htm

## Related Reading
### Using Honorific Language Is Healthy—Both User and Listener Benefit/ Long-lived People Use Honorific Language Daily/ Respect Terms Should Also Be a Habit between Spouses

In conversing with people more than a hundred years old, we find they all have something in common. They do not use blunt speech *(panmal),* and they regularly use honorifics. What is the relationship between language and health? Anyone will feel slighted and angry if a person uses blunt speech to them at the first encounter.

Healthy people have warm bodies and cool heads. If a person is in a bad mood, warm energy rises to the head; the person becomes angry; and a scowl appears on his face. Conversely, cool energy from the head descends to the body and causes various kinds of disease. A single careless instance of blunt speech injures the health of the hearer and the health of the speaker, too. It creates unhealthy feelings like impatience and rashness. Therefore, the careless use of blunt speech harms the health of self and listener alike. Honorific language carries the opposite effect. It is one of the requirements of long-lived people for the maintenance of (good) health. It benefits the health of everyone.

The variety of honorific terms implies that one should use the terms differently in a variety of contexts, depending on the (relative) position (of) or (one's) relationship (to) the addressee. But for the most part, blunt speech is used the most in day-to-day life. Society as a whole is losing its health and falling ill. To use careless speech with a person because his position is lower or his age is younger creates an unhealthy state of mind. But honorific speech also creates awkward feelings when it is used recklessly. That is why Korean has semi-honorific speech for use with inferiors.

Consider the difference between the blunt-speech sentence *"Kim Taeri, iri wa."* and the semi-honorific sentence *"Kim Taeri, iri oseyo."* Blunt speech forms make us feel we are being slighted or being lorded over, and they set up barriers between human hearts. Semi-honorific forms give (a sense of) humane treatment and (of) love, and when hearts recognize one another, dialogue is possible. Therefore, the greater a person's position and age, the more respect they will receive if they use respect language.

There are some who respond to semi-honorific speech with blunt speech. Such people are bursting with haughtiness and rashness because they have lots of money or great reputation. These people end up with enemies and illnesses, followed by accidents or unhappiness.

Children usually use blunt speech in saying *"Appa, pap mŏgŏ."* If the father is in good health, and his business is flourishing, he will respond with *"Kŭrae, pap mŏkcha."* But if the father has lost his health and his job, hearing this will make him feel unappreciated—he will gradually become weaker, and his health will suffer. Children's bad speech habits are the fault of the mother. The mother should say to the child, *"Yaeya, abŏji chinji tŭsirago haera"* (Child, tell your father to [honorably] eat his [honorable] meal), but she says *"Yaeya, appa pap mŏgŭrago hae,"* and so the child conveys the message using blunt speech. This sort of thing happens because the wife disrespects the husband. This is also the fault of the father, who has always used careless speech with the mother. In this type of family, the members disrespect each other but act kindly to outsiders. When they come home, they feel heavy-hearted, on edge, and oversensitive. And so the family members tend to spend most of the time outside the home.

When people come to visit me in my home in the mountains, I recommend that they use honorific speech (with one another) upon marriage, whether they met on their own or through a matchmaker. Using honorific speech makes for a healthy spirit—it will protect the family and keep (its members) from getting angry often. Even if someone gets angry, they will just go from honorific speech to blunt speech; they will not go directly to insults and foul language. But those who have used blunt speech (regularly) do just that. Children for the most part always exhibit such behavior. Children who use blunt speech are highly mischievous, scatterbrained, and lack the ability to concentrate. But children who use honorific speech forms are composed, behave maturely, and think deeply.

This tells us that language has direct ties to (our) health and life. That is why those long-lived people use honorific speech even to children.

Kim Chong-su, director of *Kilimsanbang*, from "Secrets for Living to be 100", *Digital Chosun Ilbo*, 03/12/1995, http://www.chosun.com/w21data/html/news/199503/199503121701.html

## Lesson 3 Diaries about a Mother-in-Law and a Daughter-in-Law

### Diary about a Mother-in-Law and a Daughter-in-Law (1): Pride

When daughters-in-law get together they speak ill of their mothers-in-law; when mothers-in-law get together they speak ill of their daughters-in-law.

"My daughter-in-law doesn't even wash her own husband's bedding regularly. I'll never live to see the day when she puts their closet in order."

This is even true of people of lofty mind and sincere piety. But my mother-in-law is quite different from others.

"How strange! Our deaconess never complains about her daughter-in-law to other people."

This is the common opinion of those who know my mother-in-law well. My mother-in-law is a woman of few words, and when she does say something she puts it extraordinarily.

"I don't know about the other stuff, but my daughter-in-law is very sweet to her husband."

No one pays attention to the part about "the other stuff." But in that phrase my faults are cleverly concealed. That is to say, she is skillful in ingeniously covering up my flaws.

My mother-in-law also says this sort of thing:

"If I call out 'Ow' in my room, my daughter-in-law comes running and massages my legs."

This is nothing more than an absurd exaggeration, but the mothers-in-law gathered around her do not suspect this and cry out enviously, "How lucky you are!"

My mother-in-law will stealthily throw in a word or two and get envious looks from all sorts of people. This is also a skill. In fact, my mother-in-law has many, many things she'd like to say to me—I think she just lives her life setting them firmly aside.

"Well, I keep my mouth closed, but don't you think I've nothing to say!"

This is what my mother-in-law usually says around the house. But when she goes out she doesn't mention me at all. More than for my sake, she does it for her own self-respect.

Kim Min-hi, 10/1990


### Diary about a Mother-in-Law and a Daughter-in-Law (2):
### The Golden Lawn of Long Ago

My mother-in-law went to America for a month at the invitation of my husband's sister. It was the first time my mother-in-law had been away from home for so long. In the car on the way back from the airport, I looked at the distant mountains all spotted with green. The reality that she was going far away and that I was free spread through my entire body like waves of joy.

"I'm going to enjoy my life!"

I made an orderly list in my pocket planner of all the people I wanted to visit. Then, on the second day, I happily began setting my plans into action. After fumbling through breakfast, I boarded a bus for Ansŏng. I wanted very much to pay a visit to Ch'oe Ŭl-gyŏng, an old lady I knew through the Han'guk Ilbo. I decided she would be first on my list. As soon as the bus left the city and began running past open fields, I became excited, and bubbling with laughter. What can compare to the happiness of meeting someone you have wanted to meet for a long time? Like water bursting from a dam, like a puppy trying out its legs, I went around every day to meet people. Not only people, but movies, plays, concerts, exhibitions, and so on. I was like a possessed person shoveling down food. People complained that when they called no one answered. Of course not, and that's the way it had to be. I was just too busy moving around.

Such was my state of mind that I would sometimes get home too late to make dinner. One day I brought home some *kimpap*. My husband picked up one, ate it, and then with a frown on his face, pushed the plate away. "Do you think you can do this because your mother-in-law is not here?" He went out, slamming the door behind him.

I did regret what happened. But inwardly, I became bolder. Can't he be a little generous at such a time? It doesn't take much more than his silence! My husband's words put a brake on my activities for a while, but I still went about according to my planner.

About three weeks later, I ran out of places to go. Like someone whose thirst has been slaked, I no longer had anyone I wished to see or anyplace I wished to go. It was so strange. It had seemed as though it could have gone on for months and months. Then all of a sudden, I began to spend my days quietly, as though I had come back to where I started.

In the evenings, I began thinking of my mother-in-law. I really did not know that I would miss her so much. At 8:30 every evening without fail, lines from a TV soap opera would filter out from my mother-in-law's room. I did not hear that sound now. I was overcome with the sadness of being in an empty house. I turned on the light in my mother-in-law's room and sat down blankly on the sofa. And I watched "The Golden Lawn of Long Ago," just as my mother-in-law had done.

Kim Min-hi, 04/1992

## Related Reading
### [The Joys of Life] Mrs. O Sŏn-ja, Kyŏngam Village, Kunsan City, North Chŏlla Province

It was my thirtieth birthday. My husband was away on a business trip, and my children were too young for celebrations. I felt that cooking *miyŏkkuk* by way of celebrating for myself would be both pitiful and too much trouble.

So instead, I decided just to relax that morning—for the first time in a long while—and alleviate my fatigue; so I slipped deeper under the covers to avoid the cold morning air.

Rrrring. I ignored the telephone at first, but because it kept ringing, I obligingly picked up the receiver and answered in a voice filled with annoyance. It was my mother-in-law, aged seventy this year.

"Oh, my child, today is your birthday. Congratulations! I would like to come visit you, but today is a Sunday [and I have to go to church]."

After I hung up the phone, I kept hearing my mother-in-law's prayers for me, and I closed my eyes.

After our marriage, we lived at my husband's house, then started our own household last year. I never dreamed she would remember the birthday of her youngest son's wife and that she would [call to] congratulate me. I was touched deeply.

What's more, in order to send those congratulations she dragged her ailing body from her home quite a long distance to the public telephone booth. I asked her why she had gone outside in the cold air instead of calling me from her house. I told her she could place a call to Kunsan for the price of a local call. She said that she had done that before and it had cost ₩20 extra. That was why she had walked all the way outside to the phone booth that morning.

To me, (someone) quite used to conveniences, two bronze ten-wŏn coins are things that just add weight to my purse, things that sometimes just annoy me. . . . Of course I was happy that the call afforded me a chance to reflect on my mother-in-law's thriftiness; but the most irreplaceable and precious gift was the "twenty-wŏn steps" she made with her frail body that early morning to wish her daughter-in-law a happy birthday.

O Sŏn-ja,. Joins.com. 11/11/1999. http://news.naver.com/read?id=1999111100000274012

## Lesson 4: Sports and Commercialism

## The Birth of Pro Baseball in Korea—
## The Winds of Commercialism Hit Sport, Too

All ballgames are played within lines. Cross over the line, and you are "out." It is only in baseball that you must go outside the lines [to win]. That is why the "home run"—hitting the ball out of the stadium—is the highlight of baseball. Some say that baseball is a sport that reflects American history's endless passing beyond and over boundaries. Professional baseball was eventually born in Korea, (a country) that until recently only knew such games as *chach'igi* (hacky-sack). The winds of

American-style commercialism that (serve to) make sports into a commodity have now reached us (*lit.,* blown into our hearts). For better or for worse, we are fully enjoying the "age of the 3 S's (screen, sex, and sports)" (term coined by Yi -Ŏryŏng, chaired professor at Ewha Womans University).

Seoul Jamsil Baseball Stadium on the afternoon of March 27, 1982. At 2:30, following a parade by a girls' high school marching band and a congratulatory show by vocal artists, Korea's first baseball game began between the MBC Blue Dragons and the Samsung Lions, and with it the era of Korean professional baseball. Samsung dominated the first half of the game. Samsung scored two runs in the first inning and three runs in the second, leading 7-4 by the sixth inning. But Paek In-ch'ŏn, acting as designated hitter and (team) manager for MBC, compensated by tagging on three runs (points) at the end of the eighth inning, to even up the score. In the bottom of the tense tenth overtime inning, MBC's Yi Chong-do's bat sent sparks flying. The soaring ball crossed over the left fence: a grand slam! Both teams produced an intense, close combat, scoring 26 base hits and 4 home runs, and offering a satisfying example of what true pro baseball is all about. In this game, Samsung's Yi Man-su took the triple crown of "first on record" honors: he recorded (Korea's) first home run, first base hit, and first RBI.

The social repercussions of the first-ever pro baseball game were overwhelming. Samsung brought in 700 female factory workers from Taegu Cheil Industries, and Kyŏngsan Cheil Synthetics in seventeen buses. The women were popular with audiences for their performance as a card cheering section, (an activity) which they had practiced intensively for five hours daily for one week. Japan's NHK TV relayed the game by satellite, and over a thousand Japanese spectators came to Korea to watch. While ₩5000 seats in the infield stands were sold for ₩10,000 on the black market, ₩2000 tickets for outfield bleachers fetched ₩6000.

The professionalization of Korean baseball had been the subject of (public) discussion from 1976, focused around Korean-American Hong Yun-hi, who inaugurated a Committee for the Preparation of Korean Pro Baseball. But a theory that the time was not yet right caused the idea to be pushed back, and the matter was squelched in little more than a month. With Korea's successful hosting of the 1986 Asian Games and the 1988 Olympic Games, however, pro baseball—with support from the powers-that-be in the Fifth Republic—took off like a rocket. Of course, prior to that there had been professional sports such as boxing, wrestling, and (the "Hallelujah") soccer team, but none compared with the explosive power of baseball. At a stroke, pro baseball took its place as the most popular sport [in Korea], with spectators exceeding 1,500,000 in number during its first year. [This popularity was] aided by OB Bears pitcher Pak Ch'ŏl-sun, with 22 consecutive victories; Paek Inch'ŏn, with a batting average of .400; and a system of regional connections that stimulated the activities and local support for the OB team, which had 16 consecutive wins at the Sammi. Offering dolls, hats, bags, etc., the Little OB

Bears [Club], which charged the then-sizable membership fee of ₩5000, was successful in enrolling more than 9,000 members in one fell swoop. The club assumed leadership in promoting the craze for pro baseball among children. Pro baseball became a common topic of interest everywhere: at the workplace, in schools, and in military barracks. The sport put the term *momkap* (fetching price; the amount a team expects to pay to acquire a certain player) into wide circulation in Korean society. At the time, the conception that a base hit, a home run, and a pitcher's ERA are directly tied to money was both marvelous and unfamiliar. And now, seventeen years later, the IMF age has done away with the notion of lifetime employment, and we are caught up in the whirlwind of reconstruction. We now live in an age when even our average corporate employees must weigh their own "fetching price" and compete with others.

Kim Han-su, reporter, *Digital Chosun Ilbo*, 09/12/1999

## Related Reading
## Success and Money for Sports Professionals

Ch'oe Yong-su, the "eagle" (brightest star) of Korean soccer, will be receiving $5,000,000 (approximately ₩6,000,000,000), the highest ever fee for an Asian soccer player, to make his debut in British professional soccer. His individual annual salary will be $700,000, but the monetary incentive being provided by the corporation owning the team is exorbitant. But that's not all. Kim Byŏng-hyŏn, Korea's best amateur pitcher, who demonstrated his true worth at the Asian Games, was scouted by a U.S. major league corporation for a $2,500,000 contract. Pak Ch'an-ho of the LA Dodgers has an annual contract of $1,200,000, and Pak Se-ri, the "lightning (*lit.*, gust of wind) rookie" of women's pro golf, grabbed nearly $1,000,000 her first year.

As the pro sports world rapidly globalizes, national boundaries are blurring for our sports heroes. Because of fierce competition by scouts, global superstars making hundreds of millions (*lit.*, sitting on money-cushions of tens of hundred-millions) overnight are appearing in succession. It is said that even Cuba, the strongest country in amateur baseball, is permitting its amateur players to make 'debut' careers in Japan. There was a time when switching to another team just for money was viewed as (the vice of) selling oneself.

While national boundaries are breaking down, sports fans watching TV in their living rooms want to see the best games in the world, no matter which country or region they are watching from. That is why the Olympic Games, which adhere strictly to the spirit of amateur sports, have turned into a competitive arena for pro athletes. Only at their highest level do sporting events become entertainment, with the hoopla of fans and the clamoring of sponsors. Being the world's best in your field is what the professional spirit is. Fame and fortune are secondary.

It is said that the Chinese are more familiar with the name of "basketball emperor" Michael Jordan than that of their own country's premier. Popularity and global commercialism act in tandem, giving rise to "one-man industries" worth hundreds of millions of dollars in royalties.

As the age of the global superstar comes into full swing, the values of "global teens" are also changing. Rather than wishing to be a future president, engineer, or judge, many more (teens) dream of becoming sports superstars. An unexpectedly large number of young American housewives are trying to raise their sons to be professional (American) football players.

The path to professionalism means being the best in your field of expertise (*lit.,* the field that you perform best in). And such is true not only of sports. It is said that the secret to competitiveness at world-famous Harvard University rests in Harvard's "inviting the best in each field from all over the world."

Because of Pak Ch'an-ho, American pro baseball games are regularly broadcast into Korean living rooms, and the occasion of the World Cup competition inspired enthusiasm for Korean pro soccer. And now many hopeful young golfers (*lit.,* dream-trees) aspire to follow in Pak Se-ri's footsteps.

Along with player ability, the level of appreciation (of sports) spectators and listeners is also becoming "globalized." If this demand for high quality is not met, survival at home will not be possible for our athletes, much less international success. In the pro sports world, a stern attitude is no less important than glory. Superstars are not born overnight. Individual effort is important, but so are the early discovery of budding talent, (the presence of) back-up support, and social perseverance. We ought to remind ourselves constantly that the global success of sports professionals exceeds their individual ability. It is a product of an array of social values, (athletic) potential, and professional spirit.

02/23/1999, http://news.naver.com/read?id=1999022300000596012


## Lesson 5: Full-Time Housewives and Working Wives

### "Thy Name Is Woman": Full-Time and Working Wives Break Barriers to Become Social Housewives

Housewife Pak So-hyŏn (35) has recently been suffering from severe depression. The symptoms have been evident ever since an old senior high school classmate moved into the same apartment complex. One morning two months ago, Mrs. Pak, her face still unwashed, was on her way to throw away a bag of garbage, when she met an old high school classmate who, quite unexpectedly, now looked like an elegant woman. The classmate tossed off a light greeting, saying she had moved into the building in front of Mrs. Pak's. Without even being asked, she emphatically informed Mrs. Pak that she was working at a cosmetics company. Then she disappeared in a strong whiff of perfume. Mrs. Pak says, "Since then, it seems like I only run into her when I am taking out the garbage or when I am covered with sweat hauling grocery bags. It's hard to endure her always honking the horn of her classy mid-sized car and acting so cool." Mrs. Pak, an honor student in high school who then surpassed her friend both in studying and beauty, felt frustrated at her friend's transformation. Even her husband told her in harsh tones, "Why are you any different from your classmate? Don't just sit around at home. Go make money and take care of your appearance like your friend!"

Yi Chŏng-hi (37), an editor at a publishing house, does not meet with her full-time housewife friends these days because she finds she has nothing in common with them: their only concerns are their children's after-school activities, apartment allotments, name-brand fashions, and the movements of entertainment celebrities. Some time ago at a gathering, Mrs. Yi's friends simultaneously attacked her in response to her statement that she did not send her daughter to supplementary classes: "What are you doing that's so important that you can't raise your daughter properly?" Mrs. Yi says, "I do not understand why these women, who were so bright in school, after marriage think only about their families and have no interest in problems relating to themselves and their society!"

At present the ratio of full-time housewives running a household to career wives working outside the home is fifty-fifty. All kinds of statistical data show that although household incomes (between the two groups) differ, the groups show little difference (in terms of their) accumulated savings and degree of happiness. The problem lies in the fact that, while all are housewives, the two sides feel boundless animosity and inferiority in respect to one other.

In a First Planning opinion poll survey, 70 percent of full-time housewives responded, "I just stay at home and fall behind in everything. I feel rundown." On the other hand, 88 percent of career wives confessed in a survey conducted at "gatherings for women" that they feel guilty because they are "not being a good mom to [their] kids."

Full-time housewives find detestable those who do not see to (household jobs like) itemized collection of garbage or who do not attend tenant meetings, yet dress up every day and work outside the home. Working wives criticize the full-time housewives, saying, "Do some volunteer service instead of frequenting department store sales and saunas!"

Experts analyze these characteristics as resulting from a male "divide and conquer (strategy)" that stirs up conflicts by, for example, reprimanding employed women for neglect of housework or for depriving men of jobs, and (blaming) housewives for their incompetence and for "letting themselves go." Kim Yŏng-nan, a researcher in the Department of Asian Women's Issues at Sookmyung Women's University, points out, "For a long time, males have praised (women's) maternal role. Their trickery has caused hostility between women to deepen. This has resulted in huge obstacles to solidarity among women."

Ever since, the conflicts and sufferings of housewives have grown greater. It used to be enough for full-time housewives to be ideal wives and mothers; but now, haunted by the idea that not earning money is a liability to a marriage, they try everything to find a job, but to no avail. Working wives who manage with difficulty to keep their jobs or find self-employment are still saddled with the double burden of job and household as they try to gauge the responses of society and family.

The (situation of the) conflicted housewife is now gradually changing. The enemy of woman is not (other) women. This is because women have realized that they must solve their own problems. Full-time housewives were the first to change. Housewives who, although burdened with managing the household all day long, used to answer that they enjoy[ed] themselves at home, began to be conscious of themselves not as "unemployed" but as "professionally employed persons." They have taken back their names by writing "Mrs. so-and-so, Housewife" on their personal cards and have broadened their visions to include their society. They are going beyond concern for their family and entering enthusiastically into (the lives of) their neighbors and the public sphere. The Green Life Group, a gathering mostly of housewives in Songp'a-gu, Seoul, systematically consolidates new ideas for living, holds exhibitions of recycled products, and offers public lectures.

*Kyŏnghyang Sinmun, Planning Serial, 06/08/1999*

## Related Reading
### *Ajumma*s Are the Pillars of the Country

The title *ajumma*, altered from *ajumŏni*, is not really an expression of respect, but carries the feeling of a vulgar term that lowers the (status of) the person (being referred to). It has changed from its original meaning "teacher's wife," and become more widely used to mean the opposite of *samonim*, (a title) used for upper-class women.

Most housewives cannot but fall into the category of the average *ajumma*, and because of their status (*lit.*, phase) as the "good housewife" who takes care of husband and kids at home, it necessarily follows that fundamental limits are placed on their personal development and social activities. And so it is a fact that as a social entity, *ajumma*s are seen (*lit.*, reflected) as an unwelcome group that clings to the egoism of family-centeredness. Taken to its extreme, the noun *ajumma* is roughly understood as a shameless person of vulgar taste, fond of freebies, garrulous, and ignorant. The implication of the word *ajumma* carries such a negative ring that these days jokes about "how to tell an *ajumma* from an *agassi*" are widely circulated.

It was exceedingly refreshing news to hear that some time ago a group of ordinary *ajumma*s got together and started a group called *Ajumma*s Are the Pillars of the Country (*A-Na-Gi*, for short). The group boasts that it will "pass beyond negative social perceptions of *ajumma*s to discover (new) identities and produce a new *ajumma*." Participants instituted and published an "*ajumma* constitution" in order to give rebirth to the *ajumma* as a refined, up-to-date woman. Based on this, they are presenting a commonsense blueprint for engaging in (*lit.,* unfurling) social movements. The thirteen-article constitution, containing rules for conduct (about everything) from self-development and the erasure of egoism to (including) empty formalities and (the performance of) neighborly services, seems to overflow with their desire to no longer be an isolated group in society. And so we may well look forward to positive changes in the *ajumma* culture.

We have commonly experienced instances of revolutionary consumer and ideological movements getting a good start from a nucleus of (only) a few human beings. From that perspective, there is no need to take (*lit.,* record) the New *Ajumma* Movement as another feminism centered around female intellectuals.

*Segye Ilbo* column, "Bickering," 11/22/1999

## Lesson 6: A Brand-New Pace Set for Salaried Workers

### Seniority Pay System: "Change Entirely"

Technofill, (a company) producing Internet online home pages free of charge (to the consumer), organized a task force at the end of last year for the purpose of advancing (its market) to the United States. A heated debate unfolded over who should be assigned to this vitally important "project". Surprisingly, the team leader elected was a Korean-American employee, David Kim (27). The rank-and-file rookie directed such prominent top-ranking officials as technology development executives and marketing executives as team members. Marketing strategy executive Yi Kwan (34) says, "As someone born in America and knowledgeable about the actual situation there, David Kim was the inevitable choice to take charge of the company's move into the American market. Under his direction, we set a timetable and designed business strategies such as scheduling our move into the U.S. market and inducting company affiliates."

The workplace regulations at Venture Industries, where there is no seniority or traditional rank system, have been disseminated at a rapid pace, (extending) even to conservative conglomerates. Ssangyong (Corporation) established an Internet trade team just last year, and in a lightning decision singled out agent Yu Kyu-dong (33), a six-year employee, as its team leader. The company revealed that the reason it appointed an agent to a position normally reserved for department managers with fifteen-to-twenty years' work experience was that it was a new project and they judged [that it would be] more effective to have an open-minded young person for the job.

At LG Telecom, a department manager was placed on a team headed by a section chief, and he receives work evaluations from his team leader. At this company, promotions with titles like "deputy chief," "section chief," and "department manager" conform to seniority, but annual salary rates and job positions such as "assistant" (salaried employee), "junior" (agent level), "senior" (vice-president or department manager), and "leader" (team leader) advance in accordance with (individual) merit. One employee said, "Because the department manager gets his orders from the section chief, he can no longer order the section chief just to 'get out of here.' A workplace culture is rapidly spreading in which you work and are paid according to your ability." From this March on, Samsung Corporation will introduce a professional contract system, giving employees with expertise in areas like futures trading more than ₩100,000,000 in annual salary.

The [traditional] forms of workplace culture—titles, attire, work hours, etc.—are also experiencing seismic changes. At the pharmaceutical company MSD Korea, the company president Yi Sŭng-u gives the greeting, "Agent Kim Hye-yŏn, did you have a good weekend?" It is natural there for the company president to use honorific language to his staff. Staff members without outside duties dress casually (freely) in jeans and casual shirts. Employees come to work at their own convenience between 7 and 10 A.M., and after working eight hours, leave without worrying about their boss's feelings. The department manager Chŏng T'ae-sun (40) said, "Things like having the staff leave the workplace before their superiors and using honorific language to staff were difficult adjustments at first, and there were some conflicts. But naturally we had to change the rules so the company would progress as a business."

The First Sugar Manufacturing Company, which introduced autonomous working hours system (flex time) and the no dress-code system last September, will, beginning this year, make both employees and executives address each other by name plus "-nim," instead of by job titles such as "Section Chief" and "Executive"—even in the conference room. This is because creative ideas cannot be produced in an atmosphere in which inferiors use honorific language and superiors use blunt speech. Daum Communications has changed the titles of its company employees to "Marketing Planner," "Internet Business Planner," and "Mail Consultant." This is so that the employees will take pride in their field of expertise; and in relation to business, it tells them to work on an equal footing with the executives.

If there is anything for executives to learn, they must learn it from the newly hired employees. Korea Software Central instituted a "special education" course for executives at department manager-level and above that was taught in turn by six new employees who had joined the company at the end of last year. Once a week the new employees give special lectures to the executives, and field their questions on selected topics such as ASP (software download service), wireless Internet, etc. The senior marketing manager Kim Yŏn-a says, "The primary customers of the software industry are in their twenties and thirties. Newly hired employees can better grasp the needs of the consumers." The Samsung Group also recently invested in new twenty-something "Generation N" employees as lecturers for the company's newly appointed executives, featuring special talks about the culture of the new generation, like "Starcraft."

Ch'a Hak-bong, reporter, *Internet Chosun Ilbo*, 03/05/2000

## Related Reading
### White-Collar Humor: Ten Requirements for a Department Manager

1. Give an opinion. If the response is unfavorable, insist that it is the executive's instructions and order it done anyway. (Sometimes criticize the executive . . . even though it will come out that the executive knows nothing about it.)
2. Never speak English in front of a foreigner. But in front of non-English speakers, use as much as you can.
3. Steal all the ideas of the office workers.
4. Believe that all of the appointed officials in the company are more ignorant than you are.
5. The logic of a great economist is a simple theory that even a small child can understand.
6. Truth is what you think; what others think is quibbling.
7. Remember that saying no to the company president means death.
8. If the company president coughs, stir up a typhoon for the office workers.
9. Avoiding responsibility is the greatest virtue of the workplace.
10. (Your position) requires the endurance to be able to read the newspaper for more than four hours a day.

http://galaxy.channeli.net/quad/humor/gujang12.html

## Lesson 7: Star Fever

### The Future They Dream About

One day in August, S Broadcasting Company must have put out a casting call for young actors. Around the broadcasting studio one could see long lines of (young people in) school uniforms, with hope-filled eyes and red and yellow hair, and made up in all sorts of ways. The several thousand young people in the human wave were carrying around envelopes with application forms. I do not know how much the screening test cost, but the company probably made a lot of money. All that fuss, and how many kids would they select? The company said it was starting a new TV drama and was picking a few young people (for it); but when the drama fades away, so will the young actors. And then what will become of that young person who made it into acting? Can the actors forget about the studio and go back to studying normally and planning a progressive future for themselves?

Why are they doing what they do? What sort of future do they dream of? Star mania is not just a recent phenomenon. Entering into the 1990s, the star industry grew into a full-fledged, high-profit enterprise. . . . The job that young people wanted most was to be an entertainer. They dislike jobs requiring them to exert energy. They wish to be looked up to, to be worshipped as idols, to live constantly in the spotlight. They want to earn lots of money and to live in luxury. This is the successful life desired by young people of today. Of course, this is not true of them all, so we may breathe a sigh of relief. But in fact more than 95 percent of young people fantasize about entertainers, and want to become entertainers themselves. In order to become entertainers on their own, a considerable number of them attend acting academies and lurk around all kinds of broadcasting stations and open auditions for actors and singers, with some even spending the money to put out a CD or make a venturing debut.

Many of those in the star category (*lit.,* class) appear on television with glittering lights on their flashy costumes, are followed by many fans, and are always in the spotlight. Clearly they fulfill the important role of bringing happiness to many TV viewers and spectators. It is not the stars themselves who are at fault. But everyone knows that all over the entertainment world, stardom-related feuds and self-serving interests circulate like nasty germs. The star system is to blame, as is star mania. Many vices are laid bare everywhere, so that no one can predict if discord between a singer and her manager will decorate the pages of the celebrity news, if a scandal will break out between a producer/director and an entertainer, or if fraud will be perpetrated on an acting candidate by an acting academy. Of course, this is where actors make their living; and the broadcasting companies, which make their living through them, thoroughly deceive, hide, and disguise these matters, so the average person always perceives the stars as flashy and [living] splendid existences, for no one knows the inside story. Even if they do know, because it is a celebrity news item, it appears for a while, then is gone like the wind, like something that disappears and is forgotten from the ear, mouth, and eye.

Let's create a space where young people can nurture their dreams. It's great to be a star. Everyone sees them as so stylish; even more so in the eyes of young people who are sensitive, perceptive, and without firmly matured values. Anyone would want to give stardom a try. But the star system is linked to money and entails commodification of the entertainers; in other words, commodification of human beings. The commodification of human beings is a frightening social topic that young people have difficulty dealing with. It is not about young people recklessly rushing into some fantasy about the external star system, but developing and fostering their own talents and making all-out efforts to discover people with exceptional entertainment talents surpassing those of others. This is the way to create stars who can really sing or act, not entertainment people swimming in money.

Anyone can be a star. There is value in striving to be one. But if (what you are striving for is) what stars show with their money, then have the courage to give it up. If what you want is to be worshiped by others, then give it up. Such people, even if they become stars, will become corrupt when money and fans dwindle. The stars in the heavens are countless. The stars we are talking about are in fact few in number. So let's break the stereotypical idea about what a "star" is. It's enough if we make stars of those around us. That means recognizing the genuine star quality in people with warm hearts and concern for others, not just [those] armed with money, the spotlight [attention], flashiness, and refinement. When each one is true to his own role, and in that role gives to others and receives recognition from the others in his life, then that self is a genuine star. Now, as for everyone in your neighborhood, at school, at your workplace, in your learning groups, in your family, etc.—let's make our own stars!

*Parody Han'gyŏre 21*, 09/01/1989, #1

# Related Reading 1
## Teenagers, Clubs, and New College Students All "Shoot for Stardom"

"The next An Sŏng-gi," "the next Kang Su-yŏn," "the Korean Hanson Brothers," "the Korean New Kids on the Block." Such are the greatest hopes of teenagers. The word "low-class entertainer" is not in their dictionary, only the word "star." The struggles of these teenagers to become "stars" (*lit.,* constellations) may well deserve to be called the "star syndrome." This syndrome appears from intermediate school on. Nowadays, entry into arts high schools has a maximum competition rate of 20:1.

According to professors active in the field, the news and broadcast majors and the theater and film majors have long belonged in the top five most popular majors for students in liberal arts high schools. Among high school clubs, too, literature clubs and reading clubs are regarded as "boring," while (older) teenagers are running to "group sound" clubs, dancing clubs, theater groups, etc. Next (in popularity) are broadcasting clubs, photography clubs, and choral clubs. The competition for these is also fierce. At N High School in Seoul, five or six "group sound" clubs and dancing clubs are currently active, with competition [application] rates for incoming freshmen applicants invariably at six or seven to one each year.

Outside schools, all kinds of entertainment academies are becoming hot (businesses). At present in Seoul, there are more than thirty acting academies in and around Yŏŭido. The Korean Broadcasting and Culture Committee chief-of-staff, Kim Min-sŏng, says, "In July we selected a quota of 320 people. Over a thousand people applied, showing a competitive ratio of 3:1. There are as many ambitious young teenagers under the age of fifteen as there are older teenagers." The competition rate at the academies, which provide both entertainment production and casting expertise, is especially high. Teens who register at the academies get hands-on acting practicum, physical training, vocalization and breathing techniques, etc., in one or two years in preparation for their debuts. This is because a teen who debuts during high school has a greater advantage in entering theater and film majors.

A Miss Sin, a sophomore at a girls' high school in Seoul, said (lit., revealed) "This summer I pestered my aunt, who is a hair designer, to give me a real make-up job, then I sent pictures to an entertainment management company and to directors. Because I am tall, I am thinking of becoming a model after I graduate." A Mr. Kim (18), who occasionally played as a backup musician at Shinch'on, said, "It's best to enter a professional arts college. For my preparation project, I think I will make a demo tape by the end of September and take it to a record company." The money that these people throw into their preparation projects far exceeds the amount (level) of the average high school student's spending money. But (Kim) says, "I just think of it as an investment, just like the high fees others are paying for private tutoring."

But a very narrow doorway stands before older teen star applicants. The (ratio) barrier for (entry into) theater and film majors is usually 30 or 40:1. The ratio of those passing a broadcasting station public tryout event or any of the various selection auditions averages 200:1. Fewer than five will fight their way through the competition to become leading actors. Because of this (fact), Chief-of-Staff Kim Min-sŏng says, "We make it known that becoming a star will definitely not happen overnight prior to acting practicum."

Still, like (tiger) moths, teens fly toward "stardom." The music critic Kang Hŏn points out, "What created this syndrome is the TV-oriented star industry system. If a star appears on the tube, it systematically creates a boom of television (coverage), magazines, and various fan clubs." He says, "It is necessary to make efforts to create an educational environment for teenagers that makes them concerned about broader culture, such as science and literature, and not only popular culture."

Kwŏn Ki-t'ae, reporter, *Internet Donga Daily*, 08/19/1997

## Related Reading 2
## The End of the "Oppa!" Squad

No longer are the frantic calls of girl students heard on basketball courts. This is because, together with the introduction of foreign players, star (system) basketball changed to professional basketball based on actual playing. Now, rather than letting out cheers for "*oppa!*" (big brother) audiences cheer for the actual game itself, and we also see the phenomenon of audience restructuring to include males, older adults, and families.

The cries of the "*oppa!*" squad (composed) of middle school and high school girls are notorious. These girls are experts at breaking down the walls of broadcasting studio stages, not so much to listen to music as to run after the singer and scream. Once an entertainer appears, they begin to run all at once like a herd of (African) buffalo. The accidental killings at the '92 New Kids on the Block concert, the '95 Young People's Pager Code 012 concert, and at the late '96 Starry Night concert, and so on, were linked to such disturbances.

What is surprising is the fact that record industry and concert event companies are making use of this. It is not just public commotion that the girls are creating. Because they have substantial purchasing power as well, they also control the volume of record sales and are the trendsetters in the Korean pop song world. On the other hand, because of the "*oppa*" squads, the Korean pop song world cannot break out of the "teenie-bopper" mode, and older generations pay no attention to it.

Because of their school uniforms and entrance exams, Korean teens spend dark days during the most unhappy period of their life. In fact, the "*oppa!*" squads are the teenage daughters of average families. According to one investigative poll, the academic scores of those on the "*oppa!*" squads are actually superior to those of girls who just stay at home.

The important thing is not to criticize these girls, but to prepare spaces like basketball courts where they can vent their emotions in a healthy manner. Changing the current pop song scene into a venue for everyone is one good way to improve the "*oppa!*" squad.

Yi Tong-sin, professor, Kyonghee University, *Internet Donga Daily*, 02/16/1997

## Lesson 8: College Entrance Exams in Korea

### "The 'Big Bang' of College Examinations"

The "big bang" of college entrance examinations has begun. Starting in the 2002 academic year, college entrance examinations, which had formerly based scores on one competency exam taken on one single day at a single sitting, have now greatly changed to follow the selection criteria of each (individual) college. The great revolutionary change in the exam system, unthinkable under the previous fixed notion that "exam = entrance exam," is currently underway. To begin with, looking at the screening process (plans) of seventy-five colleges, the following four major changes will be made.

First, colleges will select students at convenient times by means of special selections (procedures) and periodic screenings, with no (single) scheduled test date. Second, whether for competence exam scores or academic (record) grades, importance will be placed on grades classified by each subject area, rather than on a comprehensive score. Third, non-curricular items such as an individual's character, aptitude, awards, and volunteer work count as important parts of the selection (process). Fourth, selection standards will vary depending on the college's ideology and founding spirit.

The autonomous selection standards (set) by colleges will also be greatly strengthened, such as preferential treatment for the "three great alumnae" (the three top high schools) or for "the courageous citizenship award," or for students from specialized high schools such as science high schools. Students, as well as their parents and instructors, may all be overwhelmed with confusion in the face of these enormous changes. Three years still remain (until the changes take effect), but from next year's freshman class onward, schools will have to guide the advancement of their students according to the (new) system, and students will have to prepare for (the new) entrance examinations. The Ministry of Education, the District Education Offices, and the first-line schools, while somehow minimizing the confusion arising from the new system, must form concrete guidelines and directions for bringing about a new (form of) educational revolution encompassing knowledge, virtue, and health.

Each college has such different selection standards that chaos will result. Therefore, endless questions about the fairness of the new system are being posed. In preparation for the changes, a variety of informational sessions for instructors and parents must be put into place. The anxiety felt by parents must be reduced, for example, by providing concrete and helpful information sessions about which colleges students with special aptitudes in certain fields ought to select.

As the vision of the creation of the new school culture has already been presented, (we must) provide a concrete teaching plan for a well-balanced education (both morally and intellectually), combining aptitude-based school selection with (an education emphasizing) knowledge, virtue, and health; and we must continually inform and remind instructors and parents (of that plan). We must be especially careful about the contents of statements that go into the student's record. Competency exams and student academic grades are objectivized, but nonacademic criteria such as personal character, aptitude, and volunteer work can be greatly influenced by the opinion of the instructor-in-charge. It must be said that the success or failure of the new system will (be determined by) the degree of fairness secured in (assessing) the student's record. The influence of mothers, who are always concerned about how their children's records and recommendations are prepared, will also become stronger. If they wish to spurn this kind of temptation and external pressure and provide good education at the schools, there is no other way but to secure the authority of the instructor. Belief in the school and trust in the instructor are key to the success of the new system.

Naturally, it is only by studying hard that one may enter a good college. Entrance exams are given too much weight; however, that does not mean we should get rid of prestigious schools. The problem is not that a student stays up all night studying; it is the failure to create for those diligent students an environment in which they can study purposefully. The contradiction lies not only in senior high education. While attending the colleges they labored to enter, students go to academies saying that they do not like the course curriculum.

Editorial, *Chung'ang Daily*, 11/03/1998

## Related Reading
## Talking about School and Supplementary Courses

Sŏ Yŏng-sŏk
Born in Inch'ŏn in 1965, Sŏ graduated from Pup'yŏngdong Elementary, Pup'yŏngdong Intermediate, and Sŏn-il High School. In 1983, he entered Seoul National University as a physics major, topping the list in the College of Natural Sciences, but he had to serve a prison term of one and a half years following the Inch'ŏn Situation of May 3, 1986. He graduated from college in 1989, then worked for ten years as an academy instructor before entering Kyunghee University's Chinese Medicine department. He is married to Chŏng Kyŏng-a (36), with whom he has a daughter, Hanŭl (9).

Kim Ŏ-jin
Born in Seoul in 1978, Kim graduated from Hongik University Demonstration Elementary School, Yunjung Intermediate, and Yŏŭido High School. In 1997, the year

he entered Seoul National University's foreign relations department, he published a controversial book about his experiences with the entrance examination, entitled *Ŏ-jin's How to Get into Seoul National University by the Skin of Your Teeth.* He is the only child of KBS producer/director Kim Sŏng-ŭng (54) and his wife, Kim Chŏng-hi (52).

Everyone wants to study well. This is because we believe that one must do so to succeed in this society, in which school affiliations are so important. The market for private education was 29 trillion wŏn in 1998, with academy costs making up 14 trillion of that number (Investigative Research Report on Korea's Education Expenditure, Institute for Korean Education Development). When the Constitution Court's decision to remove the ban on private tutoring was recently handed down, there was considerable worry that private lessons would become even more rampant.

Sŏ Yŏng-sŏk, who never received private tuition in his student days but has experience (working) as an academy lecturer, engaged in a frank discussion with Kim Ŏ-jin, who was tutored as a student, about the realities of private tuition and public education, and (various) aspects of the university. Does the thirteen-year difference in their ages make each see education differently?

**Moderator:** Is this the first time you two have met?

**Sŏ:**   Ŏ-jin doesn't know me, but I've read his book.

**Kim:** That book was really popular. It sold 110,000 copies. The publishers (Tungji) went under, though, and I got ₩2,000,000 from the (book) contract and that was it. (laughs)

**Moderator:** Did you ever have private tutoring?

**Kim:** I am really bad at math, and I received math tutoring once a week during my junior and senior years from a college student, for ₩300,000. My scores did not get any better with tutoring. I just got some peace of mind from "doing what others were doing." I only got half the math (problems) right on the competency exam.

**Sŏ:**   During junior and high school I never received private tutoring or went to an academy. My family just could not afford it. But I really didn't need it. I got by fine doing just schoolwork.

**Kim:** Top college candidates mostly say they were loyal to their schoolwork and did not have private tutoring. But those are the students who study really well. Students with average grades get tutoring, and their grades improve. That's why they want tutors.

**Sŏ:**   Academy instruction yields similar results. I studied for a month (before) I took the test for Kyunghee University. I was worried about the geography section because I'd never taken geography before. Five minutes spent listening to the academy's geography lecturer had the same effectiveness as an hour of self-study. Because he gave us the main points, we had to take notice. The same thing could be done at school, but it isn't. That's a shame.

**Kim:** In my senior year of high school, they divided up my class according to test scores and held supplementary study classes. The classes were held for two hours every day after school and were more serious than the regular classes. Because everyone was at the same level, it was easier for teachers to teach us, and we followed along better. At times like now when there are big differences in students' abilities, I don't think it's fair to make everyone study in the same class regardless (of differences in ability). So I think reviving prestigious private high schools and high school entrance examinations would help public education find its proper place. It's the parents, not the students, who feel divided classes are unfair (*lit.*, incongruous).

**Sŏ:** That's right. There is no way to stop private tutoring as long as you have public education classes of forty to fifty students, catering to the lowest common denominator, having to explain so that the slowest learner in the class understands. Will I have private tutors for my child? No. I don't think an educational record is so important that you have to rely on others.

**Moderator:** Just how prevalent is private tutoring?

**Kim:** At the high school I attended, there were ten to fifteen students per class receiving private tuition. There were teachers who often skipped morning supplementary sessions. When I think about it now, they must have been giving private tuition.

**Sŏ:** I know that still today there are some employed instructors who function as "brokers" introducing other academy instructors or teachers to students. Some do not even directly teach the students at the school where they work. They just switch with other instructors or (teach other) students. Mostly it is the middle and upper-range students who get this kind of tutoring, rather than the really inferior students.

**Moderator:** Will the revival of private tutoring cause the collapse (*lit.*, destruction) of public education?

**Kim:** If the quality of school courses continues to be poor, the public education system will crumble, regardless of the revival. Even before the decision was handed down by the Constitutional Court, those who did private tutoring were doing it anyway. So it's ridiculous to make such a fuss about it now. The reality that people are engaged in private tutoring is still the same as before; the only thing that is different is the handing down of the ruling.

**Sŏ:** Even the academies will tell you, it's not that more students are seeking out academies now. Students also ask, 'What's changed since the decision was handed down?'.

**Moderator:** What are the problems with public education now?

Sŏ:  To my thinking, a big problem is the quality of instructors. In particular, the fact (*lit.,* reality) that instructors are not really respected socially creates a vicious circle that debases them even more. Nowadays, many male students, instead of going to private colleges or education colleges and then working five years as exempt [i.e., to get an exemption] from military service say they prefer to spend two years working as a soldier. Now, where are competent teachers going to come from? At the school my third-grade daughter attends, the parents' wish is for "(please make) the teacher in charge of my child to be someone fresh out of college." It's a harsh way of putting it, but it speaks to the shortage of young, competent instructors.

Kim:  Another thing is that school education is "supplier-oriented." We have to change our way of thinking and stand in the shoes of the students, the "consumers." It means focusing on differences, not being discriminatory. For example, create a variety of high schools, such as for cooking and for popular art, and create various educational programs within schools. School authorities and instructors don't want to bother with (the difficulty of) developing diverse programs, so they educate in a regimented and unilateral manner that ignores the needs of the consumer.

Sŏ:  "Happy-go-lucky" education policies are another problem. For example, would you believe that the easier competency exams are creating an even greater demand for private tuition and academy instruction?

Kim:  That's true, it was like that even during my high school days. When non-college-bound students heard that the competency exam would become easier, they aimed at a last-ditch reversal (in an effort to enter college) by getting private cram tutoring. The policymakers said, "By making the competency exam easier, people can get into college without private tutoring," but that was just an armchair theory. The system based on recommendations from high school teachers is also a problem. Even though it is a system that tries to choose students using criteria other than the competency exam, teachers still recommend the students based on their grades, you know? What is the difference between them and students who pass the competency exam?

Moderator:  Is it necessary to attend college?

Sŏ:  You have to attend college if you want to advance your scholarship. But I don't think everyone needs to go to college.

Kim:  It's less the case now than during my parents' generation, but isn't the idea still strong that you have to go to college? They say that academic cliques have more sway in advanced countries than in our society. But the social security systems of those countries are better maintained, so even if you didn't go to college, you can select (from) a variety of jobs and there is the possibility of success. Recently in our society people have been saying that one need not go to college, but at the same time there also exists an "academic inflation" that says college is a necessity and graduate school optional.

**Moderator:** Do you have any ideas for public education reform?

**Kim:** When I was a student the most impressive educational method [I experienced] was when my elementary school teacher taught us to read and to keep a diary. I have never had private lessons in piano, computer, or English conversation, and I really have no major regrets about it now. Is it necessary to make my child continue studying violin, when she'll never be Chang Yŏng-ju? It's all just to satisfy the parents. If we are going to set public education straight, we have to make students want to come to school. In elementary schools, (the level) where private tutoring most often occurs, if we have proper after-school education and club activities, it will solve many problems.

**Sŏ:** It seems that we need a change in our thinking. Intermediate and high schools are different from elementary schools in that students cannot free themselves from the burden of college entrance exams. When students graduate from college, they have to jump into the competition of domestic and international society. Isn't it a problem if they aren't immune to competitiveness? So there is no need to do away with the burden of entrance exams altogether. Instead, what's important is training the students well. If students are to compete fairly, we must decrease the (number of) courses in intermediate and high schools and make them study only the required basic subjects.

No Hyang-nan, reporter, http://www.hankooki.com/people/200005/TMP/np20000505190929hg0183.htm

### Lesson 9: The Role of the Press

### The Reporter, the Chronicler, and Pride

It is well known that long ago, during the dynastic periods, a chronicler—a kind of civil servant—would always be next to the king and record the monarch's every word and movement. Because the chroniclers knew that the words they wrote would become history, they made their best effort to do the job well. The third king of the Chosŏn period, King T'aejong (Yi Pang-wŏn), was not immersed in royal court life from a young age; he joined the royal family and then became king after becoming an adult. He had a fiery temper, and often he would say foolish things to his ministers. Because the chroniclers were sitting there writing down everything as it happened, it was a big problem for a king. In order to prevent the recorders from noting every foolish thing he uttered in his excitement, he kept them from approaching him. Yet it is recorded in the *Veritable Records* that a certain obstinate chronicler said he would go in and write even at the risk of losing his head to the sword.

I heard that now also there is a position like a history recorder [i.e., chronicler] at the (presidential) Blue House, one who records all of the governing activities of the president, but I wonder if those records are formally preserved for the sake of (becoming) history. At any rate, in complex contemporary society, even if there is such a person who stands by and records the governing activities of the president, just as in the dynastic period, those records alone are not enough to make a history. It is common knowledge that public documents, such as materials from each of the administrative branches of government, and especially newspaper articles, a form of nongovernmental material, can become important historical data. The newsroom in the Blue House is called the Spring and Autumn Hall (*Ch'unch'ugwan*, the Koryŏ Office for Annals Compilation). This signifies the importance of reporters' function as historical recorders.

If there is a basic principle for reporters in writing articles, perhaps it is to maintain fairness and objectivity. If we think of reporters as having part of the function of the chroniclers, it goes without saying that besides the maintenance of fairness and objectivity, pride and a sense of duty as recorders of history are also keenly to be desired (of them). We cannot demand of the reporters of these days the same sagely sense of mission of the dynastic chroniclers or the temperament of the patriots or independence movement activists that were held by the reporters during the Japanese occupation. But if it is still the case that the articles they write become historical data, can w~ not require a modicum of professionalism and pride for that purpose?

In Korea's press society, since the Pak Chŏng-hi administration, when people reached the level of a directorship (title), they were usually called to serve as spokespersons for the government or as members of the 'Yujŏnghwe' (*lit.*, Restoration Government Association). Perhaps that is why, in the Korean press, we no longer find regular reporters over the age of fifty. Therefore for any given field we have lacked knowledgeable, experienced, and dignified specialist reporters; accordingly, the quality of newspaper commentaries has deteriorated, and it is not easy to find solemn and authoritative articles worth careful reading. But even so, recently we have been hearing the term "great reporter." Whether they are fifty or sixty, however, [reporters] are just reporters. Why is it necessary to use the term "great reporter"?

It has gotten so that nowadays it seems a luxury even to bemoan the fact that reporters are not the least bit professional as recorders of the truth or compilers of history. Newspaper reporters do not use their social standing to create things like reform bills for press policy and publish them in the newspaper. They either secretly make offers to specific politicians, or, in some cases, broadcast reporters steal material and pass it on to yet other politicians as leaks, thereby causing widespread clamor. Not only that, but there are rumors that a reporter handed over the investigative documents created by the Samch'ŏngdong investigating team to a suspect [implicated in those documents].

We cannot demand today's reporters to become like that chronicler who was willing to risk his life in order to write the truth. The age in which reporters were "uncrowned kings" or had a sense of mission as recorders of history is now a thing of the past. But nevertheless, ought not reporters working today have at least a minimum of pride and professionalism? To weigh the totality by (looking at) only one part of the problem is never permissible, but that one part can (be a seed that can) bring detriment to the whole.

When France's de Gaulle purged the pro-Nazi faction, he laid the heaviest punishments on the intelligentsia and the press. Today, as in the past, if intellectuals, and especially writers, lack pride and a sense of mission, the harm they cause is greater than in any other case. Even if today's reporters cannot be like the chroniclers, they must maintain a minimum of pride: if not for society, the state, or the people, at least for themselves.

Kang Man-gil, *Internet Hangyŏre*, 11/21/1999

## Related Reading 1
## The Loss of Discourse <12> Media Today

After the struggle of June 1987, the democratization of Korean society was realized—however gradually—and the strength of political authority significantly weakened. The power of the press filled up the empty space left by (declining) political authority. Of course, even after the entry of "the people's government," political authority was still not entirely free of the lure of "control of the press" or of "public relations control." Perhaps it will never be the case that political authority escapes from that lure.

But it is also true that the Korean press today enjoys the most freedom since the beginning of (the history) of the modern newspaper in the late nineteenth century. There is perhaps no reporter who self-censors (his writing) for fear of political authority. Now legendary are the "barbaric" conditions of a decade before, when (the government) interfered with (even) article distribution and photograph insertions through its use of the Public Relations Control Room of the Education-Information Ministry as the medium for reportage.

Curbing the dogmatism and corruption of political power is one of the important roles of the press. On that score, at least, it can be said that the Korean press of today is doing its job. Conditions are (now) the reverse of [those in] the age of dictatorial regimes: now it is not the press who watches out for political power, but political power who watches out for the press. And basically, there is nothing wrong with this.

But then who curbs the press? In Korea, where the civil society is rather weak, the press is hardly kept in check at all. In Korean society, the press is an authority no less strong than the political authority. And even though it is not an elected authority, no power exists to restrain it.

In a civilized society, restriction of power must be effected through debate and criticism—in other words, through discourse. But the press gets command of the site of that discourse, and it is difficult for criticism of the press to surface. Moreover, the Korean press is not accustomed to self- or mutual criticism. And except in a few instances, Korean newspapers do not criticize one other. But for that matter, they do not praise one another either. This state of affairs has been christened "the silent cartel" by press scholars. The silence does not mean that the press is especially more virtuous than other fields in our society. The press reports about everything in our society, leaving nothing sacred. They are silent only about the world of the press (itself). And so that world is the only remaining sacred place in our society, and it is difficult for the average reader to understand it.

There is, however, certainly a way for readers who are curious about the world of the press to satisfy their curiosity. Such readers need only go to a newspaper stand on Thursdays and purchase the weekly newspaper (called) *Media Today*. *Media Today* first appeared in May 1995 as the reincarnation of the *Press Labor Report* (*Ŏnron Nobo*), the bulletin of the National Press Labor Union League (called *Ŏnnoryŏn*, for short). The first publisher was the then chairman of *Ŏnnoryŏn*, Yi Hyŏng-mo (currently vice-president of KBS), so it can be said that at its inception it was the organ of *Ŏnnoryŏn*. The current publisher, Nam Yŏng-jin (formerly a reporter for the *Hanguk Ilbo*), after (*lit.*, via) the second (generation) publisher Son Sŏk-ch'un (now media chief at *Han'gyŏre*), split from the *Ŏnnoryŏn* and has published the paper independently since taking it over in June 1999.

The pages of *Media Today* are filled with inside information about the Korean press: all sorts of absurd events tied to press capital; the behind-the-scenes rise, decline, manipulation, or plagiarizing of certain reporters; and critiques of editorials or cartoons. *Media Today* delivers press news that does not appear in the newspapers, and is a "newspaper about newspapers," (containing) "discourse about discourses."

Other media that report the inner facts of the press world are *Reporters' Association Report*, put out by the Korean Reporters' Association, and the *Press Labor Report* (*Ŏnnoryŏn*), which was revived last week. However, these media are only for private distribution to those in press-related occupations, and they are not easily obtained by members of the general public. *Media Today* is the only window through which the public can look into the world of the media. Its home page is www.mediaonul.com.

Ko Chong-sŏk, editorial committee, aromachi@hk.co.kr
http://www.hankooki.com/11_6/200003/h2222232717105416O1399.htm

## Related Reading 2
## Political Power and the Press

One of the important duties of the press is to monitor and criticize authority. Because authority is one of the prerogatives of the human beings who exercise it, it is easy for them to yield to the temptations of complacency, authoritarianism, and corruption. The freedom fighter of yesterday (soon) becomes authoritarian before he knows it; and the [phenomenon of the] idealist (force) becoming a corrupt politician before he is aware of it is the actual state of the political world. This, of course, is true of developing countries in Central and South America and in Southeast Asia, but it is also often seen in some politically advanced countries in Western Europe. A good example is the former president Helmut Kohl, who realized the great task of a unified Germany.

It is safe to bet that if Kohl had been a politician in Korea, he would have been secure. That is to say, Korea is a safe haven (*lit.,* paradise) for lies and corruption. It is a country where lies and corruption have become part of the (national) fabric (constitution, structure), from political leaders at the top to civil servants at the very bottom. Where else in the world is there a country where public officials act in such a proud and open but abandoned fashion, having thrown away their promises and told untruths? Yet they still talk high and mighty even when the injustices they committed were exposed, when they accepted bribes, or when they even did prison time.

To overthrow this sort of (exasperating) phenomenon is the task of pressing political reforms, but it is also an important task of the press. Compared to the presses of advanced countries, the ability of the Korean press to monitor authority is extremely weak. Our press needs to familiarize itself properly with the so-called adversary journalism of the West, which is so critical of the government as to be merciless. Their press people stubbornly and persistently ferret out the lies and absurdities of governments and politicians, and drive offenders out of public office. In the United States, President (Richard) Nixon was expelled from office because of the press for what, by Korean standards, would be considered a trivial lie. Vice-President (Spiro) Agnew was besieged by the press because of his (acts of) corruption, resigned from office, and barely escaped going to prison. We, too, need that kind of press.

In a society where political and bureaucratic corruption are part of the (social) fabric, it is a necessary [inevitable] consequence that even judicial functions become incapacitated. If that happens, all that remains in the end is the role of the press and of citizens' campaigns. This is also why the classical Fourth Estate view of the press has come to have a new, contemporary meaning.

When politics are in disorder, statesmen commonly lay responsibility on "irresponsible instigation by some members of the press." When that happens, some

sections chime in with "See, the press sometimes loses control, too!" When political authorities hear this, they (then) think themselves justified in restricting freedom of the press. That was exactly the case when the government was pressed by opposition demonstrations during the 1964 negotiations between Korea and Japan. The times have changed, and now (governmental) cabinet ministers have publicly declared "war on (with) the press." Isn't that why the government is using tax probes (as) a full-scale legal attack on the press, in order to subdue it?

But monitoring and criticizing authority are the duties of the press. It is an authoritarian act to try to control or tame the press out of aversion to that fact. If that should happen, and the press is seized by authority, it will mean the regression of the Korean press to (the period) before 1987.

If, in the program for a "strong government," a "weak press" is included, [proponents of the program] will meet with opposition not only from the press world but also from citizens. (It is like the Chinese proverb) "pointing to the deer and saying it is a horse." In short, a press that points to a deer and lies that it is a horse, is not a press. (Any) idea of weakening the press is a dangerous notion that will be a setback to democracy.

Nam Si-uk, professor, Korea University, http://www.chosun.com/w21data/html/news/200102/20010220402.html

## Lesson 10: A Contemporary Short Story

## The Ongoing Plot 2

(Summary of "The Ongoing Plot 1": Since her wedding night, every time Pun-hi tried to have intimate relations with her alcoholic libertine husband, her jealous mother-in-law complained of chest pains. She remained a virgin for three years. Then, one day, her husband could no longer control his sexual desire and forced her to have sexual relations with him on a heap of bean pods, and she thereafter gave birth to their only son. Afterwards, her husband never approached her for sex again, but began frequenting shady bars and living fast. Then he was hauled off on a work draft and never returned. After her mother-in-law died, Pun-hi took her only son to Seoul and reared him there by herself.)

The day she saw her only son get married she danced joyfully. She sent the couple off to their honeymoon at Anyang Hot Springs, putting a fresh stack of saved-up bills into her son's pocket. She even gave them the thing called the "wink" and joked around with the couple, telling them to "have a good time."

Pun-hi could not sleep on her son's wedding night either, wondering whether the bed at the tourist hotel was comfortable and clean. She sent them off on a honeymoon, as was the modern custom, but on their first night together, she thought, they should sleep on embroidered bedding devotedly stitched by the bride's family. Besides, she herself had waited three years after her marriage before her first (and last) wedding night, there on the mound of bean pods in broad daylight. She did not wholly lack sentimentality in recalling the event, but she did not feel the chest pains. She had raised the boy, he had worked hard for his success, and he was now a married man. When she thought of that, she felt gratified beyond all description. And his bride was pretty, too.

She had spotted the girl before her son did and had done the matchmaking herself. The girl was a first-rate young lady, both in terms of her looks and her homemaking skills, and Pun-hi was more proud of her than her son was. She wanted to treat the girl sweetly, as if she were her own daughter. Because of her own sorrow at never knowing the pleasures of marriage, she wanted them really to enjoy their marriage. In anticipation of their return, she made up the bride and groom's bedroom in a detached quarter far from her own room. She exerted herself, seeing to every detail, in order that her son and his wife could enjoy themselves without worrying about what his mother might think. The honeymoon couple returned after three days and two nights to begin their married life. The couple enjoyed true marital bliss, just as Pun-hi had hoped. Her son returned home early from work, checked up on his mother briefly, and then went off to the detached quarter. Or he would take the girl out for dinner, go to a theater, and come home late.

At such times, Pun-hi would ache with loneliness inside, and before long, it seemed that the loneliness would provoke her ill-temper. But each time she held it in. If she thought of the daughter-in-law as her own daughter, it was much easier to bear it. She actually called out her name: "Kyŏng-suk! Kyŏng-suk!" By calling her the name that she had used before she became Pun-hi's daughter-in-law, she intentionally tried to deny the fabrication of the commonplace mother-in-law and daughter-in-law relationship.

Kyŏng-suk showed signs of pregnancy within a month of the marriage. Pun-hi gave a smile of satisfaction. Kyŏng-suk's good looks and housekeeping skills were in actuality not the real reason Pun-hi had pegged her as good material for a daughter-in-law. These were only superficial reasons. Whether you looked at Kyŏng-suk's prosperous family line, or at her full, broad buttocks, her features signaled to Pun-hi that she would put out sons like a baby mill. Kyŏng-suk turned out to be just the thing: she had conceived before anyone expected it.

But what Kyŏng-suk had was a daughter. Pun-hi was not sorry in the least. The first daughter would be an investment for the sake of the household. But she stubbornly insisted they name the girl "Hu-nam," meaning "the next will be a boy." Kyŏng-suk whined that it was not as if she had borne three or four daughters in a row. Why do away with all the pretty names, and call her that embarrassing name?

But her husband stood up to her. Oughtn't they grant the good old woman her wish? So they named their first daughter "Hu-nam." But despite the name which should have been followed by a string of sons, little Hu-nam still did not have a little brother when she entered kindergarten. The fecundity that Pun-hi forecast had gone wide from the mark. But in truth, it had not. Kyŏng-suk was so fertile that she was pregnant again even before Hu-nam's hundredth-day celebration. Kyŏng-suk, judging that she could not bear the pain of so many pregnancies, got an abortion without telling her mother-in-law. She had abortions frequently, at least one time every three months. When Hu-nam had passed her second year, from about the time Kyŏng-suk felt she no longer needed to have abortions, she really did not need them at all—she could no longer conceive.

Inwardly, Kyŏng-suk became worried, and a close examination confirmed that her Fallopian tubes were blocked as a result of inflammation. It was the same as saying she was permanently sterile. Kyŏng-suk could not just keep deceiving her mother-in-law, and she confessed everything to her.

Pun-hi could feel the ground give under her feet, it was such a shock—but she listened calmly to Kyŏng-suk's words. Indebted to her mother-in-law for keeping her composure, Kyŏng-suk told everything she was feeling.

"Ma'am, don't feel sorry about it. Because my husband does not feel sorry about it, and neither do I. Just having Hu-nam is enough for us. It's old-fashioned to think that bloodlines are continued only through sons. I don't want to be a victim of old-fashioned thinking. Generations continue through males according to man-made family registers, but actual bloodlines are carried on equally through males and females. Family registers are relics of a past age. We don't care about things like that."

Kyŏng-suk should have been wary or crafty. Pun-hi deeply detested this sort of brazenness in Kyŏng-suk. But she did not let her feelings show at all. And little by little, she began nurturing a plot.

Pun-hi's impregnation atop the mound of bean pods had up to now been her very own secret. She was going to keep it as her own personal sorrow and wound until the day she died. But now she started to disclose the fact unhesitatingly to her relatives, Kyŏngsuk's in-laws, and others—everyone with whom she socialized— without discrimination. What started out as a bashful, guarded confession gradually became embellished into a tale that filled hearers' hearts with emotion. Before long there was nobody who did not know her story: her son, her daughter-in-law, and her relations, her son's friends. When people first heard it, they marveled: had any woman in the world lived such a life? Then they felt pity when they realized that Pun-hi, the woman in front of them, had! They ended up feeling outraged about that world gone past. But after repeated hearings, the story was no longer at all marvelous to them. Then later on, everyone except for Pun-hi got sick and tired of it. Every time she told the story, she conveyed a new dreariness and sorrow. People

now began whispering about her being senile. But that was just Pun-hi's plot
progressing as planned. She was not trying to grumble about her pent-up sorrows
by revealing the secret history of her only son's conception. She was just trying to
relate what a frightening thing was the providence of the ancestors, trying to keep
the continually unbroken bloodline from being cut! She wanted to blame her
treacherous daughter-in-law for daringly going against that providence. She wished
that her son would get a concubine and secure a grandchild that way, but without
saying one word to that effect; she just made efforts to promote that sort of
atmosphere. Her plot was a thorough one: not to interfere herself, nor to rush things
from behind the scenes, but stubbornly to concoct such a social atmosphere that she
would get what she wanted. In fact, the success of her scheme was greatly aided
by the fact that the general mode of thinking in that period was one of
broad-mindedness in regard to [the taking of] concubines for the purpose of bearing
a son.

But for the deeply affectionate couple, it took until Hu-nam entered intermediate
school before that atmosphere finally ripened. The idea of finding a concubine to
bear a son came from Kyŏng-suk's family, just as Pun-hi had secretly wished.

Of course Pun-hi objected in good form. The more she objected, the [more the]
prevailing view in the family was aroused in the other direction. At last she made a
gesture of resignation to the idea and feigned tacit approval.

Her son went to a concubine, and she bore him a son. But Pun-hi consistently
pretended she was indifferent to it all. She did not do rude things like frequenting
the house of the concubine or treat her grandson as more important than Hu-nam.
She left all of the loose ends for Kyŏng-suk to wrap up. To all appearances, she
dearly loved her daughter-in-law and behaved in a dignified manner. But of course,
to herself, what she had done had required a tremendous spirit of self-restraint.
[Then her son died.]

Now, unfortunately, she had outlived the precious son she had conceived on that
heap of bean pods. She left delicate matters such as the distribution of  household
assets entirely to Kyŏng-suk, carefully and persistently refraining from interfering.
Only at essential times, such as holidays and for participation in ancestral sacrifices,
did she have the concubine and grandson visit her home. Otherwise, she never said
she wished to see them, nor did she stop by to see them on her outings. She did
not show any special affection for her grandson. It was much the same as when
her son had been alive.

Pun-hi just enjoyed the rest of her years, receiving the utmost respect from
Kyŏng-suk and Hu-nam. Her plot had succeeded without anyone's knowing.

Pak Wan-sŏ

## Related Reading
## The Ongoing Plot 3

"Ki-ch'ŏl, have you read Kim Sŭng-ok's *Night Trip*?"

"Hmmm . . . I may have read it, then again maybe I didn't."

"You fool! If you've read it, you've read it. If you haven't, you haven't. I hate it when people don't decide one way or the other."

"I'm only decisive when it comes to girls. Isn't it enough that I love Hu-nam? Why can't I be indecisive about something as unimportant as that [reading something]?"

"If you keep up the habit of being indecisive about unimportant things, you'll quickly end up being indecisive about important things, too."

"Don't fuss, let's finish what we were talking about. What did you say about Kim Sŭng-ok's *Night Trip*?"

"Even if you haven't read it, you'll probably go around pretending you have, so I'll give you the plot without the details. . . . This is how the story goes. A man and a woman come to know each other at the place where they both work; they fall in love and become husband and wife. But they didn't go through the process of a wedding and sending out invitation cards. If it were a kind of ultra-modern idea of experimental marriage, where if they don't like living together they just split up and leave, then I would feel sad. But this is not the case here. The woman is not sure if she can live an average happy life on just her husband's salary. But keep in mind that it's 'happiness from an average life' that she wants, not happiness from a luxurious one. So they both have to work, but the place she works at is a bank, and banks don't hire women who are married. Invitation cards mean that you have to give up your job. That's the end of the main plot of *Night Trip*."

"Boring. You got so excited about that? What's so great about it?"

"Because I was thankful that I didn't live at the time when *Night Trip* was written. That I was born a little later than that woman."

"Hu-nam, you are grateful for so many things. Before, you were on the verge of crying because you were thankful you didn't live in your grandmother's day. Now you're so thankful you didn't live in the time of the heroine of *Night Trip*? You can't stop being thankful, as though you'd just made a lucky fortune!"

"You should be thankful you're marrying me. A wife who knows how to be thankful is a wife who brings luck. What if all I did was go around complaining every day? What would become of the family then? Oh, I just came up with something else that you should be thankful for."

"What's that?"

"That you were born in the same era I was. That means there's one more thing for you to be thankful for, too. Now, cheers!"

"Very funny."

Ki-ch'ŏl lightly pinched the cheek of the endlessly chattering Hu-nam and held up his glass in a toast. Today, with their wedding date a week away, the two lovers were very happy. The two of them had started working at S Industries at the same time. After two sweet years of exchanging their whispers of love, each finally received permission from the older folks at home to get engaged. Anyone would think they were a natural pair. Both had received excellent educations and were from good families—neither too rich nor too poor. Both were healthy in body and not at all bad-looking.

If you had to find something wrong, it was that Hu-nam was too smart. It is always better to be smart than to be foolish, but not so for a woman. For a woman, it can turn out to be a weakness, a detriment. This unfairness (already) began when others judged her to be smart. If a woman's ability was equal to a man's, they would up and call her a "smart girl."

In that sense, Hu-nam was without doubt a smart girl. She performed as well as the males on the hiring exam for middle-range employees at S Industries, a place where any capable college graduate would like to work; and her exam score outranked many others. There were many women on the S Industries workforce, but they were all on the bottom rung, having entered the company through inside connections. There were a few women who bravely responded to the company's solicitation for middle-range employees, but it was the first time that a woman had passed the exam. Along with her, there were three other successful female candidates.

The way the company managed this unexpected calamity was to add a unique memorandum to the completed paperwork of the successful female candidates. The memorandum said that if the woman married, she would automatically resign from her job. Hu-nam took the lead in a fight against the writing of the insulting memorandum. There hadn't been any advantageous conditions for women when they competed for entry into the company, so there was no reason for them to stomach disadvantageous conditions while working at the company. Perhaps because the company was experiencing a personnel crisis at that time, they made a change, and her claims were accepted.

After that, one or two of the women who had entered the company with Hu-nam got married. They all sent around notices of resignation together with their wedding invitation cards. Perhaps the company had been (so) open-minded about the memorandum because they already had it in mind that the women would quit even without it. Even her lover Ki-ch'ŏl thought that Hu-nam would give up her job in turn if she married.

But Hu-nam had different ideas. She loved her job. It was not that her job at S Industries was sufficient to exhaust all her learning and passion or worthwhile enough that it demanded her fresh, creative mind. Anyway, she did not see having learned the job as just a formality, but instead turned it into something dynamic, an ability that she had—and it had become a vital power in the rhythm of her own life.

Most of all, by working she was able to live by herself. The joy of living alone offered a new and exciting hope for her life. That joy seemed to be at odds with her desire to marry, but Hu-nam was sure she could harmonize the two. It was because she could live independently, but had met a man with whom she wanted to live, that marriage became a beautiful choice. Marrying in order to find someone to feed and keep you because you lacked the wherewithal to live independently was, for Hu-nam, nothing more than a dead-end street.

Hu-nam wanted to marry, but she did not want to become subordinate. She wished to love and to be loved, but she did not wish consciously to transform herself or to blot out what she had learned.

Many people worryingly told her that having both job and marriage is like seizing a rice cake with both hands, that it was nothing more than that, even if your work goes smoothly. But Hu-nam did not think so. Having a job meant that a woman could stand on her own. She thought that whether [one was a] man or a woman, being able to stand on one's own feet should be a necessary qualification before getting married.

Because Ki-ch'ŏl loved Hu-nam with all his heart, he even loved her unusual ideas. However, he was hard pressed to make his family understand them. But Hu-nam saw her way through that, too. She did not present her strong claims as claims at all, but couched them in an extremely supple, feminine manner. The family, thinking that such a girl would not last more than a few days in a job, answered magnanimously, "Now, now. You go ahead and do as you please." She had used a liberal amount of so-called "femininity" to push through the most unfeminine of arguments.

The only remaining problem was her workplace. They had vetoed the memorandum, but for women to resign when they married was still the unwritten law among female employees. Hu-nam conspired with Ki-ch'ŏl to take a firm stand. Both went to the chief of their (respective) division in the company and informed him of their intention to marry and the date of the ceremony. Then they asked, if possible, if one of them might be allowed to transfer to one of the subsidiary companies.

To their joy, the request was accepted. Then they were asked if a few of the company cars should be reserved for their wedding day, and told that if the officiator of the ceremony had not been decided, that the company president might be approached, and so on. They were shown exceptional goodwill.

And so, their spirits soaring, the couple toasted their happiness with a pretty-colored liquor at the sky lounge of the company building. They toasted again and again: to their marital happiness, to the good fortune that they were not born in her grandmother's day or in her mother's day, to their gratitude for not being born in the time of Kim Sŭng-ok's *Night Trip*. The lovers were happy, and to the eyes of happy lovers, the whole world was filled with "toast"-able things.

After the wedding ceremony was over and they returned after their four-day and three-night honeymoon trip, however, their transfer appointments had already come in: Kich'ŏl was to be sent to the Sokch'o branch, and Hu-nam to the Chin-ju branch. The section chief spoke in a benevolent tone, exactly as he had when he had worried about this or that detail of their wedding:

"These appointments are not set in stone. That is, if one of you two resigns."

Sokch'o and Chinju . . . what a nasty plot this was! For a husband and wife to live so far apart meant a cruel separation, even farther than the distance between Seoul and Cheju Island. It was self-evident what the company wanted them to do.

Ki-ch'ŏl first urged Hu-nam to resign. But Hu-nam persuaded Kich'ŏl to go to his new post first, and Hu-nam stayed in Seoul, taking a few days off from work without leave.

The female employees (who were not graduates of a college but rather of girls' technical schools or girls' high schools) were infuriated over the matter, as though their own jobs were on the line. They vowed to come forward together and fight against the company. Also, a women's group with which she was affiliated took charge of legal issues and said they would pledge their positive support, encouraging to continue fighting. But despite this, Hu-nam had already lost her fighting spirit. It was not like her to do that. She could put up with criticism from her in-laws for making their son abruptly transfer to a regional locale. What she could not endure were the supplications of her grandmother and her mother. The two old women were terrified that (as a result of this) she would not be able to live in her husband's home because of the reproaches of her husband or his family. The only happiness they had in their remaining years was for Hu-nam not to follow in their footsteps as an unlucky woman, but to have a son and a daughter, keep a good house, and live without causing (unnecessary) trouble. They even shed tears as they begged her to tender her resignation and call Ki-ch'ŏl back to Seoul. In fact, it was Kyŏng-suk who had reared Hu-nam to carry fixed principles as she did now. This sort of plea from Kyŏng-suk—whose own sorrow over her sonlessness and loss of her husband she had placated by rearing her only daughter like a son to be an honorable and independent person—cut Hu-nam to the heart as a betrayal. Her mother's betrayal threw Hu-nam into uncontrollable confusion, and she lost her confidence in everything.

Hu-nam went to the sky lounge where, a week before her marriage, she and Ki-ch'ŏl had been heady with foolish happiness and had raised their glasses in foolish toasts. She ordered the same pretty-colored liquor as before, but the cup she now raised alone was a bitter one.

Drowning her unhappiness in glass after glass, her senses became clearer. Below her [was] the great city. She could see clearly that ribbon after ribbon of the city streets was coiled like a dinosaur, an ongoing plot to domesticate women. "Hey, Knife! Hey, Fighting Spirit! Don't leave me!" She cried this out as she continued to drink away her sorrow.

Pak Wan-sŏ

# Useful Expressions

| | | |
|---|---|---|
| . . . 결에 | at the time/moment of; while | 20과 |
| . . . 노릇을 하다 | to play a role (duty) of . . . | 5과 |
| . . . 따위로 | because of things like (used mainly for insignificant matters) | 14과 |
| . . . 때문인지 | maybe because of | 14과 |
| . . . 만한 ~도 없다 | there is no . . . that is as good as | 18과 |
| . . . 본위로 하다 (다루다) | to make . . . the basic stand/interest/concern | 16과 |
| . . . 부근 | in the vicinity of | 1과 |
| . . . 속으로 뛰어들다 | to plunge into | 5과 |
| . . . 시대의 개막을 알리다 | to announce the opening of the era of | 4과 |
| . . . 유치에 성공하다 | to succeed in the inducement of | 4과 |
| . . . 정도 | as much as, as good as, about | 2과 |
| . . . 주년을 맞다 | It will be the ~th anniversary | 13과 |
| . . . 출신 | an ex-, a graduate of, from/out of (a region) | 17과 |
| . . . 탓(에/으로) | (due to/for) the fault/reason of [used negatively], because of | 2과 |
| . . . 하나면 족하다 | it is sufficient to have just | 10과 |
| [question word] . . . ~어야/아야할지 모르다 | don't know [question word] to | 2과 |
| ~(었/았)는지도/ (으)ㄹ지도 모르다 | maybe, may [lit., I don't know if . . . even] | 3과 |
| ~(으)ㄴ 것은 . . . ~부터이다 | it was since . . . that . . . | 4과 |
| ~(으)ㄴ 일이 아닐 수 없다 | it cannot be the case of being not (=it is very) | 9과 |
| ~(으)ㄴ 채 | having maintained a state of affairs | 3과 |
| ~(으)ㄴ 채 | just as it stands | 17과 |
| ~(으)ㄴ/는 것은 . . . 때문이다/~어서이다/ ~아서이다 | the reason . . . is that | 2과 |

| | | |
|---|---|---|
| ~(으)ㄴ/는 바람에 | because of . . . , at the effect/force of . . . | 12과 |
| ~(으)ㄴ/는 줄도 모르고 | being unable to know [implies a failure of knowledge on the part of the person in question] | 3과 |
| ~(으)ㄴ/는 풍토가 되다 | to be a climate of | 15과 |
| ~(으)ㄴ/는/(으)ㄹ 듯하다 | to look like, appear to [be] | 14과 |
| ~(으)ㄴ/는다고 . . . | | |
| ~(으)ㄹ 수는 없다 | cannot . . . just because | 8과 |
| ~(으)ㄴ가/는가/(으)ㄹ까 | question ending [used when a situation makes the speaker/writer incline to believe a certain way but wonder whether it really is the case. Commonly used in editorial and expository essays in bringing up an issue or matter about which the writer wants to pose a question] | 18과 |
| ~(으)ㄴ다 해도 | even if, even though | 7과 |
| ~(으)ㄴ들 . . . | even if | 18과 |
| ~(으)니까 그렇지 | things are as they are because | 3과 |
| ~(으)ㄹ 건 또 뭔지 | I don't know why [on top of what we already know] | 2과 |
| ~(으)ㄹ 것 없다 | there's no need to | 14과 |
| ~(으)ㄹ 것(을) 다 ~다 | to do everything that is supposed to be done | 12과 |
| ~(으)ㄹ 것으로 보이다 | it appears that it will | 1과 |
| ~(으)ㄹ 리가 없다 | there is no way that | 20과 |
| ~(으)ㄹ 무렵 | about the time when | 12과 |
| ~(으)ㄹ 뿐 | (being) the only thing that happens | 1과 |
| ~(으)ㄹ 뿐이다 | it is only that | 14과 |
| ~(으)ㄹ 예정으로 | with a plan/schedule to | 3과 |
| ~(으)ㄹ 예정이다 | to be scheduled/to plan to | 13과 |
| ~(으)ㄹ 위해서 | for the sake of, on behalf of | 18과 |
| ~(으)ㄹ 전망이다 | it is predicted that | 13과 |
| ~(으)ㄹ 정도로 | to the degree that there is (isn't)/one does (doesn't) have | 8과 |
| ~(으)ㄹ 줄은 정말 몰랐다 | I really didn't think/expect that . . . | 3과 |
| ~(으)ㄹ까 싶다 | I wonder | 20과 |
| ~(으)ㄹ지(도) 모르다 | may (even), it may (also) be the possibility that | 2과 |

| | | |
|---|---|---|
| ~(으)랴? | question ending used for conditions contrary to fact (cf. 느냐/으냐? [used for a factual situation]) | 18과 |
| ~(으)로 보나 | | |
|   ~(으)로 보나 | in . . . or either way | 10과 |
| ~(으)로 이어지다 | to be connected to | 17과 |
| ~(으)로 인한/인하여 | due to, as a result of | 1과 |
| ~(으)로 지칭되다 | to be called as . . . | 16과 |
| ~(으)로 쳐주다 | to count/consider/regard . . . as | 2과 |
| ~(으)로서 | as (being) | 17과 |
| ~(으)면 ~게 마련이다 | when . . . , it inevitably leads to | 3과 |
| ~(의) 시대를 만끽하다 | to fully enjoy the period of . . . | 4과 |
| ~(이)고 ~(이)고 | | |
|   가릴 것 없이 | without any discretion whether . . . or . . . | 10과 |
| ~(이)기도 하다 | to be . . . as well | 15과 |
| ~(이)ㄴ 만큼 | because . . . is (as much as) . . . | 6과 |
| ~(이)나 마찬가지다 | it is the same as . . . | 10과 |
| ~(이)란 . . . | that is called/entitled, what is called . . . | 18과 |
| ~(이)야말로 | It is none other than . . . that . . . [claiming a true champion of the given situation] | 2과 |
| ~(이)요, . . .~(이)요, | | |
|   . . . (이)요 | (used for making a list of attributes of an item) | 18과 |
| ~감 | quality material for | 9과 |
| ~거든 | when [used for an anticipated event] | 18과 |
| ~거리 | material/stuff for | 7과 |
| ~게 되다 | to come to, turn out to | 17과 |
| ~겠다 싶다 | to think . . . would | 10과 |
| ~곤 하다 | often do | 11과 |
| ~기 이루 말할 수 없다 | too . . . to be described, to be extremely | 10과 |
| ~기 이를 데 없다 | to be extremely [cf.~기(가) 이루 말할 수 없다] | 12과 |
| ~기 일쑤다 | to be common to do something unpleasant | 5과 |
| ~기/게 마련이다 | it is a matter of course that | 9과 |
| ~기가 바쁘게 | no sooner than, as soon as | 20과 |
| ~기나 한 듯 | as if | 20과 |
| ~기는 처음이다 | it is the first time that | 3과 |

| | | |
|---|---|---|
| ~기도 하거니와 (~기도 하다) | not only . . . but also; too | 2과 |
| ~기도 하다 | sometimes | 11과 |
| ~기로 (말)하자면 | if we just speak of | 18과 |
| ~기에 (=~기 때문에) | because . . . | 3과 |
| ~느니 ~(이)라도 | rather than | 5과 |
| ~는 건/것은 무슨 일인지 모르겠다 | I don't understand why | 2과 |
| ~는 것은 금물이다 | at all times, it is forbidden to | 9과 |
| ~는 둥 마는 둥 | do something so hastily that it is not quite done | 3과 |
| ~는 법도 없다 | there's not even an occasion that | 20과 |
| ~는 일이 잦다 | to happen frequently | 9과 |
| ~는 편이 | . . . to . . . is rather . . . (than . . . ) | 18과 |
| ~다/라(고 하)니까 | When . . . said, . . . [in reaction] | 18과 |
| ~다/라(고) 해도 대과는 없다 | it may fairly be said that | 12과 |
| ~다/라고는 하나/하지만 | even though we can say | 2과 |
| ~다나/대나? | say . . . or something [I don't quite get it]? | 2과 |
| ~다는 이유만으로 | just because | 15과 |
| ~다며/다면서 | saying (at the same time) | 1과 |
| ~대로 | as (it is in) | 3과 |
| ~든(지) ~든(지) | (regardless of) whether . . . or . . . | 4과 |
| ~듯(이) | (just) as (if); like | 18과 |
| ~디~(으)ㄴ | awfully/terribly . . . | 20과 |
| ~라는 법은/법이 없다 | there's no rule/law that . . . should | 14과 |
| ~마저 | even (the last remaining) | 13과 |
| ~만 해도 | even up until | 4과 |
| ~상(上) | with respect to, ~wise, from the point of view of | 1과 |
| ~상(像) | portrait/image of . . . | 11과 |
| ~어어/아야 하지 않을까 | shouldn't? [= should] | 2과 |
| ~었다/았다하면 | say; every time | 1과 |
| ~었을까/았을까? | Did/Was . . ?  But anyway . . . | 3과 |
| ~에 가위눌리다 | to have a nightmare | 5과 |
| ~에 가입하다 | to join/become a member of (an organization) | 13과 |
| ~에 감돌다 | to linger on | 15과 |

| ~에 거슬리다 | to be offensive, go against the grain | 2과 |
|---|---|---|
| ~에 걸신들리다 | to be possessed by a hungry demon for | 3과 |
| ~에 달하다 | to reach | 13과 |
| ~에 대비하다 | to prepare (for) | 8과 |
| ~에 들어가다 | to begin (an event) [lit., to enter] | 1과 |
| ~에 따르면 | according to | 5과 |
| ~에 따른 | based on (depending on) | 6과 |
| ~에 맛들이다 | to get/acquire/develop a taste for, to find pleasure in | 7과 |
| ~에 불과하다 | nothing but [lit., does not surpass] | 3과 |
| ~에 성패가 달려 있다 | success/failure depends on | 8과 |
| ~에 시달리다 | to suffer/be troubled by | 5과 |
| ~에 이르다 | to reach, get to (the point where) | 12과 |
| ~에 이어 | following, continued from | 4과 |
| ~에 입문하다 | to enter (a field or school) | 11과 |
| ~에 접어들다 | to approach (a time or season) | 7과 |
| ~에 젖다 | to acquire (bad) habits | 9과 |
| ~에 좌우되다 | at the mercy of | 8과 |
| ~에 찌들다 | to be worn out by | 18과 |
| ~에 휩싸이다 | to be caught up in a whirlwind of | 4과 |
| ~에 힘입다 | to be indebted for the support of | 4과 |
| ~에게 피해(를) 주다 | to do damage to | 1과 |
| ~에게 호감이 가다/안 가다 | to feel attracted/unattracted toward (a person) | 2과 |
| ~에도 불구하고 | in spite of, despite, notwithstanding | 10과 |
| ~에서 그치지 않는다 | it doesn't stop with | 8과 |
| ~와/과 달리 | different from | 15과 |
| ~와/과 차이가 없다 | to be no different from | 15과 |
| ~은/는 ~의 꽃 | is the essence/treasure/highlight of | 4과 |
| ~은/는 어디까지나 ~(이)다 | no matter what other people say | 16과 |
| ~을/를 겪다 | to suffer, undergo, go through | 2과 |
| ~을/를 겸비하다 | to be equipped with both (A and B) | 8과 |
| ~을/를 계기로 | taking as an impetus | 19과 |
| ~을/를 기울이다 | to concentrate on, devote one's attention to | 20과 |
| ~을/를 나누다 | to share | 2과 |

| | | |
|---|---|---|
| ~을/를 맞다 | to meet, greet, face | 8과 |
| ~을/를 멈추지 못하다 | cannot stop, keep doing | 15과 |
| ~을/를 멍들게 하다 | to inflict a wound (pain) | 9과 |
| ~을/를 방불케 하다 | to resemble; to indicate faintly | 1과 |
| ~을/를 부채질하다 | to stimulate, instigate, stir up | 5과 |
| ~을/를 비롯한 | beginning with . . . including . . . | 19과 |
| ~을/를 빚다 | to give rise to/cause; to shape dough for | 1과 |
| ~을/를 뽑다 | to draw out, pull out | 4과 |
| ~을/를 손꼽다 | to count on one's fingers | 12과 |
| ~을/를 앞두다 | to have a period or an event ahead | 15과 |
| ~을/를 자처하다 | to claim to be | 16과 |
| ~을/를 접하다 | to come in contact with | 16과 |
| ~을/를 좌우하다 | to determine | 19과 |
| ~을/를 주도하다 | to lead, assume leadership for | 4과 |
| ~을/를 타다 | to be susceptible to, be apt to feel | 10과 |
| ~을/를 필요로 하다 | to need | 1과 |
| ~을/를 해소하다 | to relieve (anxiety, stress, etc.) | 8과 |
| ~의 기반을<br>　다지다/닦다 | to strengthen the foundations of | 19과 |
| ~의 길을 걷고 있다 | to take a path of | 13과 |
| ~의 대상이다 | to be an object or target of | 15과 |
| ~의 대열에 서 있다 | to be in the line of | 12과 |
| ~의 발판을 넓히다 | to strengthen the footing of | 19과 |
| ~의 사활이 걸리다 | the life or death of . . . depends on . . . | 6과 |
| ~의 와중에 끼다<br>　(끼어들다) | to get caught (up) in a whirlpool/maelstrom | 12과 |
| ~의 진미를 한껏<br>　선사하다 | to have genuine appreciation for | 4과 |
| ~의 포로 | prisoner of | 18과 |
| ~이/가 (눈에) 선하다 | to live vividly in one's memory | 12과 |
| ~이/가 관례가<br>　되어 있다 | it is customary to. . . , . . . is customary | 12과 |
| ~이/가 멀다하고 | saying that . . . is too long to wait | 10과 |
| ~이/가 몰리다 | to cluster around | 1과 |
| ~이/가 불가피하다 | to be indispensible, inevitable | 16과 |
| ~이/가 불거져 나오다 | to come to the surface | 7과 |

| | | |
|---|---|---|
| ~이/가 성공의 열쇠다 | is the key to success | 8과 |
| ~이/가 여의치 않다 | can't afford to; doesn't turn out as one wishes | 5과 |
| ~이/가 원활하다 | to flow smoothly | 1과 |
| ~이/가 절실히 요구되다 | to be needed very much/desperately | 9과 |
| ~이/가 체질화되다 | to become a habit | 12과 |
| ~이/가 통념화되다 | to become commonly accepted | 12과 |
| ~자 | at the time when, in conjunction | 20과 |
| ~지 못 할 분야는 없다 | there is no area that . . . cannot | 11과 |
| ~지 않으면 . . .~다 | either ~ or | 10과 |
| ~지 않을까? | will. . . not? [=I think . . . will] | 2과 |
| A ~다면서 B | B while saying A | 18과 |
| A~는 물론 B~까지/ A~는 물론 B~도 | B as well as A | 1과 |
| 감정의 응어리를 굳히다 | to confirm, strengthen ill-feeling | 19과 |
| 거북이 걸음을 하다 | to move at a turtle's pace | 1과 |
| 걷잡을 수 없는 혼란에 빠지다 | to become chaotic | 8과 |
| 골탕을 먹다/먹이다 | to have/give a hard time; to be taken/take in | 12과 |
| 공공연한 사실이 아닐 수 없다 | it's something that everybody knows | 7과 |
| 교착 상태에 빠지다 | to be deadlocked | 16과 |
| 교통 경찰 | traffic officer | 1과 |
| 교통 대란 | traffic chaos, jam, gridlock | 1과 |
| 교통 안내 | traffic guide | 1과 |
| 교통 운동 | traffic campaign | 1과 |
| 교통 정리 | traffic control/regulation | 1과 |
| 구미에 꼭 맞다 | to be pleasant to one's taste | 11과 |
| 그러다가는 | if doing so continues | 2과 |
| 그런데도 | even in that circumstance, even then [emphasizes the inevitability of a situation] | 18과 |
| 기반이 마련되다 | to have a foundation laid down | 14과 |
| 깨가 쏟아지다 | to have perfect conjugal harmony between a married couple | 10과 |
| 꼿꼿하게 | straightly, uprightly | 17과 |
| 녹색 교통 운동 | green traffic campaign | 1과 |

| | | |
|---|---|---|
| 눈에 들다 | to catch one's eyes | 10과 |
| 눈을 넓히다 | broaden one's outlook [*lit.*, to widen one's eyes] | 5과 |
| 눈치를 살피다/보다 | to study (inquire into) one's intentions | 5과 |
| 눈치를 채다 | to become aware of one's intention, motive, or design | 5과 |
| 다른 건 몰라도 . . . ~은/는 | I don't know about other things, but as far as . . . is concerned | 3과 |
| 닭살이 돋다 | to get goosebumps | 2과 |
| 당락을 결정하다 | to decide success or defeat in an election | 8과 |
| 대가 끊어지다/끊기다 | for a family line to stop | 10과 |
| 대가 이어지다 | for a family line to continue | 10과 |
| 대를 잇다 | to continue one's family line | 10과 |
| 대책 마련에 부심하다 | to be worried; to be anxious to come up with a solution | 1과 |
| 대책(마련)이 시급하다 | it is urgent to come up with a countermeasure | 1과 |
| 대책을 강구하다 | to devise a countermeasure | 1과 |
| 대책을 내놓다 | propose a countermeasure | 1과 |
| 대책을 마련하다 | to come up with a countermeasure | 1과 |
| 대책이 없다 | to have no countermeasure | 1과 |
| 도입하다 | to import or introduce (a system, machine, etc.) | 1과 |
| 땅이 꺼지는 것 같은 충격 | shock of the ground collapsing | 10과 |
| 만원이다 | to be crowded | 14과 |
| 무관의 제왕 | uncrowned king | 9과 |
| 무엇보다도 | above all, more than anything | 2과 |
| 묻지도 않았는데 | did not even ask, but | 5과 |
| 물음을 던지다 | to raise a question | 19과 |
| 바톤을 넘겨받다 | to receive the baton | 11과 |
| 반드시 ~어서만은/ 아서만은 아니다 | to be not necessarily because | 18과 |
| 반목이 심해지다 | antagonism/hostility worsens | 5과 |
| 백지화하다 | to nullify, cancel (a plan, law, policy) | 1과 |
| 번갈아 가면서 | in turn | 6과 |
| 봐주다, 눈감아 주다 | let a matter pass unchallanged; to connive at | 3과 |

| | | |
|---|---|---|
| 불을 뿜다 | to fire off | 4과 |
| 비까번쩍하게 살다 | to live lavishly/ostentatiously | 7과 |
| 빠른 속도로 확산되고 있다 (급속도로 퍼지다) | to diffuse at an extremely fast pace | 6과 |
| 빼곡히 들어서다 | to be crowded, jam packed | 7과 |
| 사무처장 | head official; chief | 1과 |
| 새삼스런 일이 아니다 | it's nothing new | 7과 |
| 생각만 해도 ~다 | at the very thought of | 14과 |
| 서리를 맞다 | to suffer a stunning blow, to be hit hard | 15과 |
| 선봉에 서다 | to become the spearhead of a movement | 16과 |
| 세상을 떠들썩하게 하다 | to create a sensation/clamor | 9과 |
| 소동을 벌이다 | to cause a commotion | 12과 |
| 손해(를) 보다 | to experience loss or damage | 1과 |
| 손해를 끼치다/ 입히다/주다 | to damage/harm someone | 1과 |
| 손해를 입다 | to suffer damage or loss | 1과 |
| 숨을 죽이다 | to hold one's breath | 5과 |
| 신경을 쓰다 cf. 애를 쓰다 | to care for | 10과 |
| 신방을 꾸미다 | to decorate a newlywed couple's room | 10과 |
| 아들을 뽑아내다 | to bear a son | 10과 |
| 아우를 보다 | to have a younger sibling | 10과 |
| 앞다투어 ~다 | to race against each other (in doing something) | 12과 |
| 약이 오르다/약을 올리다 | to be exasperated; to irritate | 3과 |
| 어디 내 놓아도 안 빠지다 | to be second to none | 10과 |
| 어떻게 해서라도 | by all means, at any cost | 5과 |
| 엄두가 안 나다/ 나지 않다 | to be hardly conceivable | 14과 |
| 엣다 모르겠다 | what the heck! [I don't know what would happen] | 10과 |
| 여자 남자 사는 재미 | sexual pleasure | 10과 |
| 여지가 없다 | there is no room (to) | 17과 |
| 연일 이어지는 . . . | that continues day after day | 18과 |
| 오기를 부리다 | to stick to one's own opinion | 14과 |
| 위기감을 일으키다 | to stir up a sense of crisis | 19과 |

| | | |
|---|---|---|
| 유발 부담금 | sharing the instigation of | 1과 |
| 의문이 끊임없이 | | |
|    제기되다 | questions are raised endlessly | 8과 |
| 일말의 . . . | a slight bit/tinge/touch of | 17과 |
| 일손을 들이다/ | | |
|    일손이 들다 | to put in some labor/require some labor | 12과 |
| 입을 다물다 | to shut (one's mouth) | 17과 |
| 잘난 척하다/체하다 | to show off; to brag | 5과 |
| 장가보내다 | to have a man get married | 10과 |
| 재미보다 | to have fun, enjoy | 10과 |
| 전략을 짜다 | to develop a (business) strategy | 6과 |
| 제동이 걸리다/ | | |
|    제동을 걸다 | to be slowed down/to slow down | |
| | [*lit.*, a control lever is turned on] | 3과 |
| 주차권 | parking permit [무료 주차권 free parking coupon] | 1과 |
| 주차 금지 | no parking | 1과 |
| 주차 단속 | parking enforcement | 1과 |
| 주차료/주차비 | parking fee | 1과 |
| 주차 요원 | parking staff | 1과 |
| 주차 위반 | parking violation | 1과 |
| 주차장 | parking lot | 1과 |
| 주차하다 | to park | 1과 |
| 지각 변동이 일어나다 | huge structural or fundamental change takes place | 6과 |
| 지난 시대의 유물 | relic of a bygone era | 9과 |
| 직권 명령제 | system of granting direct authority to issue | |
| | a command, ordinance, or regulation | 1과 |
| 짚고 넘어가다 | to review, make certain of before moving on | 16과 |
| 최선을 다하다 | to do one's best/give it one's best shot | 9과 |
| 치맛바람이 거세다 | the influence of a woman's power is strong | 8과 |
| 치열한 백병전을 펼치다 | to engage in fierce hand-to-hand combat | 4과 |
| 치열한 토론이 벌어지다 | to be engaged in intense debate | 6과 |
| 칠거지악 | seven evils/seven causes that justify a man in | |
| | divorcing his wife | 5과 |
| 칼날을 들이대다 | to point a knife at (a person) | 16과 |
| 틀에 박히다 | to be conventional, stereotyped | 18과 |
| 팽팽한 긴장감이 흐르다 | high tension fills the air | 4과 |

| | | |
|---|---|---|
| 표면상의 이유 | ostensible plea | 10과 |
| 피크를 맞다 | to be very near the peak/climax | 18과 |
| 피크를 이루다 | | |
| (=절정을 이루다) | to be at peak | 18과 |
| 피크에 달하다 | to reach/attain the top/climax | 18과 |
| 한 시도 | (not) even a moment | 17과 |
| 한눈(을) 팔다 | to take one's eyes off | 20과 |
| 회심의 미소를 짓다 | to have a smile of satisfaction, smile smugly | 10과 |
| 흉을 보다 (=흠을 잡다, | | |
| 험담을 하다) | to speak ill of (cf. 욕하다) | 3과 |

# Vocabulary

| | | |
|---|---|---|
| (바짓)가랑이 | crotch | 20과 |
| ~거리 | material, matter, stuff, makings [관심거리 matter of concern] | 11과 |
| ~급 | class, level, quality | 6과 |
| ~년차 | ~th year | 6과 |
| ~론 | a theory of [시기상조론 theory that says it's too early to do something] | 4과 |
| ~상 | with respect to, ~wise, from the point of view of [공익상 with respect to the public interest] | 1과 |
| 대 | generation | 20과 |
| 3관왕 | triple crown | 4과 |
| 가계 | family tree | 10과 |
| 가계 수입 | household income | 5과 |
| 가까스로 | barely | 10과 |
| 가까이 | nearly | 13과 |
| 가늠자 | sight (on a gun), standard of measure | 11과 |
| 가늠하다 | to judge, weigh, study | 4과 |
| 가담하다 | to side with, join (a campaign or movement) | 17과 |
| 가만히 | quietly | 18과 |
| 가상 공간 | cyberspace | 11과 |
| 가속 | acceleration | 12과 |
| 가슴앓이 | chest pains, heartache | 10과 |
| 가위눌리다 | to have a nightmare | 5과 |
| 가입(하다) | joining (an organization) (to join [an organization]) | 13과 |
| 가장하다 | to disguise | 10과 |
| 가정교육 | education within the family; discipline | 2과 |
| 가정생활 | family life | 18과 |
| 가치관 | one's sense of values | 11과 |
| 가칭 | tentative name | 13과 |
| 가하다 | to apply; to deal; to inflict [공격을 가하다 to deliver an attack] | 5과 |
| 가해지다 | to be exercised | 17과 |
| 가혹하다 | to be severe, harsh, brutal | 9과 |
| 각별하다 | to be special, exceptional | 10과 |
| 각종 | all kinds, various kinds | 5과 |
| 간간히 | occasionally | 15과 |
| 간벽 | within walls | 17과 |
| 간부 | executives, key officers | 6과 |
| 간섭하다 | to meddle | 11과 |

| 간신히 | barely | 5과 |
|---|---|---|
| 간직하다 | to keep | 10과 |
| 갈등 | conflict | 5과 |
| 갈증 | thirst | 3과 |
| 감금하다 | to detain, to imprison | 17과 |
| 감당하다 | to deal with, manage, cope with | 7과 |
| 감돌다 | to linger, stay on; to curve around | 15과 |
| 감수성 | sensibility, receptivity | 7과 |
| 감수하다 | to be ready to suffer/endure to fulfill a purpose | 16과 |
| 감싸 안다 | to embrace | 20과 |
| 감옥 | prison, jail | 17과 |
| 감자탕 | potato soup | 15과 |
| 감정 | emotion | 19과 |
| 감회 | sentimental recollection, deep emotion | 10과 |
| 강력하다 | to be powerful, strong | 19과 |
| 강연 | public lecture | 2과 |
| 강연회 | public lecture (event) | 5과 |
| 강의 | classroom lecture | 2과 |
| 강제 | compulsion, coercion | 20과 |
| 강제로 | by force | 10과 |
| 강화하다/되다 | to strengthen/be strengthened | 8과 |
| 갖가지 | all kinds of | 15과 |
| 개념 | concept | 4과 |
| 개막(하다/되다) | opening/beginning [of] a performance (to begin a performance) | 4과 |
| 개발(하다) | development (to develop) | 7과 |
| 개방성 | open-mindedness | 11과 |
| 개성 | personality | 11과 |
| 개수대 | dishwashing place | 14과 |
| 개연성 | probability | 12과 |
| 개인 | individual | 19과 |
| 개천 | open ditch; brook | 20과 |
| 개최하다 | to host (an event) | 13과 |
| 개탄하다 | to lament, grieve, regret | 9과 |
| 개트림 | belching | 20과 |
| 개혁 | reform [교육 개혁 educational reform] | 8과 |
| 개혁안 | reform bill/proposal | 9과 |
| 객관성 | objectivity | 9과 |
| 객관화(하다) | objectification (to objectify) | 8과 |
| 거(去)하다 | to pass, go by | 11과 |
| 거느리다 | to lead, head | 17과 |
| 거대하다 | to be huge, gigantic | 1과 |

| | | |
|---|---|---|
| 거듭하다 | to repeat over and over | 12과 |
| 거론되다/하다 | to be brought up as a subject of discussion/take up a subject for discussion | 4과 |
| 거리낌 없이 | without hesitation | 15과 |
| 거리를 두다 | to put some distance [between] | 18과 |
| 거부감 | feeling of disapproval or rejection | 15과 |
| 거부하다 | to reject | 17과 |
| 거북하다 | to be uncomfortable | 14과 |
| 거스르다 | to go against | 10과 |
| 거슬리다 | to be offensive; to be an eyesore | 2과 |
| 거처 | place to stay | 14과 |
| 거추장스럽다 | to be burdensome, cumbersome | 12과 |
| 거칠다 | to be harsh | 14과 |
| 건네다 | to toss, to hand over [인사를 건네다 to greet in a light manner] | 5과 |
| 건드리다 | to touch on | 3과 |
| 건설업 | construction industry | 13과 |
| 건학 | founding a school [건학 정신 school's founding spirit] | 8과 |
| 걷어올리다 | to roll up | 20과 |
| 걷잡을 수 없다 | to be uncontrollable, unstoppable | 8과 |
| 걸레 | dustcloth, mop | 16과 |
| 걸신들리다 | to be possessed by a hungry demon | 3과 |
| 검사 | inspection, examination | 12과 |
| 겁을 먹다 | to be scared | 16과 |
| 게으르다 | to be lazy [게으름 laziness] | 11과 |
| 겨냥하다 | to aim | 19과 |
| 겨드랑이 | armpit | 20과 |
| 격리시키다 | to separate | 18과 |
| 격식 | formality, rule | 6과 |
| 격차 | gap | 13과 |
| 겪다 | to suffer [혼란을 겪다 to suffer chaos] | 2과 |
| 결국 | eventually, after all, in the end | 12과 |
| 겸 | and also, in addition | 4과 |
| 겸비하다 | to have both, to combine [A and B] | 8과 |
| 경계선 | borderline | 17과 |
| 경계하다 | to warn/look out for, to be wary | 16과 |
| 경기장 | stadium, field, arena, court | 4과 |
| 경력 | (one's) career record [수상 경력 record of winning a prize/award] | 8과 |
| 경의선 | train line from Seoul to Sinŭiju | 17과 |
| 경쟁(하다) | competition (to compete) | 4과 |
| 경제권 | economic bloc | 13과 |

| | | |
|---|---|---|
| 경제 성장률 | economic growth rate | 13과 |
| 계기 | opportunity, motivation | 19과 |
| 계층 | social stratum, class [선도 계층 leading group] | 11과 |
| 계획표 | planner | 3과 |
| 고갈하다 | to dry out | 13과 |
| 고급(의) | high-class, high-grade | 5과 |
| 고달프다 | to be very tiring, to be utterly exhausting | 16과 |
| 고된 | hard | 14과 |
| 고등어 | mackerel | 20과 |
| 고매하다 | to be noble | 3과 |
| 고무장갑 | rubber glove | 14과 |
| 고민(하다) | agony, anguish (to agonize) | 2과 |
| 고부 | mother-in-law and daughter-in-law | 3과 |
| 고부가 가치 산업 | high value-added industry | 7과 |
| 고수하다 | to persevere, persist | 10과 |
| 고유 명사 | proper noun | 2과 |
| 고유하다 | to be proper | 2과 |
| 고이다 | to (form a) puddle | 18과 |
| 고작 | at most | 1과 |
| 고적대 | marching band | 4과 |
| 고정 관념 | stereotype | 6과 |
| 고집하다 | to be insistent, stubborn | 9과 |
| 고통스럽다 | to be painful | 11과 |
| 고행 | penance | 18과 |
| 곤혹스럽다 | to be perplexed | 11과 |
| 공 | contribution | 13과 |
| 공간 | space, room | 7과 |
| 공격적 | to be offensive, to be aggressive | 16과 |
| 공공연하다 | to be open, public | 7과 |
| 공급 | supply | 12과 |
| 공대 | school of engineering | 17과 |
| 공문서 | official document(s) | 9과 |
| 공백 | gap | 18과 |
| 공산 | Communist | |
| | [공산주의 Communism; 공산주의자 Communist] | 13과 |
| 공산당 | Communist Party | 13과 |
| 공습 | air raid | 20과 |
| 공식적(으로) | formal(ly), official(ly) | 9과 |
| 공식적인 | official (cf. 비공식적인 unofficial) | 13과 |
| 공약 | election promise | 19과 |
| 공익 | public good/interest | 1과 |
| 공작 | maneuver, operation | 17과 |

| | | |
|---|---|---|
| 공작원 | maneuvering member, manipulator | 17과 |
| 공정성 | fairness, impartiality | 8과 |
| 공통(의) 화제 | common topic | 4과 |
| 공통된 | commonly shared, in common | 3과 |
| 공통적 | common, shared | 1과 |
| 공해 | pollution | 1과 |
| 과감히 | boldly, daringly | 7과 |
| 과거 | past | 13과 |
| 과도기 | transition period | 16과 |
| 과수원 | orchard | 12과 |
| 과실 | fruit | 12과 |
| 과열되다 | to be overheated | 8과 |
| 과외 | extracurricular work, off-campus tutoring | 5과 |
| 과장 | exaggeration | 3과 |
| 과제 | task | 19과 |
| 과학고 | science high school | 8과 |
| 관객 | audience, spectator(s) | 7과 |
| 관계 | relationship | 12과 |
| 관계를 하다 | to have sexual relations | 10과 |
| 관계망 | relational network | 2과 |
| 관망하다 | to watch | 18과 |
| 관습 | custom | 12과 |
| 관심 | concern, interest | 5과 |
| 관심사 | matters of interest, concerns | 5과 |
| 관중 | audiences, spectators | 4과 |
| 관짝 | piece of a coffin | 17과 |
| 관할 | jurisdiction, control | 8과 |
| 관행 | custom(ary practice) | 18과 |
| 광복 | liberation | 17과 |
| 교복 | school uniform | 7과 |
| 교육부 | ministry of education | 8과 |
| 교육청 | education office [관할 교육청 district education office] | 8과 |
| 교제 | socialization | 10과 |
| 교차점 | intersecting point, intersection | 18과 |
| 교착 상태 | deadlock, stalemate | 16과 |
| 교통 정리 | traffic control | 1과 |
| 구기 | ballgame | 4과 |
| 구내 | premises (inside) | 12과 |
| 구르릉대다 | to make a growling sound, growl | 14과 |
| 구미 | appetite, taste | 11과 |
| 구박하다 | to mistreat, treat harshly | 5과 |
| 구상 | plan | 19과 |

| | | |
|---|---|---|
| 구성하다/되다 | to form, organize, compose/to be composed of | 6과 |
| 구수하다 | to be tasty, savory | 15과 |
| 구식 | old-fashioned | 10과 |
| 구입하다 | to purchase | 1과 |
| 구조 조정 | restructuring | 4과 |
| 구체적 | to be specific, concrete | 8과 |
| 구호 | slogan | 18과 |
| 국수 | noodle | 12과 |
| 군사적인 | military | 13과 |
| 군의관 | military medic(al doctor) | 20과 |
| 굳이 | compulsively | 2과 |
| 굴 | cave | 20과 |
| 궁금하다 | to be curious | 17과 |
| 궁중 생활 | palace life | 9과 |
| 궂다 | to be cross, to be bad(-tempered) | 4과 |
| 권력 | power, authority | 11과 |
| 권력 대변인 | spokesperson (representing the party in power) | 9과 |
| 권위 | authority | 8과 |
| 권태롭다 | to be bored | 12과 |
| 귀뿌리 | root of the ear, earlobe | 20과 |
| 귀하다 | to be rare, precious | 7과 |
| 귀향 | homecoming, return to one's native place | 17과 |
| 귓전으로 | close to the ear | 20과 |
| 규모 | scale | 13과 |
| 규수 | maiden, virgin | 1과 |
| 규율 | regulations | 6과 |
| 규정 | regulation | 11과 |
| 균형 | balance | 13과 |
| 그늘 | shade | 18과 |
| 그다지 | not so (much) | 11과 |
| 그대 | you (archaic) | 18과 |
| 그물 | fishing net | 2과 |
| 그지없이 | endless | 14과 |
| 극기심 | (spirit of) self-denial/self-restraint | 10과 |
| 극단 | extreme | 11과 |
| 극단적으로 | extremely, excessively | 19과 |
| 극렬하다 | to be intense, fierce | 15과 |
| 극복하다 | to overcome | 19과 |
| 극심하다 | to be extremely intense/fierce | 1과 |
| 극진하다 | to be devoted; to be cordial | 10과 |
| 근거 | basis, ground | 11과 |
| 근면 | diligence | 12과 |

| | | |
|---|---|---|
| 근무 | service, duty | 6과 |
| 근무하다 | to work (as an employee) | 17과 |
| 근소하다 | to be little, scanty | 12과 |
| 근육 | muscle | 15과 |
| 근친 | intimate sibling | 2과 |
| 글귀 | phrase | 18과 |
| 금물 | taboo, prohibited thing | 9과 |
| 금새 | right away, immediately | 12과 |
| 금슬 (=금실) | conjugal harmony | 10과 |
| 금잔디 | golden turf, (Korean) lawn grass | 3과 |
| 급속도로 | at a rapid speed, rapidly | 6과 |
| 급행료 | express charges | 12과 |
| 기관 | organization [연구 기관 research organization] | 11과 |
| 기관차 | train engine, locomotive (engine) | 20과 |
| 기념식 | ceremony | 13과 |
| 기대(에 차다) | (to be full of) expectations | 7과 |
| 기력 | energy, spirit, vigor | 15과 |
| 기름 | oil | 1과 |
| 기반 | foundation | 14과 |
| 기본 | basics | 2과 |
| 기분 전환 | refreshing your feeling | 18과 |
| 기사 | news article, report, item [신문 기사 newspaper article] | 9과 |
| 기사거리 | materials for an article (newspaper, TV news, etc.) | 7과 |
| 기색 | look; 기색을 하다 to have a look | 20과 |
| 기성 세대 | older generation | 11과 |
| 기술 | skill | 3과 |
| 기술 개발 | development of technology | 6과 |
| 기역자판 | L-shaped table | 20과 |
| 기울이다 | to devote, concentrate on | 20과 |
| 기웃거리다 | to peep (snoop) around; to crane one's neck to see | 7과 |
| 기이하다 | be strange | 17과 |
| 기재 | statement, mention [기재 내용 contents of a statement] | 8과 |
| 기적 소리 | steam whistle | 20과 |
| 기존(의) | existing, (already) established | 2과 |
| 기준 | standard, criterion [선발기준 selection criteria] | 8과 |
| 기질 | temperament, makeup | 9과 |
| 기품있다 | to be dignified, graceful, noble | 12과 |
| 기획국 | department of planning | 17과 |
| 기후 | weather | 12과 |
| 긴장(감) | (a feeling of) tension | 4과 |
| 긴장하다 | to strain | 20과 |

| 길 | fathom; man's height | 17과 |
|---|---|---|
| 까다 | to expose | 20과 |
| 까닭 | reason | 18과 |
| 까짓 | what the heck! | 14과 |
| 깜빡대다 | to blink | 14과 |
| 깡마르다 | to be very slender | 17과 |
| 깨어나다 | to awaken; to sober up | 11과 |
| 깻잎 | sesame leaves | 15과 |
| 꼬락서니 | plight, appearance | 20과 |
| 꼬리표 | name tag | 11과 |
| 꼬배기 (곱배기) | double measure, twice as much | 20과 |
| 꼬집다 | to pinch | 20과 |
| 꼴 | appearance | 20과 |
| 꼿꼿하다 | to be straight, upright | 17과 |
| 꽂다 | to stick in, insert | 20과 |
| 꾀죄죄하다 | to be shabby, untidy | 20과 |
| 꾸미다 | to decorate, ornament | 10과 |
| 꾸역꾸역 | in a steady stream | 20과 |
| 꿈을 키우다 | to cultivate a dream, to have a vision | 7과 |
| 꿈쩍 | (with) a blink of an eye | 10과 |
| 꿈꿈하다 | to stink | 14과 |
| 끈질기다 | to be resilient | 10과 |
| 끊임없다 | to be endless, ceaseless | 11과 |
| 끙끙거리다 | to groan, grumble | 20과 |
| 끙끙대다 | to moan, labor | 2과 |
| 끝말 잇기 | beginning with the final character | 17과 |
| 끼다 | to carry something under the armpit; to insert, hold in between | 12과 |
| 끼어들다 | to squeeze oneself into | 12과 |
| 끼이다 | to be stuck | 12과 |
| 나꿔채다 | to snatch (away) | 14과 |
| 나르다 | to carry [실어 나르다 to load and carry off] | 4과 |
| 나무라다 | to scold | 10과 |
| 나팔관 (=난관) | Fallopian tubes | 10과 |
| 난봉꾼 | libertine | 10과 |
| 난봉을 피우다 | to live fast/immorally | 10과 |
| 난처하다 | to be perplexed; to be awkward | 20과 |
| 날름 | swiftly | 20과 |
| 날리다 | to blow away; to make fly | 4과 |
| 날쌔게 | quickly | 12과 |
| 남녀노소 | all kinds of people | 12과 |
| 남방 | summer shirt, lightweight shirt | 6과 |

| | | |
|---|---|---|
| 남부럽다 | to envy someone | 17과 |
| 남성 지배 | male domination | 16과 |
| 남양 | South Seas | 20과 |
| 남짓 되다/하다 | to be upward of, a bit more than | 17과 |
| 남파되다 | to be dispatched to the south | 17과 |
| 남행 | southbound | 17과 |
| 납치 | kidnapping | 12과 |
| 낭비 | waste | 1과 |
| 낮추다 | to humble/lower oneself | 2과 |
| 낯설다 | to be unfamiliar | 18과 |
| 내걸리다 | to be hung out | 18과 |
| 내두르다 | to wave about | 20과 |
| 내려다 보다 | to look down | 18과 |
| 내리 | consecutively, in succession | 10과 |
| 내리깔다 | to cast one's eyes down | 14과 |
| 내면 | inside, the interior | 16과 |
| 내무반 | army quarters, barracks | 4과 |
| 내밀다 | to push out | 20과 |
| 내색 | betrayal of one's feeling | 10과 |
| 내야석 | infield stands [good seats] | 4과 |
| 내외 | husband and wife | 10과 |
| 내용 | content(s), substance | 8과 |
| 내전 | civil war | 19과 |
| 냉 | (body) chill | 15과 |
| 냉담 | coolness, indifference | 10과 |
| 냉전 | Cold War | 13과 |
| 너그러워지다 | to become generous; to become broad | 15과 |
| 너그럽다 | to be generous | 11과 |
| 너울 | thin black hood for wearing outdoors | 18과 |
| 넋두리 | grumble, mutter | 10과 |
| 넌더리 | loathing, disgust | 10과 |
| 널다 | to hang up to dry | 20과 |
| 넘기다 | to pass, turn, hand over (넘겨받다, 넘겨주다) | 11과 |
| 네살바기 | four-year-old | 14과 |
| 노동 운동 | labor movement | 16과 |
| 노상 | always | 18과 |
| 노예 | slave | 12과 |
| 녹색 교통 운동 | Green Traffic campaign | 1과 |
| 논두렁길 | ridge between rice fields, berm | 20과 |
| 논란되다 | to be denounced, adversely criticized, refuted | 16과 |
| 논평 | criticism, comment, review [논평 기사 commentary, review article] | 9과 |

| | | |
|---|---|---|
| 놈 | fellow, chap | 17과 |
| 농경적 | farming, agricultural | 12과 |
| 농지거리 | joking (cf. 농담) | 10과 |
| 높이다 | to honor, raise, heighten | 2과 |
| 뇌까리다 | to repeat unpleasantly | 14과 |
| 눈감아 주다 | to let pass | 3과 |
| 눈독들이다 | to have a keen eye on | 10과 |
| 눈두덩이 | (protuberant part of the) upper eyelid | 20과 |
| 눈망울 | eyeball | 7과 |
| 눈살을 찌푸리다 | to grimace, frown | 20과 |
| 눈치 | tact, sense, mind/intention [눈치를 살피다 to study (inquire into) one's intentions] | 5과 |
| 눙치다 | to soothe, pacify | 2과 |
| 느닷없이 | unexpectedly | 17과 |
| 느릿느릿 (느릿느릿) | slowly | 20과 |
| 늘어붙다 | to be sticky | 14과 |
| 늘어서다 | to line up | 1과 |
| 능률적 | efficient | 12과 |
| 다가오다 | to come near | 12과 |
| 다방면 | several senses | 17과 |
| 다산성 | physical characteristics associated with fecundity | 10과 |
| 다시금 | again | 14과 |
| 다양하다 | to be diverse | 8과 |
| 다중 (cf. 대중) | crowd, great number of people | 12과 |
| 다투다 | to argue, quarrel | 12과 |
| 단백질 | protein | 15과 |
| 단순화하다 | to be simplified | 2과 |
| 단숨에 | all in one breath | 4과 |
| 단위 | unit | 15과 |
| 단일 통화권 | single-currency region | 13과 |
| 단지 | just, only, except | 2과 |
| 단초 | impetus | 13과 |
| 단칸 | unit for measuring a room | 14과 |
| 단판 승부 | single-round competition | 12과 |
| 달랑 | solely, merely | 2과 |
| 달랑달랑 | barely hanging, hanging by a thread | 20과 |
| 달아오르다 | to become red hot | 14과 |
| 달음질치다 | to run quickly | 14과 |
| 달하다 | to reach, to be as much as | 13과 |
| 닭살 | goosebumps, gooseflesh | 2과 |
| 담담히 | coolly, serenely | 10과 |
| 담당 | (in) charge | 6과 |

| 담장 | fence | 4과 |
|---|---|---|
| 당당하다 | to be proud | 11과 |
| 당대(의) | current age/generation, those days | 11과 |
| 당락 | result of a selection contest (e.g., election, entrance exam) | 8과 |
| 당사자 | concerned party/person | 10과 |
| 당숙 | father's cousin | 14과 |
| 당시 | (at) that time, (in) those days | 4과 |
| 당연히 | naturally, necessarily | 6과 |
| 당장 | immediately, (at) this moment | 8과 |
| 당해내다 | to endure adversity | 20과 |
| 대 (代) | generation | 10과 |
| 대견하다 | to be content, to be gratified | 10과 |
| 대과 | serious mistake or error | 12과 |
| 대구 | repeatedly | 20과 |
| 대기업 | conglomerate | 6과 |
| 대꾸 | reply, retort | 12과 |
| 대낮 | broad daylight | 10과 |
| 대대적인 | grand [대대적으로 on a large scale] | 13과 |
| 대등하다 | to be equal | 2과 |
| 대란 | catastrophic disturbance [교통 대란 traffic chaos] | 1과 |
| 대리 | deputy | 6과 |
| 대립(하다) | confrontation (to confront) | 15과 |
| 대목 | passage | 18과 |
| 대변하다 | to speak in representing | 16과 |
| 대변혁 | big change [변혁 change, reform] | 8과 |
| 대부분 | most of | 1과 |
| 대비하다 | to prepare | 8과 |
| 대사 | line (of a play) | 3과 |
| 대상 | object, target (of an act) | 6과 |
| 대열 | line up | 12과 |
| 대중 | public | 16과 |
| 대책 | countermeasure | 1과 |
| 대충 | approximately, roughly | 2과 |
| 대칭되다 | to be symmetrical | 19과 |
| 대통령 | president (of a country) | 13과 |
| 대표적이다 | to be representative, typical | 11과 |
| 대표하다/되다 | to represent/be represented | 11과 |
| 대합실 | waiting room | 20과 |
| 대형 | large size | 18과 |
| 더 이상 | more | 3과 |
| 더군다나 | moreover | 2과 |

| | | |
|---|---|---|
| 더디다 | to go at a slow pace [더디게 slowly] | 13과 |
| 더러 | sometimes, occasionally | 12과 |
| 더미 | pile | 10과 |
| 더불어 | along with | 11과 |
| 더위 | heat | 18과 |
| 덜 되다 | to be insufficient | 2과 |
| 덤벼들다 | to leap, rush upon, attack | 7과 |
| 덧붙이다 | to add | 18과 |
| 덩달아 | following suit | 18과 |
| 덩실덩실 | joyfully [as if dancing] | 10과 |
| 덩어리 | lump | 19과 |
| 덮어두다 | to lay aside | 3과 |
| 뎅그렁 | tinkling sound | 14과 |
| 도구 | tool | 11과 |
| 도덕성 | morality | 19과 |
| 도로 | roads, streets [주변 도로 streets around the area] | 1과 |
| 도로 원표 | street sign | 18과 |
| 도사리다 | to sit cross-legged | 20과 |
| 도시 | (not) at all; utterly | 20과 |
| 도입(하다) | introduction, adoption (to introduce, adopt) | 1과 |
| 도저히 | (not) at all, (not) possibly, (not) by any means | 11과 |
| 도전하다 | to challenge | 7과 |
| 도착 | arrival | 12과 |
| 도피하다 | to flee | 18과 |
| 독립심 | independent spirit | 11과 |
| 독립 운동가 | independence-movement activist, freedom fighter | 9과 |
| 독방 | room to oneself | 17과 |
| 독선적 | self-righteous, complacent | 11과 |
| 독자 | only son | 20과 |
| 독점하다 | to monopolize | 19과 |
| 독주 | running alone, leaving the others far behind | 4과 |
| 돈독하다 | to be sincere | 3과 |
| 돋다 | to come up; to form [닭살이 돋다 to get goosebumps] | 2과 |
| 돌파하다 | to pass, exceed, break through | 4과 |
| 동구<동구라파> | Eastern Europe | 13과 |
| 동독 | East Germany (cf. 서독 West Germany) | 13과 |
| 동력 | dynamic power | 19과 |
| 동료 의식 | feeling of companionship/comradeship | 13과 |
| 동문 | alumni, alumnus | 8과 |
| 동원(하다/되다) | mobilization (to mobilize/to be mobilized) | 20과 |
| 동의보감 | *Dongŭibogam* (book about Oriental medicine written by Heo Jun) | 15과 |

| 동점 | tie score | 4과 |
|------|-----------|------|
| 동정 | conditions, movements, whereabouts | 5과 |
| 동창 | schoolmate, alumnus, alumna [여고 동창 classmate from the same female high school] | 5과 |
| 되새기다 | to ruminate | 13과 |
| 되찾다 | to regain | 18과 |
| 되풀이 | repetition | 18과 |
| 두려워하다 | to be afraid of | 15과 |
| 두텁다 | to be thick; [of an emotion] to be affectionate, deep | 12과 |
| 둑 | bank, dike | 20과 |
| 둥치 | base of a tree trunk | 20과 |
| 뒤엎다 | to overturn | 19과 |
| 뒤지다 | to rummage | 12과 |
| 뒤창 | heel of a shoe | 17과 |
| 뒤처지다 | to fall behind | 5과 |
| 뒤치다꺼리 | clearance work, taking care of settlement | 10과 |
| 뒹굴다 | to roll over | 17과 |
| 드나들다 | to go in and out | 10과 |
| 드러나다 | to reveal itself; to become known | 11과 |
| 들깨 가루 | sesame seed powder | 15과 |
| 들뜨다 | to grow restless or excited | 20과 |
| 들어서다 | to step into, get into, occupy a position | 7과 |
| 들이대다 | to thrust (a thing) in front of | 16과 |
| 들이마시다 | to inhale, drink in | 20과 |
| 들이키다 | to swallow | 14과 |
| 들창코 | upturned nose | 20과 |
| 들판 | plain, field | 3과 |
| 들피지다 | to become emaciated from hunger, to starve | 17과 |
| 듬뿍 | to the brim | 15과 |
| 등장하다 | to enter the stage, arrive on the scene | 11과 |
| 등허리 | back of the waist | 20과 |
| 따라붙다 | to catch up with | 4과 |
| 따위 | such as | 14과 |
| 딱 | decisively, firmly | 3과 |
| 땀 냄새 | smell of sweat | 18과 |
| 떠나다 | to leave, depart | 3과 |
| 떠들썩하다 | to be uproarious, clamorous | 9과 |
| 떨치다 | to shake off | 20과 |
| 똑똑하다 | to be clever | 2과 |
| 뚜껑 | cover, top, lid (of a pot, bottle, cup) | 14과 |
| 뚜렷하다 | to be distinct, obvious, clear | 11과 |
| 뜨다 | to scoop up [음식을 뜨다 scoop up food] | 3과 |

| 뜨악한 | attractive(ly noticeable) | 14과 |
| 뜻 | meaning | 18과 |
| 뜻밖에도 | unexpectedly | 6과 |
| 띠다 | to exhibit, show, look | 12과 |
| 마련하다 | to prepare, (come up with a) plan | 1과 |
| 마렵다 | to feel an urge to urinate | 20과 |
| 마루 | wooden floor | 17과 |
| 마음껏 | to one's heart's content; to the fullest (measure) | 10과 |
| 마작 (마장) | mah-jong | 12과 |
| 마주치다 | to come across, hit upon | 5과 |
| 마주하다 | to sit across the table [from] | 11과 |
| 마찰 | discord, friction | 11과 |
| 막무가내로 | inexorably | 2과 |
| 막연하게 | vaguely, obscurely, ambiguously | 16과 |
| 만 | full, fully | 12과 |
| 만끽하다 | to enjoy fully; to have enough | 4과 |
| 만루 홈런 | grand slam | 4과 |
| 만만하다 | to be easy to deal with, easily managed | 20과 |
| 만상 | all kinds of things | 18과 |
| 만원 | with many people | 14과 |
| 만족하다 | to be satisfied | 5과 |
| 말끔히 | cleanly | 14과 |
| 말수 | the number of words one speaks; words; speech | 14과 |
| 말하자면 | that is to say | 3과 |
| 맛 들이다 | to get a taste, to acquire a taste for | 7과 |
| 망령나다 | to get senile, fall into dotage | 10과 |
| 망칙스럽다 | to be unpleasant; to be vulgar | 2과 |
| 맡기다 | to entrust, put in someone's charge | 12과 |
| 매개 | medium | 11과 |
| 매연 | smog | 1과 |
| 매운탕 | hot and spicy soup | 14과 |
| 매일반 | all the same, much the same | 10과 |
| 매장 | store | 14과 |
| 매체 | medium | 11과 |
| 맹연습(하다) | (to conduct) rigorous/intensive practice | 4과 |
| 맺다 | to wrap up | 18과 |
| 맺히다 | to form, gather | 17과 |
| 머나먼 | far and away | 13과 |
| 멀거니 | blankly | 14과 |
| 멀뚱히 | vacantly, blankly | 20과 |
| 멀리 | far | 18과 |
| 멀찍하게 | far apart | 10과 |

| | | |
|---|---|---|
| 멋대로 | at will; as one pleases | 3과 |
| 멋모르다 | to be unaware | 20과 |
| 멋을 부리다 | to spruce up, brush up | 5과 |
| 멍들다 | to have a bruise; to suffer a serious setback | 9과 |
| 멍멍하다 | to feel blank, as if stunned | 20과 |
| 메우다 | to fill up | 15과 |
| 며느리 | daughter-in-law | 3과 |
| 면면히 | unceasingly | 11과 |
| 명령체 | ordinance system, system of regulations | 1과 |
| 명명 | naming | 11과 |
| 명민하다 | be intelligent | 17과 |
| 명시적 | to be clear, explanatory | 8과 |
| 명함 | name card, business card | 5과 |
| 명확하다 | to be obvious, clear | 11과 |
| 모래 | sand | 17과 |
| 모성 역할 | motherhood (role) | 5과 |
| 모순 | contradiction, inconsistency | 8과 |
| 모양새 | shape, appearance | 15과 |
| 모지다 (모질다) | to be harsh, merciless | 20과 |
| 모집(하다) | recruitment (to recruit, collect) | 4과 |
| 모퉁이 | corner | 18과 |
| 모험 | adventure | 7과 |
| 목숨 | life | 20과 |
| 목이 잘리다 | to be beheaded; to be fired (from a position) | 9과 |
| 목표 | goal, purpose | 13과 |
| 몰락 | downfall | 13과 |
| 몰려 있다 | to be concentrated | 1과 |
| 몰리다 | to cluster/crowd together | 1과 |
| 몰입시키다 | to absorb oneself, be absorbed in | 18과 |
| 못자리 | seed plot for young rice plants | 12과 |
| 묘하게 | exquisitely | 3과 |
| 무관 | uncrowned | 9과 |
| 무기수 | life prisoner | 17과 |
| 무난하다 | to be trouble-free | 2과 |
| 무너지다 | to collapse, fall down | 4과 |
| 무더위 | sultriness, sweltering heat | 15과 |
| 무뚝뚝하다 | to be brusque, curt | 20과 |
| 무력 | force of arms | 19과 |
| 무례하다 | to be unmannered, boorish | 2과 |
| 무료(로) | free of charge, gratis | 1과 |
| 무료하다 | be boring, tedious | 17과 |
| 무르익다 | to be ripe | 10과 |

| | | |
|---|---|---|
| 무모하다 | to be reckless | 12과 |
| 무산되다 | to dissipate, vanish | 4과 |
| 무수히 | countlessly | 7과 |
| 무엄하다 | to be imprudent | 2과 |
| 무작정 | recklessly/with no definite plan | 7과 |
| 무장하다 | to arm, equip | 7과 |
| 무직자 | the unemployed | 5과 |
| 무침 | mixing with seasonings | 15과 |
| 묵인하다 | to permit tacitly, condone | 10과 |
| 문명 | civilization | 11과 |
| 문제되다 | to become problematic | 2과 |
| 문턱 | threshold, doorsill | 20과 |
| 물가 | price (of things) | 12과 |
| 물리다 | to be fed up | 15과 |
| 물리적 | physical | 12과 |
| 물코 | snot, mucus [콧물] | 20과 |
| 뭇 | all sorts of | 3과 |
| 뭉쳐 두다 | to store in bundles | 10과 |
| 뭉클하다 | to be filled with emotion | 10과 |
| 뭉텅이 | limb; bundle | 20과 |
| 미나리 | Japanese parsley | 15과 |
| 미래 | future | 11과 |
| 미래상 | image of the future | 11과 |
| 미래 설계 | future plan/design | 7과 |
| 미련스럽다 | to be foolish | 17과 |
| 미묘하다 | to be delicate, subtle | 10과 |
| 민간 | civilian, private sector [민간 자료 non-governmental materials] | 9과 |
| 민감하게 | sensitively | 16과 |
| 민선 정부 | civilian government | 19과 |
| 민족 | race, nation | 9과 |
| 민주화 | democratization | 19과 |
| 민중 민주주의 | popular democracy | 19과 |
| 밀려오다 | to rush in | 3과 |
| 밀봉되다 | to be tightly sealed up | 17과 |
| 밀어놓다 | to push [a thing] off | 3과 |
| 밀착되다 | to stick, adhere to | 18과 |
| 밑천 | capital, seed money, stake | 10과 |
| 바겐 세일 | bargain sale, clearance sale | 1과 |
| 바꿔치기 | fraudulent replacement, counterfeit | 2과 |
| 바람결에 | on the wind (force) | 20과 |
| 바로미터 | barometer | 11과 |

| | | |
|---|---|---|
| 바캉스 | vacation | 18과 |
| 박탈감 | feeling of being deprived | 13과 |
| 반감 | animosity | 19과 |
| 반대(하다) | opposition, objection (to object, oppose) | 10과 |
| 반드시 | for sure, certainly | 18과 |
| 반론 | opposing arguments | 1과 |
| 반면(에) | on the other hand | 5과 |
| 반목 | antagonism, hostility | 5과 |
| 반복 | repetition | 18과 |
| 반상회 | residents' meeting | 5과 |
| 반영하다 | to reflect | 4과 |
| 반항(하다) | resistance, defiance (to defy, resist, rebel against) | 11과 |
| 반향 | repercussion | 4과 |
| 발굴하다 | to excavate, dig up; to discover | 7과 |
| 발달하다 | to develop | 12과 |
| 발돋움(하다) | standing on tiptoe (to stand on tiptoe) | 20과 |
| 발상 | conception [of an idea] | 4과 |
| 발설하다 | to disclose, reveal | 10과 |
| 발족하다 | to inaugurate, start | 4과 |
| 발차 | departure (of a train) | 12과 |
| 발타다 | (of a young animal) to try its legs for the first time | 3과 |
| 발탁하다 | to select, pick (from many), single out | 6과 |
| 발판 | steppingstone | 19과 |
| 발행인 | publisher | 13과 |
| 발휘하다 | to display, exhibit | 19과 |
| 밥알갱이 | (piece of) cooked rice | 14과 |
| 방불케하다 | to remind of; to indicate faintly | 1과 |
| 방송국 | radio station, TV studio | 7과 |
| 방앗잎 | leaves that are used in soup to reduce some strong smell | 15과 |
| 방어율 | earned run average (ERA) | 4과 |
| 방울 | raindrops | 14과 |
| 방첩대 | counterintelligence corps | 17과 |
| 방한하다 | to visit Korea | 4과 |
| 방향 | direction | 8과 |
| 배 | times; -fold [두 배 twice, 세 배 three times] | 13과 |
| 배려 | consideration, care | 7과 |
| 배치(하다/되다) | disposition; posting, placement (to post/be posted) | 6과 |
| 백병전 | hand-to-hand combat | 4과 |
| 백사장 | sandy beach | 17과 |
| 백지화하다 | to scratch out, cancel | 1과 |
| 버럭 소리(를) 지르다 | shout suddenly, blurt out loudly | 20과 |

| | | |
|---|---|---|
| 버릇없다 | to be ill-mannered, badly brought up | 11과 |
| 번족하다 | (of a family) to be prosperous | 1과 |
| 번지다 | to spread through | 3과 |
| 번쩍이는 조명 | shining/glittering lighting | 7과 |
| 벌름거리다 | to inflate and deflate (alternately) | 20과 |
| 벌어지다 | to take place, come about | 6과 |
| 벌이다 | to put on a show | 12과 |
| 범죄 | crime | 12과 |
| 법원 | court | 18과 |
| 벗기다 | to clear oneself of a charge, exonerate oneself | 14과 |
| 벗어나다 | to get out of | 3과 |
| 베풀다 | to grant, give, bestow | 7과 |
| 벼 베기 | rice plant cutting | 12과 |
| 별나게 | uniquely | 12과 |
| 별미 | exquisite flavor; delicacy, tidbit | 12과 |
| 별채 | detached quarter, separate living quarter | 10과 |
| 병균 | germ | 7과 |
| 병폐 | vice; unhealthy influences | 7과 |
| 병행되다 | to go in tandem, to run parallel | 8과 |
| 보따리 | bundle | 17과 |
| 보수 | salary | 6과 |
| 보수적(이다) | (to be) conservative | 6과 |
| 보신탕 | *posint'ang* (dog's meat stew) | 15과 |
| 보장되다 | to be guaranteed | 11과 |
| 보조금 | grant-in-aid | 13과 |
| 보증 | guarantee | 12과 |
| 복역하다 | to serve a prison term | 17과 |
| 복잡다단하다 | to be complex; to be eventful | 2과 |
| 복장 | dress, costume, attire | 6과 |
| 본격적(으로) | genuine; full-scale | 4과 |
| 본부 | headquarters | 15과 |
| 볼일을 보다 | *lit.,* engagement; *fig.,* to excrete or have sex | 20과 |
| 봇물 | water held in place by a dam | 3과 |
| 봉사 | service activity [자원 봉사 voluntary service] | 5과 |
| 봉지 | paper or plastic bag | 14과 |
| 봉해지다 | to be sealed | 17과 |
| 봐주다 | to do a favor | 3과 |
| 부담(하다) | burden, lot (to bear [expenses], shoulder [a burden]) | 13과 |
| 부담금 | allotment, share | 1과 |
| 부둥켜안다 | to embrace tightly, hold fast | 20과 |
| 부사 | adverb | 12과 |

| | | |
|---|---|---|
| 부설 | attachment | 1과 |
| 부업 | side job, second job | 14과 |
| 부인하다 | to deny | 19과 |
| 부장 | department manager | 6과 |
| 부정 | denial | 11과 |
| 부정적 | negative | 11과 |
| 부정하다 | to deny | 10과 |
| 부채질하다 | to stir up, instigate | 5과 |
| 부추기다 | to encourage; to egg someone on to do something | 1과 |
| 부하 직원 | subordinate, one's inferior | 6과 |
| 북구계 | Scandinavian | 12과 |
| 북대서양 조약기구 (나토) | North Atlantic Treaty Organization (NATO) | 13과 |
| 북적거리다 | to be crowded | 14과 |
| 북 한계 | northern limit, boundary | 12과 |
| 북행 | northbound | 17과 |
| 분개하다 | to be enraged at; to resent | 10과 |
| 분리 독립 운동 | independence movement | 19과 |
| 분석가 | analyst | 11과 |
| 분신 | burning oneself | 11과 |
| 분야 | field, branch [전문 분야 specialty] | 6과 |
| 분양(하다) | allotment (to sell in lots) | 5과 |
| 분할 통치 | divide and conquer | 5과 |
| 불가피하다 | to be unavoidable | 16과 |
| 불거지다 | to protrude, jut out | 7과 |
| 불과 | only, merely, but, no more than | 4과 |
| 불과하다 | to be nothing but | 3과 |
| 불끈 | firmly | 20과 |
| 불려가다 | to be called, summoned | 9과 |
| 불륜 | immorality, impropriety | 16과 |
| 불만 | dissatisfaction | 13과 |
| 불쑥 | abruptly, all of a sudden | 14과 |
| 불안(하다) | anxiety, uneasiness (to be uneasy, uncomfortable, anxious) | 8과 |
| 불을 당기다 | to set on fire | 20과 |
| 불임 | infertility, sterility | 10과 |
| 불쾌지수 | discomfort index, heat index | 18과 |
| 불포화 | (being) unsaturated | 15과 |
| 불협화음 | disharmony, discord | 7과 |
| 붐비다 | to be crowded, packed | 12과 |
| 붕괴 | fall, collapse, breakdown | 13과 |
| 비결 | secret measure, secret plan | 12과 |

| 비교과 내용 | nonacademic contents | 8과 |
|---|---|---|
| 비기다 | to compare, liken | 3과 |
| 비까번쩍하다 | to be flashy, ostentatious | 7과 |
| 비난(하다) | criticism (to criticize, blame) | 5과 |
| 비단 | merely, only | 12과 |
| 비등하다 | to boil, seethe, bubble | 10과 |
| 비우다 | to empty out | 18과 |
| 비율 | ratio, percentage | 5과 |
| 비이성적인 | irrational | 19과 |
| 비집다 | to push open | 14과 |
| 비쳐지다 | to be looked on as | 15과 |
| 비켜나다 | to step aside | 3과 |
| 비평가 | critic | 16과 |
| 비화 | secret history, behind-the-scenes story | 10과 |
| 빅뱅 | big bang; change of situation of great magnitude | 8과 |
| 빚다 | to give rise to | 1과 |
| 빨래 | washing clothes | 14과 |
| 빳빳하다 | to be crisp | 10과 |
| 빼곡히 | densely | 7과 |
| 뿌시시 | deliberately | 20과 |
| 뿜다 | to spout, spurt [불을 뿜다 to fire off] | 4과 |
| 삐져나오다 | to stick out | 3과 |
| 삐죽 | bluntly | 14과 |
| 사건 | affair, event | 12과 |
| 사고 | thinking, thought [창의적 사고 creative thinking] | 6과 |
| 사고 구조 | patterns of thought | 16과 |
| 사관 | chronicler, historian | 9과 |
| 사기 | fraud, criminal deception | 7과 |
| 사돈 | in-law | 10과 |
| 사동 | building (of a dormitory, prison, apartment) | 17과 |
| 사라지다 | to disappear | 5과 |
| 사명감 | sense of mission | 9과 |
| 사무처장 | head official, chief | 1과 |
| 사뭇 | very (much), quite | 11과 |
| 사사로이 | privately, personally; informally | 9과 |
| 사사롭다 | to be private, personal | 17과 |
| 사상 | thought, ideology | 17과 |
| 사상범 | ideological prisoner, political prisoner | 17과 |
| 사상 의학 | Oriental medicine (based on four types of physical makeup) | 15과 |
| 사소한 | trivial, trifling | 18과 |
| 사유 재산권 | private property rights | 1과 |

| | | |
|---|---|---|
| 사치스럽다 | to be extravagant, luxurious | 9과 |
| 사항 | items, articles | 8과 |
| 사활 | life and death [사활이 걸리다 one's fate hangs on] | 6과 |
| 사회적 | social | 4과 |
| 사회주의 | socialism | 19과 |
| 사회통합당 | Social Unification Party (SUP) | 13과 |
| 산야 | mountain range | 17과 |
| 살 | meat, flesh | 15과 |
| 살림(하다) | household, housekeeping (to keep house, run a household) | 5과 |
| 살벌하다 | be bloody, brutal | 17과 |
| 살상하다 | to kill and maim | 19과 |
| 삶 | life, living | 2과 |
| 삼다 | to make someone [be] a . . ., to have as a . . . | 10과 |
| 삼복 | three hottest days of summer | 15과 |
| 삼삼하다 | to be unforgettably vivid | 17과 |
| 상(像) (. . . 상) | facial look, expression | 10과 |
| 상급자 | superior/higher-ranking person | 6과 |
| 상기되다 | to recall | 14과 |
| 상냥하다 | to be sweet, kind | 3과 |
| 상당수 | considerable number | 7과 |
| 상당한 | considerable | 13과 |
| 상대 | opposite party [상대로 as a target (person or group)] | 8과 |
| 상대적(이다) | relative (to be relative) | 13과 |
| 상무 | managing director | 6과 |
| 상사 | one's superior | 6과 |
| 상식 | common sense | 9과 |
| 상업주의 | commercialism | 4과 |
| 상징 | symbol | 13과 |
| 상태 | condition, state | 12과 |
| 상투적이다 | to be commonplace | 10과 |
| 상품 | goods | 1과 |
| 상품화(하다) | to commercialize | 7과 |
| 상하다 | to be rotten/damaged; to get hurt | 14과 |
| 상황 | circumstance | 11과 |
| 새댁 | new bride | 2과 |
| 새롭다 | to be new [새롭게 newly] | 13과 |
| 새삼스럽다 | to feel renewed | 7과 |
| 새파랗게 젊다 | to be young, green | 20과 |
| 색주가 | shady (disreputable) bar | 10과 |
| 생겨나다 | to come into being | 15과 |
| 생산자 | producer | 16과 |
| 생산품 | manufactured product | 16과 |

| | | |
|---|---|---|
| 생생하다 | to be vivid | 2과 |
| 생소하다 | to be unfamiliar | 4과 |
| 생전 | in (one's) lifetime | 3과 |
| 생존 | survival | 12과 |
| 생활 여건 | living conditions | 13과 |
| 서기장 | secretary (of a party) | 13과 |
| 서독 | West Germany (cf. 동독 East Germany) | 13과 |
| 서둘다 | to hurry, rush | 10과 |
| 서류 | documents | 9과 |
| 서리 | frost | 12과 |
| 서방 연합군 | Western Allied forces | 13과 |
| 서성이다 | to hang around, loiter | 20과 |
| 서슴지 않다 | to be unhesitating, have no scruples about | 10과 |
| 석좌 교수 | chaired professor | 4과 |
| 선거 | election | 19과 |
| 선대 | ancestors, preceding generations, predecessors | 15과 |
| 선도(하다) | guidance, leadership (to guide, lead) [선도 계층 a leading group] | 7과 |
| 선뜻 | readily, willingly | 12과 |
| 선망 | envy | 3과 |
| 선물(先物) | futures | 6과 |
| 선발(하다) | selection (to select) | 8과 |
| 선봉 | vanguard, spearhead | 16과 |
| 선비 | classical scholar | 9과 |
| 선사하다 | to present, offer | 7과 |
| 선언(하다/되다) | (to make/to be made) a declaration | 4과 |
| 선임되다 | to be appointed; to be elected | 6과 |
| 선입견 | preconception, prejudice | 15과 |
| 선착장 | dock | 12과 |
| 선택(하다/되다) | (to make/be made) a selection; to be chosen | 8과 |
| 설거지 | dishwashing | 14과 |
| 설득 | persuasion | 17과 |
| 설령 | even if | 7과 |
| 설명회 | informational session | 8과 |
| 섬 | island | 18과 |
| 섭리 | providence; dispensation | 10과 |
| 섭섭하다 | to be sorry | 10과 |
| 성격이 급하다 | to be hot-tempered | 9과 |
| 성 권력 | sexual power, sexual potency | 16과 |
| 성급하다 | to be hasty, quick-tempered | 12과 |
| 성명 | name (formal) | 2과 |
| 성 본능 | sexual instinct, libido | 16과 |

| 성숙(하다) | maturity, growth (to mature, ripen) | 11과 |
| 성인 | adult (person) | 9과 |
| 성장(하다) | growth (to grow) | 13과 |
| 성적 | score or rank in a competition | 8과 |
| 성적 이탈 | becoming illicitly engaged in sexual activity | 16과 |
| 성큼성큼 | with long steps, with great strides | 20과 |
| 성패 | success or failure | 8과 |
| 성하다 | to be intact, undamaged | 20과 |
| 성함 | name (honorific) | 2과 |
| 세간 | household goods | 10과 |
| 세금 | tax | 13과 |
| 세대 | generation [N세대] | 5과 |
| 세력 | (a group or people with) power, force, strength | 11과 |
| 세련되다 | to be refined, elegant, polished | 5과 |
| 세상일 | daily affairs | 18과 |
| 세심하다 | to be careful, circumspect | 10과 |
| 세태 | way of the world | 18과 |
| 소동 | commotion | 12과 |
| 소득 | income, earning | 13과 |
| 소련 | Soviet Union | 13과 |
| 소맷자락 | the edges of a sleeve, cuff | 20과 |
| 소변(을) 보다 | to urinate | 20과 |
| 소비자 | consumers | 6과 |
| 소수 | small number, minority | 7과 |
| 소음인 | one who has a relatively cold body (of the four physical types in oriental medicine) | 15과 |
| 소장 | two-star general | 17과 |
| 소지품 | personal belongings | 11과 |
| 소지하다 | to possess, have in one's possession | 11과 |
| 소진되다 | to be worn out | 7과 |
| 소쿠리 | (bamboo or wicker) basket | 20과 |
| 소통 불능 | inability to communicate, inarticulateness | 16과 |
| 소홀하다 | to be inattentive, negligent, careless | 5과 |
| 소환 | summon | 17과 |
| 속사정 | inside story, real state of affairs | 10과 |
| 속성 | attribute, property | 15과 |
| 속히 | at once, promptly | 12과 |
| 손 (孫) | grandchild | 10과 |
| 손해 | loss | 1과 |
| 솥 | pot | 14과 |
| 수군대다 | to murmur, whisper | 10과 |
| 수난 | suffering | 20과 |

| 수능(시험) | academic competence (exam) | 8과 |
|---|---|---|
| 수다 | garrulity, chatter [수다 산업 industry related to talking] | 11과 |
| 수류탄 | grenade | 20과 |
| 수상 | receiving a prize/award | 8과 |
| 수상 | prime minister | 13과 |
| 수상록 | essays, notes | 18과 |
| 수상자 | award winner | 8과 |
| 수세미 | pot cleaner | 20과 |
| 수술 | surgery, operation | 15과 |
| 수시 | anytime, all times [수시 전형 screening on occasion] | 8과 |
| 수요 | demand | 12과 |
| 수월하다 | to be easy | 10과 |
| 수육 | boiled beef | 15과 |
| 수줍다 | to be bashful | 10과 |
| 수첩 | reminder book, planner | 3과 |
| 수태 | conception, impregnation | 10과 |
| 수평선 | horizon | 18과 |
| 수하물 | baggage | 12과 |
| 수형 | (being) under sentence | 17과 |
| 수확하다 | to have a harvest/crop | 12과 |
| 숙부 | father's brother | 17과 |
| 숙질 | uncle and his nephew/niece | 17과 |
| 숙청하다 | to purge; to liquidate; to clean up | 9과 |
| 순결하다 | to be pure, chaste | 17과 |
| 순대국 | sausage soup (made of beef and bean curd in pig intestine) | 15과 |
| 순서 | order [순서대로 in order] | 3과 |
| 순위 | ranking | 3과 |
| 순조롭다 | to be smooth | 16과 |
| 술기 | feeling of being drunk, tipsiness | 20과 |
| 술방 | drinking room | 20과 |
| 술 사발 | drinking bowl | 20과 |
| 술수 | trick, scheme | 5과 |
| 술 주정이 | alcoholic | 10과 |
| 숨겨져 있다 | to be hidden | 3과 |
| 숨이 가쁘다 | to be panting | 18과 |
| 숨죽이다 | to hold one's breath, to keep silent | 5과 |
| 쉽사리 | easily, readily | 20과 |
| 스미다 | to soak into | 14과 |
| 스킬 자수 | embroidery | 17과 |
| 스포트라이트를 받다 | to be spotlighted | 7과 |

| | | |
|---|---|---|
| 슬그머니 | secretly, stealthily | 20과 |
| 슬쩍 | on the sly | 3과 |
| 습진 | eczema | 14과 |
| 승강기 | elevator | 14과 |
| 승객 | passenger | 12과 |
| 승진 | promotion | 6과 |
| 시 | poetry | 18과 |
| 시기상조(다) | (to be) too early, premature | 4과 |
| 시누이 | husband's sister, sister-in-law | 3과 |
| 시달리다 | to suffer, be tried | 5과 |
| 시대 | era, period | 9과 |
| 시발점 | beginning (point) | 18과 |
| 시샘하다 | to become terribly jealous | 10과 |
| 시선 | one's gaze | 3과 |
| 시어머니 | mother-in-law | 3과 |
| 시어지다 | to become sour | 18과 |
| 시정되다 | to be fixed, to be amended | 16과 |
| 시청자 | TV viewer | 7과 |
| 시한 | time limit | 12과 |
| 식견 | knowledge, discernment | 17과 |
| 식료품 | groceries | 14과 |
| 신(이)나다 | to be elated | 20과 |
| 신경(을) 쓰다 | to concern oneself with | 10과 |
| 신규 사업 | new business, project | 6과 |
| 신기하다 | to be a wonder; to be noble; to be mysterious | 3과 |
| 신념 | belief, conviction | 17과 |
| 신뢰 | trust | 8과 |
| 신방 | bridal suite | 10과 |
| 신분 | social position, social standing | 9과 |
| 신선하다 | to be fresh | 12과 |
| 신설하다 | to newly establish | 6과 |
| 신세대 | new generation | 6과 |
| 신앙심 | faith | 3과 |
| 신음 | mourning | 20과 |
| 신음 소리 | moaning, groaning | 20과 |
| 신임 임원 | newly appointed executive | 6과 |
| 신입 사원 | newly hired employee, new hire | 6과 |
| 신중하다 | to be cautious | 10과 |
| 신출내기 | rookie | 6과 |
| 싣다 | to load | 4과 |
| 실록 | authentic records, chronicles [왕조실록 chronicles of a dynasty] | 9과 |

| | | |
|---|---|---|
| 실무형 | type that fits business practice | 17과 |
| 실상 | in reality | 10과 |
| 실시하다 | to execute, carry out | 5과 |
| 실업률 | unemployment rate | 13과 |
| 실용적 | to be practical, pragmatic | 12과 |
| 실정 | reality; . . . [~(으)ㄴ/는 실정이다 The reality is . . . ] | 13과 |
| 실천 | practice | 16과 |
| 실천 방안 | practical implementation plan | 19과 |
| 실천적 의지 | will to practice, discipline | 16과 |
| 실토하다 | to confess, to spit out the truth | 5과 |
| 심술 | ill-nature | 10과 |
| 심하다 | to be severe, excessive | 5과 |
| 심호흡 | deep breathing | 18과 |
| 심히 | heavily | 10과 |
| 싸게 | swiftly | 12과 |
| 썩다 | to rot, decay | 20과 |
| 쏟아붓다 | to pour out | 13과 |
| 쑥쑥 | all the way in and out; pulling out repeatedly | 10과 |
| 쓰레기 분리 수거 | sorted garbage collection | 5과 |
| 쓸데없다 | to be useless | 2과 |
| 쓸어안다 | to give a bear hug | 14과 |
| 씻겨나가다 | to be cleaned up | 15과 |
| 아니꼽다 | to be repulsive, detestable | 10과 |
| 아랫배 | belly, stomach, abdominal region | 20과 |
| 아른하다 | to glimmer, flicker | 20과 |
| 아미노산 | amino acid | 15과 |
| 아부 | flattery, adulation | 2과 |
| 아예 | from the beginning; by any means | 1과 |
| 아이구 | Oh, my! | 3과 |
| 악용하다 | to abuse, misuse | 19과 |
| 악착같이 | unyieldingly | 18과 |
| 안겨주다 | to give | 11과 |
| 안도하다 | to relieve | 7과 |
| 안심하다 | to relieve, feel at ease | 12과 |
| 안쓰럽다 | to feel pity | 2과 |
| 안정적(이다) | (to be) stable | 11과 |
| 안타 | base hit | 4과 |
| 알력 | friction, discord, feud | 7과 |
| 알콩달콩 | very happily | 17과 |
| 암거래되다 | to be transacted in the black market | 4과 |
| 암기하다 | to memorize | 17과 |
| 압수하다 | to seize; to take legal possession of | 11과 |

| | | |
|---|---|---|
| 앙큼하다 | to be insidious, treacherous | 10과 |
| 앙탈(을) 하다 | to ask for the impossible; to whine | 10과 |
| 앞두다 | to have (a period, event, goal) ahead | 15과 |
| 앞서다 | to go ahead, advance | 12과 |
| 앞세우다 | to survive/outlive [one's son] | 10과 |
| 애당초 | from the beginning | 17과 |
| 애완동물 | pet | 15과 |
| 애용되다 | to be in popular use; to be loved by many people | 15과 |
| 애정 | affection, love | 10과 |
| 애향심 | local patriotism, love of one's hometown | 4과 |
| 야근 | night job | 14과 |
| 야릇하다 | to be odd; to be mysterious | 12과 |
| 야물다 | to be firm | 20과 |
| 야채상 | greengrocer | 12과 |
| 약이 오르다 | to be exasperated | 3과 |
| 약진하다 | to advance rapidly | 13과 |
| 얄밉다 | to be hateful, detestable | 5과 |
| 양가 | both sides of the family | 2과 |
| 양계장 | poultry farm | 12과 |
| 양보하다 | to yield, give way to | 10과 |
| 양상 | phase, aspect | 5과 |
| 양질 | good quality | 12과 |
| 양측 | both parties/sides | 13과 |
| 양태 | appearance, mode | 16과 |
| 어금니 | molar | 20과 |
| 어기적어기적 | in an awkward way (like a duck) | 20과 |
| 어김없이 | without fail | 3과 |
| 어느 결에 | before one knows | 20과 |
| 어두커니 | blankly, absentmindedly | 3과 |
| 어렵사리 | through trouble/difficulty | 8과 |
| 어법 | way of speaking | 2과 |
| 어지간히 | considerably | 20과 |
| 어필하다 | to appeal to | 12과 |
| 억압하다 | to oppress | 19과 |
| 언론 | the press, the media | 11과 |
| 언론계 | the press | 9과 |
| 언저리 | vicinity | 20과 |
| 얼른 | at once, hastily | 12과 |
| 얼큰하다 | to taste somewhat spicy | 15과 |
| 엄두 | the very thought | 14과 |
| 엄습하다 | to swoop down on | 12과 |
| 엄청나다 | to be preposterous, exorbitant | 1과 |

| 엄청히 | immensely | 3과 |
|---|---|---|
| 업무상 | in relation to business | 6과 |
| 업체 | company [이동 전화 업체 mobile phone company] | 11과 |
| 엉망(으로) | (in) a mess | 5과 |
| 엉키다 | to become tangled | 1과 |
| 에둘러 | surrounding(ly) | 17과 |
| 에미 | mother | 14과 |
| 여건 | situation, condition, circumstances | 12과 |
| 여공 | female factory worker | 4과 |
| 여느 | ordinary, average | 15과 |
| 여론 조사 | opinion poll | 5과 |
| 여미다 | to straighten or adjust one's clothes | 20과 |
| 여생 | the rest of one's life, one's remaining years | 10과 |
| 여성 독자 | female reader | 16과 |
| 여성학 | women's studies | 16과 |
| 여유있다 | to have time, money, or room to spare | 12과 |
| 여의봉 | magic wand | 19과 |
| 여의치 않다 | not to turn out as one wishes | 5과 |
| 여전하다 | to remain unchanged, be as before | 15과 |
| 여전히 | still | 3과 |
| 여편네 | (married) woman | 20과 |
| 역동적 | to be dynamic | 16과 |
| 역량 | ability, power | 16과 |
| 역사 기록관 | chronicler, historian | 9과 |
| 역사상 | historically | 11과 |
| 역시 | also | 3과 |
| 연 | measure, stanza | 18과 |
| 연간 | annually | 1과 |
| 연결 | connection | 14과 |
| 연공 | years' experience | 6과 |
| 연공서열 | rank by years of service; seniority | 6과 |
| 연구 | research [연구소 research institute; 연구원 research fellow] | 5과 |
| 연구 실적 | research (performance) records | 16과 |
| 연기자 | actors | 7과 |
| 연대 | solidarity | 5과 |
| 연령 | age (formal) | 2과 |
| 연맹 | league, union, federation | 11과 |
| 연봉 | annual salary | 6과 |
| 연상시키다 | to remind | 17과 |
| 연서명 | joint signing | 12과 |
| 연속극 | TV drama | 3과 |

| | | |
|---|---|---|
| 연승 | consecutive victories | 4과 |
| 연신 | continuously | 15과 |
| 연예인 | entertainer | 5과 |
| 연인 | sweetheart, lover | 12과 |
| 연일 | day after day | 18과 |
| 연장 | over time | 4과 |
| 연한 | term, length of time [근무 연한 number of years of service] | 6과 |
| 연합군 | allied forces | 20과 |
| 열거하다 | to enumerate, list | 11과 |
| 열광하다 | to be wildly excited; to be fanatical | 2과 |
| 열등감 | sense of inferiority | 5과 |
| 열병 | fever | 7과 |
| 열쇠 | key | 14과 |
| 열정 | passion, ardor | 11과 |
| 열차 | train | 17과 |
| 열풍 | wildfire of enthusiasm [lit., hot wind] | 4과 |
| 염소 | goat | 14과 |
| 염증 | inflammation | 10과 |
| 영광 | glory | 4과 |
| 영구 | permanent | 10과 |
| 영구화하다 | to perpetuate | 19과 |
| 영양 | nutrition | 15과 |
| 영역별 | classified by area [영역별 점수 score in each area] | 8과 |
| 영향력 | influence | 19과 |
| 옆구리 | side | 20과 |
| 예년 | average years | 15과 |
| 예민하다 | to be sensitive | 7과 |
| 예사롭다 | to be common | 11과 |
| 예정 | plan, schedule [ . . .예정으로 scheduled for . . . ] | 3과 |
| 예찬 | praise, glorification | 15과 |
| 예컨대 | for example | 8과 |
| 옛날 | long time ago, old days | 3과 |
| 오기 | unyielding spirit | 14과 |
| 오라기 | bits of thread | 17과 |
| 오로지 | solely | 17과 |
| 오묘한 | profound; delicate; abstruse | 15과 |
| 오장 | the five viscera | 15과 |
| 오줌을 누다 | to pee | 20과 |
| 옥상 | rooftop | 14과 |
| 옷섶 | gusset, gore, pleat | 20과 |

| | | |
|---|---|---|
| 와중 | vortex, whirlpool | 12과 |
| 완성(시키다/되다) | completion, accomplishment (to accomplish, complete/ | |
| | to be completed) | 10과 |
| 왈칵 | with a rush | 20과 |
| 왕릉 | royal tomb | 17과 |
| 왕조 | dynasty [왕조 시대 dynastic period] | 9과 |
| 왕족 | royal family | 9과 |
| 외나무다리 | single-log bridge | 20과 |
| 외로움 | loneliness | 3과 |
| 외면적인 | external | 7과 |
| 외부 영업 약속 | outsourcing | 6과 |
| 외압 | external pressure | 8과 |
| 외야석 | outfield bleachers | 4과 |
| 외형 | surface look, superficial appearance | 13과 |
| 요소 | element | 12과 |
| 요인 | factor, reason, cause | 8과 |
| 요청 | request | 2과 |
| 요하다 | to require | 10과 |
| 욕정 | sexual desire, lust | 10과 |
| 용어 | term, terminology | 4과 |
| 용케 | skillfully, dexterously | 20과 |
| 우글우글 | in swarms | 20과 |
| 우대하다 | to treat preferentially, favor | 8과 |
| 우두커니 | absentmindedly | 14과 |
| 우등생 | honor student | 5과 |
| 우뚝 솟다 | to be towering | 20과 |
| 우러러 보이다 | to be looked up to, admired | 7과 |
| 우르르 | all in a heap | 14과 |
| 우수 | excellence | 15과 |
| 우연 | chance, accident | 11과 |
| 우열 | superiority and inferiority | 19과 |
| 우울증 | depression, melancholia | 5과 |
| 우쭐하다 | to be puffed up, conceited | 12과 |
| 우호적 | friendly | 15과 |
| 우황 | ox gallstone or kidneystone | 17과 |
| 운동권 | radical activist | 17과 |
| 운영자 | operator, manager | 11과 |
| 울렁거리다 | to palpitate, thump | 20과 |
| 울림 | resonance | 2과 |
| 울타리 | fence | 20과 |
| 워낙 | by nature; too much | 11과 |
| 원고 | script | 2과 |

| 원색적이다 | to be brutally frank | 13과 |
|---|---|---|
| 원서 | application (form) | 7과 |
| 원수 | ruler, head of state | 19과 |
| 원앙금침 | quilt and pillow with an embroidered pair of mandarin ducks; marriage bed | 10과 |
| 원한 | grudge | 19과 |
| 원활하다 | smooth; amicable | 1과 |
| 월남하다 | to cross over to the South | 17과 |
| 위 | stomach | 15과 |
| 위기감 | sense of crisis | 19과 |
| 위성 중계 | satellite broadcasting | 4과 |
| 위원회 | committee [준비 위원회 the preparatory committee] | 4과 |
| 위장(하다/되다) | disguise (to disguise/be disguised) | 7과 |
| 위태롭다 | to be in danger | 14과 |
| 위협 | threat | 12과 |
| 윗어른 | elder | 2과 |
| 유독 | only, uniquely, alone | 4과 |
| 유래없다 | to be unprecedented | 13과 |
| 유럽 연합 | European Union | 13과 |
| 유료화(하다) | becoming a fee-based system (to make fee-based) | 1과 |
| 유머 | humor | 12과 |
| 유물 | relic, remains | 9과 |
| 유발 | instigation, provocation | 1과 |
| 유발하다 | to provoke | 10과 |
| 유사하다 | to be similar | 15과 |
| 유유히 | calmly, composedly | 12과 |
| 유의하다 | to be careful, to be mindful, to bear in mind | 8과 |
| 유일하다 | to be the only one, unique | 2과 |
| 유지(하다) | maintenance (to maintain, preserve) | 9과 |
| 유치(하다) | hosting an event, enticement (to host [an event], to entice) | 6과 |
| 유통시키다 | to circulate | 4과 |
| 유행어 | popular saying | 12과 |
| 유혹 | temptation | 8과 |
| 육성 | live voice | 17과 |
| 윤색되다 | to be embellished, colored | 10과 |
| 융합 | union, fusion | 11과 |
| 은근히 | inwardly; covertly, in a veiled manner | 3과 |
| 은폐하다 | to hide, cover up | 3과 |
| 을씨년스럽다 | to be wretched; to be dreary, bleak | 20과 |
| 음모 | conspiracy | 10과 |
| 음산하다 | to be dismal, gloomy | 17과 |

| | | |
|---|---|---|
| 음식 찌끼 | food dregs; slops | 14과 |
| 음흉하다 | to be treacherous, blackhearted | 10과 |
| 옹어리 | knot in a muscle | 19과 |
| 응원 | cheering, boosting | 4과 |
| 의도적이다 | to be intentional | 10과 |
| 의무감 | sense of duty, responsibility | 9과 |
| 의미 | significance, meaning | 12과 |
| 의상 | costume | 7과 |
| 의식 | consciousness | 16과 |
| 의식 구조 | mental makeup, thought patterns | 12과 |
| 의지(하다) | reliance (to rely on) | 20과 |
| 의회 | congress, national assembly | 19과 |
| 이기 | convenience, device [문명(의) 이기 modern convenience] | 11과 |
| 이기주의 | egoism, selfishness | 11과 |
| 이념 | ideology, doctrine | 8과 |
| 이다 | to carry something on the head | 12과 |
| 이동 전화 | mobile telephone | 11과 |
| 이따금 | occasionally | 12과 |
| 이륙 시간 | takeoff time | 12과 |
| 이르다 | to reach, extend to | 11과 |
| 이를테면 | for example | 12과 |
| 이마살 | wrinkles on the forehead, furrows, frown lines | 14과 |
| 이사 | executive | 6과 |
| 이산가족 | dispersed families | 17과 |
| 이성 | opposite sex | 2과 |
| 이성 | reason | 19과 |
| 이성적인 | rational | 19과 |
| 이슬 | dew | 17과 |
| 이중고 | double burden | 5과 |
| 이중성 | double-sided or ambiguous nature | 15과 |
| 이중 의식 | two perceptions working simultaneously | 16과 |
| 이중 작업 | twofold operation or work | 16과 |
| 이질적 | distinctive; heterogeneous | 11과 |
| 이해관계 | relationship based on common interests | 7과 |
| 익다 | to ripen | 12과 |
| 익명성 | anonymity | 11과 |
| 익숙하다 | to be familiar with, be used to [익숙치=익숙하지] | 6과 |
| 익히다 | to become accustomed to | 2과 |
| 인간학 | humane studies | 16과 |
| 인격 | personality | 3과 |
| 인권 운동 | human-rights movement | 16과 |
| 인근 | neighborhood, vicinity | 1과 |

| | | |
|---|---|---|
| 인내력 | patience, perserverance | 17과 |
| 인류 | human beings, human race | 11과 |
| 인물 | (physical) appearance, looks | 10과 |
| 인사 고과 | personal service record, evaluation for promotion or demotion | 6과 |
| 인상지어지다 | to give an impression of | 12과 |
| 인성 | character | 8과 |
| 인습 | convention, custom | 18과 |
| 인식(하다/시키다 /되다) | cognition, recognition, understanding (to recognize, understand; to have someone recognize; to be perceived, recognized) | 2과 |
| 인식 체계 | perceptual system | 16과 |
| 인용하다 | to quote | 18과 |
| 인정(하다/받다) | recognition, acknowledgment (to acknowledge, admit/ to be recognized) | 7과 |
| 인파 | crowd | 7과 |
| 일거일동 | every movement (of a person)/(one's) every action | 9과 |
| 일기 예보 | weather forecast | 14과 |
| 일단 (一團) | group, party | 15과 |
| 일단 (一旦) | for the moment; first | 12과 |
| 일대 | neighborhood (area) | 1과 |
| 일방적(으로) | one-sided(ly), unilateral(ly) | 4과 |
| 일상 | daily routine | 18과 |
| 일상적인 | daily, ordinary | 11과 |
| 일선 | front line [일선 학교 first-rate school] | 8과 |
| 일쑤(이다) | (to be a) habitual practice | 5과 |
| 일을 치루다 | to go through (an event) | 10과 |
| 일임하다 | to leave (a matter) entirely to (a person) | 10과 |
| 일자 | scheduled date | 8과 |
| 일정 | daily schedule, agenda | 6과 |
| 일제 (시대) | Japanese colonial period | 17과 |
| 일제히 | altogether, all at the same time | 5과 |
| 일찌감치 | earlier than usual | 20과 |
| 일체 | all, entire | 10과 |
| 일희일비하다 | to become emotional quickly, to be volatile, mercurial | 18과 |
| 임명하다 | to appoint | 6과 |
| 입문하다 | to enter (a field, school) | 11과 |
| 입사 | entering a company | 6과 |
| 입시 | entrance exam (contraction of 입학시험) | 8과 |
| 입시 준비 | preparation for an entrance exam | 8과 |
| 입을 다물다 | to have one's mouth shut | 17과 |

| 입장 | one's position | 16과 |
|---|---|---|
| 입장권 | (admission) ticket | 4과 |
| 입증되다 | to be proved | 15과 |
| 입회비 | initiation; admission fee | 4과 |
| 자가용(自家用) | (for) family use | 11과 |
| 자각하다 | to realize, be conscious of, awaken to | 5과 |
| 자극하다 | to stimulate, motivate | 4과 |
| 자금 | fund | 13과 |
| 자기비판 | self-judgment; self-criticism | 16과 |
| 자기용(自己用) | (for) personal use | 11과 |
| 자기 주장 | self-assertion | 11과 |
| 자료 | materials, data [통계 자료 statistical data] | 5과 |
| 자리잡다 | to occupy/take a position, to place oneself | 4과 |
| 자본주의 | capitalism | 19과 |
| 자부심 | pride | 6과 |
| 자세 | posture, stance | 14과 |
| 자수성가 | making a fortune by one's own efforts | 10과 |
| 자신 | self | 18과 |
| 자영업 | self-employment | 5과 |
| 자원 봉사 | volunteer work | 5과 |
| 자유 | freedom, liberty | 3과 |
| 자유롭다 | to be free, unrestricted | 11과 |
| 자유 민주주의 | liberal democracy | 19과 |
| 자유 의지 | free will | 17과 |
| 자율 | self-regulation, autonomy | 6과 |
| 자율적 | autonomous, self-regulating | 8과 |
| 자존심 | ego, self-respect | 3과 |
| 자주화 | becoming independent | 19과 |
| 자처하다 | to profess oneself to be | 16과 |
| 자체 | itself | 15과 |
| 자치기 | *chach'igi* (old Korean game played with a stick) | 4과 |
| 작성(하다) | drawing up (to draw up, write out) | 8과 |
| 작용 | operation, process | 19과 |
| 잔뜩 | to the fullest | 14과 |
| 잠재적 | latent, dormant, unconscious | 19과 |
| 장가보내다 | to have a man get married | 10과 |
| 장기수 | long-term prisoner | 17과 |
| 장기 집권 | holding long-term power | 19과 |
| 장난기 | playfulness | 14과 |
| 장롱 | closet | 3과 |
| 장미빛 미래 | rosy future | 11과 |
| 장바구니 | grocery bag | 5과 |

| | | |
|---|---|---|
| 장벽 | blocking wall | 13과 |
| 장부 | recordkeeping book | 14과 |
| 장식하다 | to decorate, ornament | 7과 |
| 장애 | obstacle, handicap | 5과 |
| 장치(하다) | installation (to install) | 20과 |
| 재건(하다) | restoration (to restore) | 13과 |
| 재기 | comeback, recovery | 19과 |
| 재능을 개발하다 | to develop one's talent | 7과 |
| 재롱부리다 | to act cute | 2과 |
| 재벌 | conglomerate | 19과 |
| 재빨리 | swiftly, quickly | 12과 |
| 재산 분배 | distribution of wealth | 10과 |
| 재생 | revival | 18과 |
| 재창조 | recreation | 18과 |
| 재촉(하다) | pressing, urging (to urge) | 20과 |
| 재충전 | recharge | 18과 |
| 재통일 | reunification | 13과 |
| 재편 | reorganization | 13과 |
| 재활용품 | recycled goods | 5과 |
| 잰걸음 | swift walking | 14과 |
| 잽싸게 | swiftly | 12과 |
| 쟁쟁하다 | to be outstanding, to be prominent | 6과 |
| 쟁점 | point at issue | 16과 |
| 저/이/그토록 | to the point where it does . . . | 12과 |
| 저자 | author | 12과 |
| 저축액 | (amount of) savings | 5과 |
| 적극적이다 | to be active, positively engaged | 1과 |
| 적성 | aptitude | 8과 |
| 적용하다/되다 | to apply/be applied | 11과 |
| 적의 | animosity | 5과 |
| 적임자 | person fit for the post, suitable person | 6과 |
| 전 . . . | former, ex- | 13과 |
| 전격(적으로) | (in) a lightning attack, (by) surprise | 4과 |
| 전골 | stew | 15과 |
| 전념하다 | to devote oneself to | 17과 |
| 전등 | electric lamp, light | 12과 |
| 전락하다 | to fall down, to be degraded | 16과 |
| 전략 | strategy | 6과 |
| 전망하다 | to view, look out (on) | 11과 |
| 전문가 | expert | 5과 |
| 전문 기자 | special reporter | 9과 |
| 전문 능력 | expertise | 6과 |

| 전문 분야 | (one's) field of specialization | 6과 |
| 전사 | to be killed in action | 20과 |
| 전시회 | an exhibition | 3과 |
| 전업 | full-time (work) | 5과 |
| 전업 주부 | full-time housewife | 5과 |
| 전역 | discharge from military service | 17과 |
| 전이시키다 | to transfer | 2과 |
| 전인 교육 | education for the whole man | 8과 |
| 전향 | conversion (of thought) | 17과 |
| 전형 | screening process (in admissions or hiring) | 8과 |
| 전형료 | fee for a screening test | 7과 |
| 전형적 | typical | 11과 |
| 절대로 | absolutely [not] | 3과 |
| 절뚝절뚝하다 | to limp, hobble | 12과 |
| 절레절레 | shaking one's head | 17과 |
| 절룩거리다 | to limp slightly [=절름거리다] | 20과 |
| 절름절름 | limpingly, haltingly | 20과 |
| 절반 | half | 11과 |
| 절실히 | urgently, keenly | 9과 |
| 점두 | storefront | 12과 |
| 점잖다 | to be gentle | 2과 |
| 접근 | approach | 19과 |
| 접속 | contact | 11과 |
| 접속욕 | desire to be in contact with someone | 11과 |
| 접어들다 | to set in, enter | 7과 |
| 접하다 | to be in contact | 15과 |
| 정갈하다 | to be clean, neat | 10과 |
| 정권 | regime, government, political power | 4과 |
| 정당 | political party | 19과 |
| 정도 | degree | 2과 |
| 정력 | stamina | 15과 |
| 정리하다 | to control, arrange | 1과 |
| 정면 | front (side) | 18과 |
| 정밀 검사 | close examination | 10과 |
| 정보화(하다) | processing (to process) information as data | 11과 |
| 정분 | affection, intimacy | 10과 |
| 정상적 | normal | 12과 |
| 정서 | emotion, feeling, sentiment | 19과 |
| 정성껏 | with one's whole heart | 10과 |
| 정신 | mind, spirit, soul, will, intention, mentality, motive [기본 정신 original intention/motive] | 2과 |
| 정신 | spirit | 18과 |

| 정신 체질 | mental constitution | 12과 |
| 정의 | definition | 11과 |
| 정착하다 | to settle down | 12과 |
| 정착화 | fixation; settling down; stability | 8과 |
| 정책적 | policywise, as far as policy is concerned | 15과 |
| 정체성 | true character | 11과 |
| 정체 현상 | phenomenon of stagnation | 1과 |
| 정치 | politics | 12과 |
| 정치범 | political prisoner | 17과 |
| 정치 장교 | political military officer | 19과 |
| 정치 체제 | political system | 19과 |
| 정치판 | political stage | 18과 |
| 정통성 | legitimacy | 19과 |
| 정통식 | traditional, orthodox (in style) | 15과 |
| 젖 | mother's milk | 14과 |
| 젖다 | to be wet/soaked | 18과 |
| 제공하다 | to provide, offer | 13과 |
| 제기하다/되다 | to bring up; to pose/be posed | 8과 |
| 제도 | system (입시 제도 entrance exam system) | 8과 |
| 제동이 걸리다 | to slow down | 3과 |
| 제시(하다/되다) | presentation (to present/be presented) | 8과 |
| 제약회사 | pharmaceutical company | 6과 |
| 제왕 | emperor, monarch | |
| | [무관의 제왕 a virtual king but without a crown] | 9과 |
| 제자리 | original place | 3과 |
| 제작하다 | to manufacture, produce | 6과 |
| 제적생 | student removed from school | 17과 |
| 제한하다 | to limit, confine | 1과 |
| 제휴사 | affiliated company, wholly owned subsidiary | 6과 |
| 조건 | condition | 16과 |
| 조력자 | aide/assistant | 16과 |
| 조리장 | head chef | 15과 |
| 조립 | assembly | 14과 |
| 조사(하다) | investigation (to investigate) | 5과 |
| 조성 | fostering, promoting | 10과 |
| 조소하다 | to ridicule, scoff at | 12과 |
| 조작하다 | to fabricate, concoct | 10과 |
| 조절하다 | to control | 15과 |
| 조직 | tissue; structure, organization | 15과 |
| 조합 | combination | 11과 |
| 조화 | harmony | 15과 |
| 조화롭다 | to be harmonious | 2과 |

| | | |
|---|---|---|
| 존재 | existence, being | 2과 |
| 존재론적 갈망 | existential longing | 16과 |
| 존재케하다 | to bring into existence | 2과 |
| 존칭 | honorific address | 2과 |
| 종래(의) | hitherto, former, previous | 8과 |
| 좌우하다/되다 | to sway/be swayed | 8과 |
| 좌절(감) | (feeling of) frustration | 5과 |
| 좌정하다 | be seated | 17과 |
| 죄 | crime, sin | 17과 |
| 죄 의식 | guilty feelings | 16과 |
| 죄책감(을 느끼다) | (to have a) guilty conscience | 5과 |
| 주걱 | large flat wooden spoon | 14과 |
| 주고객층 | main customer group; targeted group | 6과 |
| 주관적 의견 | subjective opinion | 8과 |
| 주관화 | subjectification | 18과 |
| 주권자 | sovereign, ruler | 19과 |
| 주년 | ~th anniversary | 13과 |
| 주도하다 | to lead, assume leadership | 4과 |
| 주르륵 | dribbling | 14과 |
| 주막(집) | inn, tavern | 20과 |
| 주목하다 | to pay attention | 3과 |
| 주무르다 | to massage | 3과 |
| 주민 | resident | 13과 |
| 주벽 | main wall | 17과 |
| 주변 | surroundings, periphery | 1과 |
| 주부 | housewife | 5과 |
| 주사 | injection, shot | 12과 |
| 주요 | major | 1과 |
| 주워섬기다 | to say all sorts of things one heard and saw | 20과 |
| 주인공 | role of hero/heroine | 11과 |
| 주장하다 | to assert/maintain | 16과 |
| 주차권 | parking coupon [무료 주차권 free parking coupon] | 1과 |
| 주차 요원 | parking enforcement staff | 1과 |
| 주차장 | parking lot | 1과 |
| 주체 | principal body/subject | 11과 |
| 주체적 비판 | subjective criticism | 16과 |
| 주체하다 | to control, cope with | 10과 |
| 주축 | principal axis; central figure | 19과 |
| 주축이 되다 | to play the central role; to be the central figure | 4과 |
| 중시하다 | to attach importance to | 11과 |
| 중얼거리다 | to mutter, grumble, murmur | 20과 |
| 중절 | abortion | 10과 |
| 중형차 | mid-sized car | 5과 |

| 성숙(하다) | maturity, growth (to mature, ripen) | 11과 |
| 성인 | adult (person) | 9과 |
| 성장(하다) | growth (to grow) | 13과 |
| 성적 | score or rank in a competition | 8과 |
| 성적 이탈 | becoming illicitly engaged in sexual activity | 16과 |
| 성큼성큼 | with long steps, with great strides | 20과 |
| 성패 | success or failure | 8과 |
| 성하다 | to be intact, undamaged | 20과 |
| 성함 | name (honorific) | 2과 |
| 세간 | household goods | 10과 |
| 세금 | tax | 13과 |
| 세대 | generation [N세대] | 5과 |
| 세력 | (a group or people with) power, force, strength | 11과 |
| 세련되다 | to be refined, elegant, polished | 5과 |
| 세상일 | daily affairs | 18과 |
| 세심하다 | to be careful, circumspect | 10과 |
| 세태 | way of the world | 18과 |
| 소동 | commotion | 12과 |
| 소득 | income, earning | 13과 |
| 소련 | Soviet Union | 13과 |
| 소맷자락 | the edges of a sleeve, cuff | 20과 |
| 소변(을) 보다 | to urinate | 20과 |
| 소비자 | consumers | 6과 |
| 소수 | small number, minority | 7과 |
| 소음인 | one who has a relatively cold body (of the four physical types in oriental medicine) | 15과 |
| 소장 | two-star general | 17과 |
| 소지품 | personal belongings | 11과 |
| 소지하다 | to possess, have in one's possession | 11과 |
| 소진되다 | to be worn out | 7과 |
| 소쿠리 | (bamboo or wicker) basket | 20과 |
| 소통 불능 | inability to communicate, inarticulateness | 16과 |
| 소홀하다 | to be inattentive, negligent, careless | 5과 |
| 소환 | summon | 17과 |
| 속사정 | inside story, real state of affairs | 10과 |
| 속성 | attribute, property | 15과 |
| 속히 | at once, promptly | 12과 |
| 손 (孫) | grandchild | 10과 |
| 손해 | loss | 1과 |
| 솥 | pot | 14과 |
| 수군대다 | to murmur, whisper | 10과 |
| 수난 | suffering | 20과 |

| | | |
|---|---|---|
| 지혜 | wisdom | 12과 |
| 지휘(하다) | command, direction (to command, direct) | 6과 |
| 직권 | direct chain of authority | 1과 |
| 직급 체계 | rank system | 6과 |
| 직업상 | because of the nature of the profession | 2과 |
| 직업의식 | professionalism | 9과 |
| 직장 | workplace | 6과 |
| 직장 문화 | workplace culture | 6과 |
| 직장 생활 | working life | 18과 |
| 직접적인 | direct | 13과 |
| 직책 | one's duty, position | 6과 |
| 직후 | immediately after | 12과 |
| 진단하다 | to diagnose | 5과 |
| 진미 | true taste, genuine appreciation | 4과 |
| 진상 | real story | 10과 |
| 진작 | already | 14과 |
| 진정한 | genuine | 7과 |
| 진지하다 | to be serious | 16과 |
| 진출(하다) | advance (to advance, find one's way, branch out) | 6과 |
| 진출 욕망 | desire for advancement | 16과 |
| 진취적이다 | to be progressive; to be enterprising | 7과 |
| 진학 | academic advancement | 8과 |
| 진행 | progress; 진행되다 to progress | 13과 |
| 질 | quality | 9과 |
| 질책하다 | to criticize, reprimand, scold | 5과 |
| 짐 | burden, baggage | 14과 |
| 집단 | group | 19과 |
| 집어넣다 | to put someone into prison | 17과 |
| 집중되다 | to concentrate, to be focused on | 12과 |
| 집중적으로 | intensively | 7과 |
| 짓다 | to make, compose | 3과 |
| 징그럽다 | to be creepy; to be detestable | 2과 |
| 징벌 | punishment | 16과 |
| 징역 | imprisonment | 17과 |
| 징용 | work draft, labor draft | 10과 |
| 짚다 | to lean on things like a cane | 15과 |
| 짜증(스럽다/나다) | irritation, annoyance (to be irritable/to be irritated, annoyed) | 14과 |
| 짭짤하다 | to taste nice and salty | 15과 |
| 쪼가리 | small piece taken from an object | 20과 |
| 쫓기다 | to be chased | 12과 |
| 쭈그리다 | to crouch, squat down | 20과 |

| 찌글찌글한 | with a sizzling sound | 14과 |
| 찌긋둥찌긋둥 | in a limping way | 20과 |
| 찌들다 | to become dirty/worn | 18과 |
| 찌푸리다 | to frown; to cloud over | 3과 |
| 찍어 내다 | to dip into | 14과 |
| 찜통 | steam bucket | 18과 |
| 찡하다 | to feel moved, touched | 20과 |
| 차단되다 | to be blocked | 16과 |
| 차량 | automobiles [쇼핑 차량 cars that came out to shop] | 1과 |
| 차량 이용 | car use | 1과 |
| 차르르 | with a clink; with a light metallic sound | 17과 |
| 차별(하다/되다) | (to draw/be drawn) distinction, discrimination | 11과 |
| 차분하다 | to be calm, composed [차분히 calmly] | 9과 |
| 차원 | dimension | 9과 |
| 차이 | difference [차이가 나다 there's a difference] | 5과 |
| 차장 | deputy chief, assistant director | 6과 |
| 차지하다 | to take possession | 4과 |
| 차질 | discrepancy | 12과 |
| 차창 | car window | 17과 |
| 착각하다 | to have illusions | 2과 |
| 찬양하다 | to praise | 5과 |
| 찰거머리 | ₁eech | 19과 |
| 참다 | to endure, bear | 12과 |
| 참례 | attendance, presence | 10과 |
| 참모 | advisory staff (typically in an election) | 19과 |
| 참석 | attendance | 13과 |
| 참지름 (<참기름) | sesame oil | 20과 |
| 창구 | front desk | 17과 |
| 창의적(이다) | (to be) creative | 6과 |
| 창조적(이다) | (to be) creative | 11과 |
| 채마밭 | vegetable patty | 14과 |
| 채찍질하다 | to whip, to urge on | 12과 |
| 책잡히다 | fault is found with | 2과 |
| 처량하다 | to be desolate, dreary | 10과 |
| 처리하다 | to finish up | 14과 |
| 처벌하다 | to punish | 9과 |
| 처신 | behavior, demeanor | 10과 |
| 처자 | wife and sons | 17과 |
| 처지 | circumstances | 14과 |
| 처지다 | to be lagging behind | 14과 |
| 척 | Korean foot (about a foot in length) | 17과 |
| 천금 | fortune (*lit.,* thousand pieces of gold) | 12과 |

| 천박하다 | to be cheap, shallow, flimsy (in behavior) | 10과 |
|---|---|---|
| 천부적 | innate | 12과 |
| 천진난만하다 | to be simple and innocent | 17과 |
| 철 | iron, steel | 17과 |
| 철저하다 | to be thorough | 10과 |
| 철저히 | thoroughly, completely | 7과 |
| 첩 | concubine, mistress | 10과 |
| 첫날밤 | first honeymoon night | 10과 |
| 청결미 | pure rice | 14과 |
| 청와대 | Blue House (the Korean presidential residence) (cf. 백악관 the White House) | 9과 |
| 청탁 | request [원고 청탁 asking to write a manuscript] | 2과 |
| 체계 | system [존칭 체계 honorific system] | 2과 |
| 체계적으로 | systematically | 5과 |
| 체질화되다 | to be physically constituted | 12과 |
| 초라하다 | to be shabby, run down [초라함 looking poor/wretched] | 5과 |
| 초로의 | in early old age | 15과 |
| 초복 | first days of the dog (hottest) days, beginning around mid-July | 15과 |
| 초조하다 | to be restless, anxious, fretful | 12과 |
| 초창기 | early stage, infancy | 11과 |
| 초청 | invitation | 3과 |
| 촉발하다 | to touch off, stir | 12과 |
| 총 | altogether | 13과 |
| 총력 | all-out efforts [총력을 기울이다 to make an all-out effort] | 13과 |
| 총점 | total score | 8과 |
| 총체적 시각 | collective view | 16과 |
| 최대한 | maximum; to a large degree | 14과 |
| 최선을 다하다 | to do one's best | 9과 |
| 최소의 | very first | 2과 |
| 최소한 | minimum (degree) | 9과 |
| 최소화하다 | to minimize | 8과 |
| 최초 | very beginning | 18과 |
| 추가 | addition | 13과 |
| 추구 | pursuit | 16과 |
| 추스르다 (추스르다) | to pick up and put in place, set in order | 15과 |
| 추앙(하다/받다) | worship (to worship/be worshiped) | 7과 |
| 추진 | drive, propulsion [추진되다 to be propelled, pushed forward] | 13과 |
| 추진하다 | to promote, drive, push forward | 1과 |
| 추천제 | school admission system based on recommendation | 8과 |

| | | |
|---|---|---|
| 추키다 | to lift up | 14과 |
| 출간하다/되다 | to publish/be published | 11과 |
| 출발지 | point of departure | 18과 |
| 출범(하다) | sailing, departure (to sail off, depart) | 4과 |
| 출신 | origin, birth; native | 6과 |
| 출입 | entrance and exit | 14과 |
| 출찰구 | ticket inspection point | 20과 |
| 출판사 | publisher, publishing company | 5과 |
| 출현하다 | to make one's appearance | 11과 |
| 충격 | shock | 10과 |
| 충돌 현상 | phenomenon of collision | 16과 |
| 충동 | impulse | 19과 |
| 충분하다 | to be sufficient | 2과 |
| 충실하다 | to be faithful | 7과 |
| 취업 | taking up an occupation | 5과 |
| 취업 주부 | wife with a career, working wife | 5과 |
| 취재 | gathering information or data for a newspaper | 15과 |
| 취지 | aim, motive, purpose | 6과 |
| 측면 | side, phase, aspect | 16과 |
| 측은하다 | to be pitiful | 10과 |
| 치맛바람 | swish of a skirt | 8과 |
| 치열하다 | to be severe, intense | 4과 |
| 치장하다 | to decorate | 7과 |
| 치졸한 | childish, immature | 19과 |
| 친근해지다 | to become close, friendly | 16과 |
| 친정 | woman's (native/parents') home | 10과 |
| 칠거지악 | seven evils/causes that justify a man in divorcing his wife | 5과 |
| 콩깍지 | bean pod/hull | 10과 |
| 쾅 | with a bang, slam | 3과 |
| 퀴퀴한 | foul-smelling | 14과 |
| 클랙슨 | horn, klaxon | 5과 |
| 타락시키다 | to corrupt, degrade | 7과 |
| 타율 | batting average | 4과 |
| 타인 | another person, others, an outsider | 11과 |
| 타점 | RBI (run[s] batted in) | 4과 |
| 탁탁 | with cracks; clattering; rattling | 14과 |
| 탄생 | birth | 18과 |
| 탈출 | escape | 18과 |
| 탈취하다 | to capture, seize, snatch | 19과 |
| 탈토 | rabbit that has just escaped from danger | 12과 |
| 탈피하다 | to cast off | 18과 |

| | | |
|---|---|---|
| 탐구심 | spirit of inquiry | 11과 |
| 탑승자 | passenger (on a flight) | 12과 |
| 탓 | fault, blame | 2과 |
| 탕 | soup, broth | 15과 |
| 태기 | signs of pregnancy | 10과 |
| 태연하다 | to be calm, undisturbed | 12과 |
| 태풍 | typhoon | 12과 |
| 터무니없다 | to be without any foundation | 3과 |
| 터지다 | to break open | 3과 |
| 털다 | to dust off | 20과 |
| 텅 | completely (empty) | 18과 |
| 토로하다 | to set forth, lay bare | 13과 |
| 토론 | discussion, debate | 6과 |
| 토용 | burial mound | 17과 |
| 토큰 | token | 14과 |
| 통계 | statistics (cf. 통계 자료 statistical data) | 5과 |
| 통념화되다 | to become commonly (generally) accepted | 12과 |
| 통로 | pathway | 14과 |
| 통신 | correspondence, communication | 11과 |
| 통일 | unification | 13과 |
| 통지 | notice [통지하다 to notice] | 20과 |
| 통치 | rule, government [통치 행위 governing activities] | 9과 |
| 통합(하다/되다) | integration (to integrate/to be integrated) | 11과 |
| 통행 | traffic, passage | 1과 |
| 투명하다 | to be transparent | 14과 |
| 투수 | pitcher | 4과 |
| 투입하다 | to throw/feed into | 6과 |
| 튀다 | to spring; to behave conspicuously | 6과 |
| 특강 | special lecture | 6과 |
| 특별 전형 | special selection | 8과 |
| 특수목적고 | special-purpose high school | 8과 |
| 틀 | frame, framework | 11과 |
| 틀림없다 | to be error-free, exact | 10과 |
| 틀에 박히다 | to be conventional | 18과 |
| 틈바구니 | gap, crack | 17과 |
| 티없이 | with no flaw, flawless | 14과 |
| 팀원 | team member | 6과 |
| 팀장 | team leader | 6과 |
| 파 | scallion, green onion | 15과 |
| 파악하다 | to grasp, understand | 6과 |
| 판단(하다) | judgment (to judge) | 6과 |
| 판이하다 | to be entirely different | 11과 |

| | | |
|---|---|---|
| 팡파짐하다 | to be roundish and broad | 10과 |
| 패권 | supremacy, hegemony | 19과 |
| 팽개치다 | to throw away | 14과 |
| 팽팽하다 | to be tight, tense | 4과 |
| 퍼먹다 | to shovel down, eat greedily | 3과 |
| 퍼지다 | to sit relaxed | 20과 |
| 펄럭거리다 | to flutter, flap | 20과 |
| 펄럭이다 | to flutter | 14과 |
| 편견 | prejudice, bias | 11과 |
| 편입하다 | to transfer | 2과 |
| 편집장 | editor-in-chief | 5과 |
| 편협하다 | to be narrow-minded | 16과 |
| 펼치다 | to display, unfold [백병전을 펼치다 to fight hand-to-hand (intensively)] | 4과 |
| 평가(하다/받다) | evaluation, appraisal (to appraise/be appraised) | 11과 |
| 평기자 | regular reporter | 9과 |
| 평범하다 | to be ordinary, commonplace | 4과 |
| 평사원 | plain salary man | 6과 |
| 평생 직장 | lifetime workplace (job) | 4과 |
| 평소 | at ordinary times, usually, habitually | 1과 |
| 평일 | weekday | 1과 |
| 폐쇄하다 | to close out | 1과 |
| 포기하다 | to give up, abandon | 7과 |
| 포로 | POW, captive | 18과 |
| 포만감 | (feeling of) satisfaction | 14과 |
| 포위되다 | be surrounded, encircled | 17과 |
| 포함하다 | to include | 16과 |
| 폭로 | disclosure, exposure [폭로 자료감 disclosure materials] | 9과 |
| 폭발력 | explosive power | 4과 |
| 폭염 | excessive heat | 18과 |
| 표면상 | on the surface, superficially | 10과 |
| 표면화시키다 | to bring to the surface | 16과 |
| 표정 | facial expression | 14과 |
| 표출되다 | to be revealed | 16과 |
| 푸릇푸릇해지다 | to become green-spotted | 3과 |
| 풀랫폼 | platform | 20과 |
| 품성 | character, nature, natural disposition | 19과 |
| 풍경 | scenery, landscape | 17과 |
| 풍기다 | to give off a scent, odor, smell, fragrance [향수 냄새를 풍기다 fill the air with scent] | 5과 |
| 풍미하다 | to predominate, sway | 11과 |
| 풍속 | folk custom | 6과 |

| | | |
|---|---|---|
| 풍토 | natural features (of a region), climate | 15과 |
| 프로 계약직제 | professional contract system | 6과 |
| 플라토닉하다 | to be platonic (of a relationship) | 12과 |
| 피서지 | summer resort | 18과 |
| 피의자 | suspect | 9과 |
| 피크 | peak | 18과 |
| 피해 | damage, harm | 1과 |
| 필수품 | necessaries, necessities | 11과 |
| 핑 돌다 | to turn, spin rapidly | 20과 |
| 하급자 | inferior | 6과 |
| 학과목 | subjects in a school curriculum | 8과 |
| 학교 문화 | school culture | 8과 |
| 학생부 | student record | 8과 |
| 학습 지도안 | teaching plan | 8과 |
| 한 | deep sorrow | 10과 |
| 한가로이 | leisurely | 12과 |
| 한결 | noticeably; much more | 10과 |
| 한결같다 | to be unwavering, constant | 10과 |
| 한계선 | boundary line | 4과 |
| 한껏 | to one's satisfaction | 4과 |
| 한눈(을) 팔다 | to look off | 20과 |
| 한마디 | one word | 14과 |
| 한스럽다 | to be sorrowful | 10과 |
| 한탕 | one shot; one stone | 12과 |
| 핥다 | to lick | 20과 |
| 함부로 | thoughtlessly, at random | 2과 |
| 합리적 | reasonable | 19과 |
| 합의 | mutual agreement | 16과 |
| 핫다나 | What the heck! | 20과 |
| 항의(하다) | protest (to protest) | 1과 |
| 항해 | voyage, navigation | 16과 |
| 해당하다 | to be categorized | 13과 |
| 해독 | harm, poison, harmful influence | 9과 |
| 해박하다 | to be profound; to be erudite | 17과 |
| 해방 | liberation | 18과 |
| 해소하다/되다 | to clear up/be cleared up | 3과 |
| 해악을 끼치다 | to do harm | 19과 |
| 해치우다 | to do away with; to finish up | 20과 |
| 행동 양태 | (mode of) behavior | 16과 |
| 행동하다 | to act, behave | 18과 |
| 행렬 | procession, parade | 7과 |
| 행복도 | degree of happiness | 5과 |

| 행선지 | destination | 18과 |
|---|---|---|
| 행여 | by chance; possibly | 16과 |
| 행운 | fortune | 18과 |
| 행위 | activities, behavior | 9과 |
| 행정 | administration | 12과 |
| 행정 부처 | administrative branches of government | 9과 |
| 행주 | dishcloth/dishtowel | 16과 |
| 향상되다/시키다 | to be improved/improve | 13과 |
| 허구 | fiction, fabrication | 10과 |
| 허물 | fault, misdeed | 14과 |
| 허위 의식 | false sense | 16과 |
| 험하다 | to be rough, harsh | 20과 |
| 헤어지다 | to be separated | 18과 |
| 헤치다 | to harness | 14과 |
| 헷갈리다 | to be confusing | 2과 |
| 혁명 | revolution | 19과 |
| 현명하다 | to be wise | 12과 |
| 현모양처 | wise mother and good wife | 5과 |
| 현상 | phenomenon [정체현상 phenomenon of stagnation] | 1과 |
| 현실 | reality | 7과 |
| 현장 | scene of an action, spot | 16과 |
| 현지 | spot, actual place | 13과 |
| 현지 사정 | local situation | 6과 |
| 현판 | hanging board, tablet, pegboard | 18과 |
| 혈맥 | blood vessel | 15과 |
| 혈통 | lineage, family line | 10과 |
| 혐오감 | feeling of hatred or abhorrence | 15과 |
| 혐오스럽다 | hateful; disgusting; detestable | 11과 |
| 협상 | negotiation [협상을 벌이다 to have negotiations] | 13과 |
| 협회 | association, organization | 15과 |
| 형성하다/되다 | to form/be formed | 7과 |
| 혜택 | benefit, favor, benevolence | 12과 |
| 호감 | good impression | 2과 |
| 호기심 | curiosity | 11과 |
| 호의적 | to be kind, friendly; favorable | 16과 |
| 호적 | family registry | 10과 |
| 호칭 | address term; the name/title that each calls the other | 2과 |
| 혼란(스럽다) | chaos, confusion (to be confusing) | 2과 |
| 혼란에 빠지다 | to fall into disorder/confusion | 8과 |
| 혼인하다 (=결혼하다) | to marry | 10과 |
| 홈 | furrow | 20과 |
| 화려하다 | to be flashy, showy, spectacular | 7과 |

| | | |
|---|---|---|
| 화신 | incarnation | 17과 |
| 화학적 | chemical | 13과 |
| 화합 | harmony, concord, unity | 19과 |
| 확대 | expansion, enlargement | 16과 |
| 확보(하다) | securing, insurance (to secure, ensure) | 8과 |
| 확산(되다) | dissemination, spreading (to be spread, disseminated) | 6과 |
| 확신 | conviction | 12과 |
| 확인하다/시키다 | to confirm, validate; to have something confirmed | 11과 |
| 환상 | fantasy | 2과 |
| 활동 | activity [봉사 활동 volunteer work] | 8과 |
| 활발하다 | to be active [활발한 active] | 13과 |
| 활약(하다) | great activity (to play an active part) | 4과 |
| 활용하다 | to put to practical use, utilize | 11과 |
| 황금 | gold | 12과 |
| 황송하다 | to be awestruck | 20과 |
| 회고록 | memoir | 17과 |
| 회복 | recovery | 15과 |
| 회상(하다) | recollection (to recollect, recall) | 20과 |
| 회식 | dining together | 15과 |
| 회심 | source of satisfaction/complacency | 10과 |
| 회오리 | whirlwind, tornado | 4과 |
| 회의적이다 | to be skeptical | 13과 |
| 회한 | remorse; regret; repentance | 17과 |
| 횡단보도 | pedestrian crossing | 14과 |
| 효과적(이다) | (to be) effective | 6과 |
| 효능 | virtue, effect, efficacy | 15과 |
| 효도 | filial piety/duty | 10과 |
| 후들거리다 | to tremble, quiver, shiver | 20과 |
| 후딱 | quick as lightning | 12과 |
| 후보자 | candidate | 19과 |
| 후퇴시키다 | to have something/someone retreat | 17과 |
| 훈련 | training | 18과 |
| 홀홀 | slipping off | 18과 |
| 휘둥굴하다 | to be wide-eyed (with surprise) | 20과 |
| 휘청거리다 | to be shaky (on the legs) | 20과 |
| 휩싸이다 | to get wrapped up [in]; to be veiled [in] | 4과 |
| 휴가 | vacation | 18과 |
| 휴가지 | resort area | 18과 |
| 휴가철 | vacation season | 18과 |
| 휴식 | rest, relaxation | 18과 |
| 휴전선 | demilitarized zone (DMZ) | 17과 |
| 휴정 기간 | recess period | 18과 |

| 흉을 보다 | to speak ill of | 3과 |
| 흐트러지다 | to scatter | 14과 |
| 흘러나오다 | to soak out, leach out | 3과 |
| 흠 | fault, defect, flaw | 3과 |
| 흠집 | scar | 19과 |
| 흡사 | just as, as if | 12과 |
| 흡족하다 | to be sufficient, ample | 12과 |
| 흥미 본위 | interests first | 16과 |
| 흥분(하다/되다) | excitement (to become excited/be excited) | 3과 |
| 히죽 | with a grin | 20과 |
| 힐끗 | at a glance | 14과 |
| 힘겹게 | laboriously | 15과 |